U0136179

解讀大甲媽：
戰後大甲媽祖信仰的發展

洪瑩發　著

蘭臺出版社

大甲媽祖研究風起雲湧

　　戰後大甲媽祖信仰的發展比起戰前真是不可同日而語。隨著台灣經濟發展，政治民主化，兩岸關係解凍，台灣本土意識崛起，草根性質濃厚的民間信仰成為台灣漢人在地文化的焦點。學界對大甲媽祖的研究也風起雲湧，其中尤其以進香活動最受屬目，從宗教儀式到地方政治派系、社區營造、文化創意產業、觀光消費、媒體傳播等等周邊效應的研究領域無不擴及。

　　筆者關注大甲媽祖信仰的發展長達三分之一甲子，與大甲地方人士多所交往。大甲文風向來榮盛，早在1980年代已經由當地文史工作者撰寫並出版屬於自己鄉土的《大甲風貌》。本書作者瑩發，屬於新的一代大甲子弟，再接再厲，投入鄉土研究。比起上一代父老，瑩發有了更高的學術訓練，更深入的專業知識，讓他足以進行更聚焦的研究工作。

　　瑩發從就讀於台南大學台灣文化研究所開始就經常到南港拜訪我，與我討論台灣漢人民間信仰的一些研究方法與心得。他的興趣不只在大甲，對於南台灣各項宗教慶典與民俗活動都熱心參與、觀察並記錄。勤於跑田野之外，他也勤於參加南北各大學院校舉辦的學術研討會，向不同學科的學者請教與

學習，並得以掌握台灣學術動向。回到家鄉大甲，他也投入協
助進香事宜，與兄長友人組織教師研習營，襄助學術單位對大
甲進香的研究，支援每年鎮瀾宮進香活動的電視轉播與解說工
作。

　　長年的觀察與對自己家鄉媽祖信仰的熱誠，讓瑩發選擇
大甲媽祖信仰為碩士論文題目。本書是在台南大學的碩士論文
發展出來的。書中能夠將上述戰後大甲媽祖信仰的各個面貌捕
捉出來，既有學術專業又能以平易的文字敘述出來，是難能可
貴的。如今出版，得以嘉惠一般社會大眾，讓有興趣的讀者對
於戰後大甲媽祖信仰的發展有一個梗概的理解。瑩發寫信給我
說在大甲媽祖信仰研究上是受我的啟蒙，我自然歡喜地為他寫
這篇序言。

張　珣

中央研究民族學研究所研究員

媽祖廟微觀研究的新成果

　　以前常聽人家說：台灣有政治奇蹟、經濟奇蹟。不過，
這十餘年的歷史逐漸證明，所謂的政治奇蹟是個假象，而經濟
奇蹟已成泡沫。幸好，聰明的台灣人還曾創造另一個的奇蹟，
那就是宗教奇蹟。這是個由佛教、一貫道等宗教，與各式神明
信仰組成的民間信仰所共同創造的奇蹟，不僅信仰人數眾多，
還建立上萬個寺廟與道場，更令人驚豔的是與時俱進的表現方
式：從傳統陣頭→藝閣→電子花車→誦經團→走靈山→電音三
太子、各式公仔，其式樣之多變繁複，令人目不暇給，台灣庶
民的旺盛創造力，由此大概可以窺知。

　　雖然台灣的學校教育排斥宗教信仰，可是宗教信仰團
體、寺廟，並未放棄教化台灣人民的責任。他們透過法會、進
香、扶乩、超度等活動，傳達和諧、慈悲此類的普世價值，撫
慰、提昇民眾心靈，進而讓他們安身、立命與超脫。

　　這些團體、寺廟及其相關活動，早已引起學者的注意。
尤其是上世紀九〇年代以來，不同學術背景的研究者，紛紛投
入其中，取得相當豐富的成果。其中，以媽祖研究、台灣佛教
研究成果最為顯著。

　　大致來說，台灣一千多間媽祖廟中，以澎湖天后宮建立
最早。最近出版的《開台澎湖天后宮志》提到：澎湖天后宮的
創立年代，多年來是個爭議問題，約有幾說：

　　1.元代。2.萬曆二十年。3.萬曆三十二年。4.天啟二年。

　　石萬壽的說法近似，均認為至少在萬曆三十二年澎湖已

有媽祖廟。筆者，以往亦認同此說。不過，最近我看到新史料，有不同的看法。在明末崇禎年間刊刻的《關帝歷代顯聖誌傳》提到明代中葉澎湖的廟宇情形：

……卻說隆慶間，福建漳州府，去海面上有個地方叫做澎湖……時有一人名黃舟山，曾中過三次武舉，除授把總之職，鎮守澎湖……一日出訊在丁字港、龍門灣內，見這港澳，正是往來船楫之處，他……叫過百戶李日花，哨官杜麻……我意欲在此丁字港與龍門灣中設下四個市，與人貿易且便巡視海上消息……于是，便揀下吉日良辰，開了個四通八達的街市，市內創下一個關大王的廟宇，一個天妃娘（娘）的宮。宮廟可瞰海……

由於《關帝歷代顯聖誌傳》也記載萬曆二十一年紅夷船到澎湖並與商民衝突之事，與史所載事蹟相符，顯示此書記載，蘊含某些事實。依此來看，澎湖最早的媽祖廟創立於明隆慶年間。當時，澎湖島上，尚有一關公廟，這也是台灣第一間關公廟。可是，就影響力或重要性而言，台灣媽祖廟的排序又不一樣：清代早期以台南大天后宮最重要，清代中期至戰後七〇年代則是北港天后宮獨領風騷，此後到今日則以大甲鎮瀾宮，最具知名。

歷來對這些媽祖廟的研究，已累積相當數量，尤其對大甲鎮瀾宮的研究，更是種類繁多，論著日增。有趣的是這麼多相關研究，對鎮瀾宮早期歷史（創立至民國六〇年代）仍存在不少疑點與空白。筆者曾指出鎮瀾宮早期住持僧侶牌位中的「南院」是「漳州南山寺」的簡稱，鎮瀾宮僧侶是漳州南山寺

派下，該派是清代台灣佛教三大主流之一。日據時期，該宮曾加入日本臨濟宗妙心寺派推動的聯絡寺廟。我亦為文表示，大正年間鎮瀾宮住持覺定，因犯色戒，遭大甲士紳驅趕，離開鎮瀾宮的「事實」。這些都在在顯示，大甲鎮瀾宮的早期歷史，尚有研究與充實的空間。

在這樣的期待下，終於見到一本新著《解讀大甲媽：戰後大甲媽祖信仰的發展》，努力挖掘鎮瀾宮戰後初期的資料，填補這一段歷史。此書作者洪瑩發，擅長田野調查，熱心參與、推動台灣寺廟舉辦的各式活動，尤其對鎮瀾宮進香有長久的觀察與參與。相信讀者閱讀此書，自會感受他如此的特點。

不過，作為相關研究的先行者，我要提醒瑩發在往後要在幾方面，下工夫：

1. 充實、研讀相關信仰、宗教知識，尤其是佛、道教的典籍與研究：前面述及澎湖媽祖廟創建年代、鎮瀾宮住持僧侶的例子都說明：研究媽祖信仰，若只集中於媽祖文獻，很多關鍵問題是無法釐清的，只有將視野擴及其他神明信仰，及漢人重要宗教傳統：佛、道教，才有可能更深入。

2. 要注意相關外文研究：中國或漢人宗教、信仰是漢學的重點之一，每年有不少相關研究。作為一位研究後學，應儘量吸收他們的研究成果，擴展自己的視野與深度。外國學者雖有人喜談理論，但也有不少擅長田野與搜集資料，只有站在這些基礎上，才能凸顯自己的特長。

王見川

2010.1.7 南台科技大學教授

序

　　民間信仰在台灣漢人社會中佔有重要的地位，尤其寺廟是社區的信仰中心，也是經濟與政治中心，具有多重功能，是地方社會重要的運作機制，在不同的時代，寺廟也扮演不同的角色，但同樣影響台灣社會。而戰後隨著台灣社會的轉變，寺廟也有更多元的角色與功能，其影響力也不僅限於地方社會，尤其在文化與政治上的影響，更不容小覷。

　　而在戰後台灣社會，大甲媽祖信仰是重要的文化現象之一，學界更長期關注，但多著重於大甲媽祖進香的儀式，所以筆者試圖從管理者、儀式、信徒、政治、媒體、商業、兩岸等多元的面向，來討論大甲媽祖信仰與社會的關係，而進香是大甲媽祖信仰的重要表現場域，所以各項議題也緊扣大甲媽祖進香，來討論戰後大甲媽祖信仰的發展過程。

　　本文的議題並非以時序而進行，而是以議題為網絡而展開，每一項都是專題論述，但兼含其他議題，因為現象並非是直線行進，而是多元網絡，交錯成整體。而我的這些看法，並非無懈可擊，只是嘗試透過多元角度，理解信仰現象。本書脫胎於筆者碩士論文：《戰後大甲媽祖信仰的發展》，雖經過期刊與研討會的洗禮後修訂，但本文還是難脫初入學術之門的青澀模樣，部分近作也不及參考，但想藉由出版作階段性成果匯

集，以及接受各方意見，也因參閱敝碩論者多，想藉由出版，修訂錯誤，提供正確之版本。

　　要完成本書，受到許多人的幫助，就像課本所說的：「得之於人者太多，出之於己者太少」，因為從別人那裡獲得的太多，而能給別人的太少，最後希望以小小篇幅，表達心中的感謝。本書得以出版是經過李世偉教授與王見川教授的推薦才得以出版，而碩論完成必須感謝指導老師戴文鋒教授的協助，以及張珣教授與王見川教授的指教，兩人除在碩論階段給予許多提點，以及在後續的學術路上大力提攜後進，本書能夠完成得力於兩位教授的提點與資料提供。

　　本文的完成也必須感謝黃敦厚、董振雄、雷養德、張慶宗等人的大力協助，以及一路相伴的大甲媽祖教師研習團伙伴們。而研究所學妹嘉瑜，幫忙整理資料及田野調查，還要協助處理緊急事務；專科學妹謝雅婷，協助收集各種資料以及打字，沒有以上兩位學妹的協助，論文無法如期完成。後續書籍內容的校定則有賴詩菁、麗雯、薰云等友人的協助。

　　最重要的是感謝我那辛勞的父母，感謝姊姊與姊夫的支持與鼓勵，也感謝在精神上與實質上都給於我最多支持的妹妹－碩偵，沒有親人在這一路的支持與鼓勵，真的很難走下去。而如儀、詩菁、麗雯、宗豪、筱威、宛宣等好友的支持，也是重要的推手。在碩士求學期間，也要感謝這些同窗好友，因為有這些同學們，才得以愉快度過。尤其是重要田野與寫作伙伴

晶琳，及我常到家中叨擾的青峰大哥及其一家人，及一同吃喝玩樂又不忘求知的婉婷、育勝、珮如、美惠、耘書等人。

也必須感謝在民俗田野所認識的朋友：吳明勳、陳文安、陳冠傑、蔡武晃、黃名宏、邱彥貴等，以及在天國的周政賢學長，因為有他們的帶領讓自己對於台灣民間信仰的認識更加開闊。也感謝中研院范毅軍教授以及各位同仁的支持與協助，並感謝李豐楙、李進益、黃有興等教授，在其他方面研究所給予的指導與協助。

謝謝以上各位親友的協助，也謝謝因為我疏漏而未提及的各位親朋好友，以及曾經幫助過我的朋友們，在此一併致謝。

也希望各位對於拙作給予各項指教。
最後感謝上蒼與眾神的保佑。

後　學

瑩發

2009.1 於中央研究院

目　錄

第一章 緒 論：

從地方大廟躍起

壹、研究的思路

一、研究動機

　　在台灣漢人社會的發展之中，廟宇佔有一個重要的地位。廟宇是地方的一個「公共領域」（public sphere），地方的頭人、望族、仕紳、名流等領導階層紛紛介入寺廟各種活動與組織的管理使用以拓展其財富、勢力，這些固然是鄉紳效力桑梓之回饋，同時更是鄉紳支配地方社會的主要管道或領域之一【1】。而在漢人的信仰之中，許多各種集體性的儀式與信仰行為，如「進香」、「建醮」、「祭典」等活動，也是以廟宇為中心舉辦各樣活動，廟宇變成漢人社會中一個人群聚合的重要中心，扮演宗教、政治、經濟、文化的多元角色。

【1】卓克華，《從寺廟發現歷史：台灣寺廟文獻之解讀與意涵》，頁8。

信仰、寺廟與地方社會的研究，可以說明寺廟在地方社
會中扮演的角色，或是儀式與地方人群的互動，對於清代及日
治時期的研究，學術界擁有豐富的成果，但是戰後寺廟與社會
關係，卻較少人觸及。但隨著時代的變化，在不同的歷史脈絡
下，廟宇在社區與信仰中，又扮演著一個什麼樣的角色，又透
過什麼樣的方式來運作，在現代社會中，又會產生什麼樣的變
化？尤其近代台灣社會的各種變化，民間信仰與寺廟如何與其
互動？

　　筆者帶著這些的疑問，選定以「大甲媽祖信仰」為討論
的中心，討論在台灣現代社會中，信仰與寺廟管理者、社區、
儀式活動、文化、政治、媒體、商業等複雜的互動關係，試圖
解答信仰、廟宇在現代社會中的角色與各項的功能。

　　而為什麼選定大甲媽祖信仰，做為現代社會與信仰的研
究案例？大甲媽祖進香，是台灣人相當熟悉的民俗活動，大甲
鎮瀾宮更是近代台灣社會所熟知的廟宇，其進香規模迅速擴
大，發展出龐大的勢力，而其影響力更從地方，跨越到信仰範
圍之外，而牽涉的議題，也不只是信仰與地方社會的問題，更
牽涉到媒體、觀光、商業、兩岸關係的議題，成為戰後台灣民
間信仰中一個重要現象。

　　雖然關於大甲媽祖的研究數量相當多，並涉及各項領域
與學門，但甚少人關注於大甲媽祖信仰的發展以及鎮瀾宮勢力
的拓展過程。所以本文企圖透過大甲媽祖信仰與大甲鎮瀾宮的
個案，來說明寺廟與信仰，在戰後的現代社會中所交織的複雜
網絡，而這樣的網絡是如何運作，又是如何影響台灣社會，而
台灣社會又是如何影響民間信仰。

二、研究說明

（一）什麼是「大甲媽祖信仰」？

本研究是以「大甲媽祖信仰」為主要的研究對象，為什麼不以「鎮瀾宮」為題目呢？而是以媽祖信仰為名。在宗教信仰上，「神」一定等於「廟宇」嗎？這是筆者的疑惑。以「大甲媽祖」為例，大甲媽祖就一定等於鎮瀾宮嗎？因為本研究雖然與大甲鎮瀾宮有密切的關係，但更擴及到信徒、政治等幾個層面，不單純只討論鎮瀾宮本身，而部分信徒甚至認為自己與廟宇沒有任何關係，只是單純的拜「大甲媽」而已，有時不同的地方人士與不同立場的人，也會拿大甲媽祖「作文章」[2]，廟方不一定能夠掌握神明的「詮釋」。

當然大甲媽祖與鎮瀾宮的情況不會是台灣唯一，以筆者研究南鯤鯓代天府為例，寺廟可以主導管理與儀式事務等，但不一定能夠擁有神明絕對文化權力，例如在嘉南地區沿海、澎湖，許多廟宇透過五王的「代言人」，企圖發揮不同的影響力，如祭典或建廟事物上，但是代天府不想也沒有絕對的力量，去主導與影響。所以單一廟宇對於「主神」是否擁有絕對「權力」，是否擁有「神」的話語權，尤其在信仰龐大到一定的程度之後，在分香以及各種新興的信仰方式的多重詮釋之下，值得我們思索這樣的問題[3]。

---

[2] 例如選舉時，各候選人利用媽祖，進行對自己有利的表述。

[3] 這樣的現象，在華人社會自古至今，不勝凡幾，信徒會依造自己的需求與方式，詮釋信仰。

當然大甲媽祖不可能脫離整體媽祖信仰的範疇，但是根據許多學者的研究指出台灣媽祖信仰已經出現地區化的現象【4】，例如北港媽、新港媽、白沙屯媽、關渡媽、大甲媽等，都被社區拿來做為象徵，也具有各自的形象與文化象徵。所以如果將「大甲媽祖」視為一個符碼或信仰，那麼是誰擁有這個符碼？而又是怎樣被運作的？怎樣被利用的？怎樣被塑造？「大甲媽祖」不是台灣民間信仰上的特例，只是擁有多方關愛眼神下，「大甲媽祖」交雜了信仰、文化、政治、媒體、商業等各項錯綜複雜的網絡，在現代社會中，扮演了一個什麼樣的角色？

　　所以只能暫時將「大甲媽祖」，做為這個複雜且多元文化現象的代表，理解一位神明，或說一個文化象徵。所以先用一個開闊的名詞：「大甲媽祖信仰」，做為研究大甲媽祖整體文化現象的代表詞。

（二）研究範疇

　　以「大甲媽祖」為研究議題中心，舉凡寺廟交誼、管理者、儀式、信徒、政治、媒體、商業、兩岸關係、組織等相關議題，都是筆者研究的相關素材，筆者將以這些素材進行分析。

　　時間斷限是以戰後民國34年（1945年）到95年（2006）為止，1945年日本戰敗，台灣由中國國民黨接收，開始另一個

【4】張珣、林美容、林茂賢都曾經指出這樣的現象。

時代的大變化，2006年為第七屆董監事任期結束，後續因為日期過近，難以進行相關歷時性分析，所以暫時捨去。

　　戰後大甲鎮瀾宮開始進行制度化與企業化經營，讓鎮瀾宮在戰後的幾十年間成為全台、甚至兩岸知名的媽祖廟，而「大甲媽祖」更形成特殊的宗教現象，所以筆者選擇戰後到近年，作為研究上的時間序列，討論其戰後的發展與轉變。

三、研究架構

　　筆者以幾個面向來談戰後大甲媽祖信仰的發展，從管理者、儀式、信徒、政治、媒體、商業、兩岸等角度，討論大甲媽祖信仰與社會的關係，並緊扣大甲媽祖信仰實踐的場域：進香。進香活動是大甲媽祖信仰的重要載體，所有的議題大都與進香活動相關，所以將利用這樣的架構（見圖1-1），來做為本文討論的主要結構。

　　本文共約十八萬字，內容分成七個章節，第一章〈緒論〉說明研究思考脈絡、文獻探討，簡述大甲鎮瀾宮的歷史；第二章〈信仰中心：鎮瀾宮戰後的發展〉，說明大甲媽祖信仰中心戰後發展史、管理者的變化等相關資料；第三章〈進香：大甲媽祖信仰的實踐〉，說明信徒如何透過進香實踐信仰，如何透過進香活動進行傳播與發展大甲媽祖信仰；第四章〈信徒：大甲媽祖信仰的推手〉，說明信徒如何組織和參與，而鎮瀾宮如何轉化這些力量，成為廟方重要資源；第五章〈政治：大甲媽祖信仰的邊際利益？〉，說明鎮瀾宮管理者與政治的關係、政治如何與媽祖信仰產生「關係」；第六章〈新舞台：大甲媽祖信仰的兩岸、媒體、觀光與商業〉，說明大甲媽

祖的近代信仰現象；第七章〈結論〉，說明研究的整體結果。

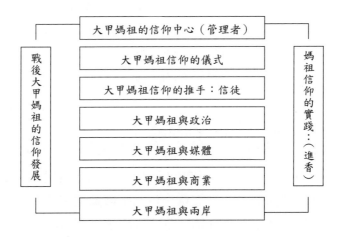

圖1-1　研究架構圖

◎口述資料採用說明

　　本研究所取得相關口述資料，筆者在文中使用此部份資料時，會加註說明，介紹報導人姓名、基本資料、受訪時間等，常出現的口述資料者，筆者只將註記姓名、受訪時間等，其餘資料請見附錄一，但部份報導要求匿名或其他因素的考量之下，筆者將在某些部分的受訪者作匿名的處理，以尊重報導人隱私或避免增加報導人之困擾。

貳、相關研究回顧與探討

　　亞洲地區研究媽祖信仰的相關研究相當多，但是筆者因時空等因素限制，僅以台灣地區的相關研究為主要討論範本。下面分成兩個部分來做討論，第一個部分為台灣媽祖研究的回顧，第二部分為大甲媽祖研究的討論。

一、台灣媽祖研究的回顧

　　台灣媽祖研究的回顧，在1995年張珣在《新史學》上發表〈台灣的媽祖信仰－研究回顧〉【5】一文，針對1925年到1995年間，共回顧了中文文獻一百七十篇論文，英文二十篇論文，並分成八個子題來介紹，分成媽祖事蹟與傳說、媽祖的經典與祭典、進香研究、祭祀活動與組織、媽祖廟之間的戰爭、媽祖信仰與政治、媽祖信仰的傳播等方面加以介紹，其對媽祖的相關論文有著精闢的論述與回顧，筆者在此就不多贅述。只列幾篇與本文相關的研究，在下列討論，而專門關於大甲媽祖之討論，將在另一部份討論。

　　張珣的〈台灣的媽祖信仰－研究回顧〉一文，在1995年發表之後，有不少關於媽祖的中文專書與相關論文發表，尤其台灣出了數本有關媽祖的專書，其中以張珣的《文化媽

【5】張珣，〈台灣的媽祖信仰－研究回顧〉，《新史學》，頁89-126，1995。

祖》【6】、王見川與李世偉合著的《台灣媽祖廟閱覽》【7】、及由台灣宗教學會與北港朝天宮所主辦「媽祖信仰與現代社會國際研討會」，並由林美容、張珣、蔡相煇編成《媽祖信仰的發展與變遷：媽祖信仰與現代社會國際研討會論文集》【8】等重要討論媽祖的書籍。而中國也出版數本相關台灣媽祖的重要相關著作，依目前所掌握的有數本相關專書，一本是由台灣林美容教授在中國所發行的《媽祖信仰與漢人社會》【9】（其在2006年在台灣補充出版為《媽祖信仰與台灣社會》【10】），另一本為李露露所著的《媽祖神韵：從民女到海神》【11】。筆者選定數本較為重要或與本文相關研究書籍進行介紹。

　　王見川與李世偉合著的《台灣媽祖廟閱覽》【12】，雖然是編給一般民眾閱讀的通俗著作，卻深入淺出的介紹台灣的媽祖信仰與重要的媽祖廟，並且引用大量史料，尤其是日治時期的日日新報資料，可提供相關研究者許多參考。其與本研究相關

【6】張珣，《文化媽祖－台灣媽祖信仰研究論文集》，台北：中央研究院民族學研究所，2003。

【7】王見川、李世偉合著，《台灣媽祖廟閱覽》，台北：博揚文化，2000。

【8】林美容、張珣、蔡相煇編，《媽祖信仰的發展與變遷：媽祖信仰與現代社會國際研討會論文集》，雲林：財團法人北港朝天宮，2003。

【9】林美容，《媽祖信仰與漢人社會》，中國哈爾濱：黑龍江人民出版社，2003。

【10】林美容，《媽祖信仰與臺灣社會》，台北：博揚文化，2006。

【11】李露露，《媽祖神韵：從民女到海神》，北京學苑出版社，2003。

【12】王見川、李世偉合著，《台灣媽祖廟閱覽》，台北：博揚文化，2000。

的部分，第一個是關於戰後國民政府對於宗教的管制政策，提
供基礎背景知識，另外關於鎮瀾宮的介紹部分，引用日治時期
的報紙與相關資料，是目前關於鎮瀾宮日治時期歷史研究的新
貢獻，本書提供筆者關於台灣媽祖信仰的基礎知識與理解，有
助於後續的討論。

　　由林美容、張珣、蔡相煇編成《媽祖信仰的發展與變
遷：媽祖信仰與現代社會國際研討會論文集》【13】，是在2001
年5月26-28日所召開的「媽祖信仰與現代社會國際研討會」的
論文集，收錄近二十篇相關論述，是近期關於媽祖研究重要的
研討會，其中Joseph Bosco（林舟）發表〈天后宮之重建與活
力：台灣與香港比較研究〉【14】，比較台灣與香港兩地天后宮
重建的異同，該文提到台灣廟宇政治與菁英份子的關係，提供
筆者對於寺廟與政治間的關係，以及政府對於廟宇關係態度轉
變的思考。另外在張珣的〈從媽祖救難敘述看媽祖信仰的變
遷〉一文中，關於鎮瀾宮對於「救難」思考的論述以及台灣媽
祖救難敘述所呈現的改變，有助於筆者思考大甲媽祖的「角
色」轉變。

　　三尾裕子的〈從兩岸媽祖廟的交流來談台灣的民族主

【13】林美容、張珣、蔡相煇編，《媽祖信仰的發展與變遷：媽祖信仰與現代社
　　會國際研討會論文集》，雲林：財團法人北港朝天宮，2003。

【14】Joseph Bosco，韓世芳翻譯〈天后宮之重建與活力：台灣與香港比較研
　　究〉，頁169-192，收錄於林美容、張珣、蔡相煇編，《媽祖信仰的發展
　　與變遷：媽祖信仰與現代社會國際研討會論文集》，雲林：財團法人北港
　　朝天宮，2003。

義〉【15】，從幾個案例談兩岸宗教交流情形，其中關於媽祖與鎮瀾宮的部分，可作為重要的參考。另外由楊美惠所著的〈跨越台灣海峽的女神媽祖：國界、進香和衛星電視〉，以大甲鎮瀾宮2000年跨越海峽到湄州，利用衛星進行兩岸三地的直播，提供關於媒體與宗教間關係的思考，而其所構成的「虛擬儀式空間」，亦提供相當多的思考方向，但其觀察指出中國並沒有播出相關報導，但是根據筆者訪問企畫與聯絡轉播事項的董振雄先生，中國其實在CTTV4（中國中央電視台第四套節目，主要針對海外播出，但中國部分城市收得到）直播一個半小時，並在其他電視台作部分直播與製作相關報導，中國福建東南電視台並製作了關於董振雄先生的專訪【16】，所以關於此部分的不同觀察會於第五章做一討論。

　　另外中研院民族所林美容教授的《媽祖信仰與漢人社會》及《媽祖信仰與台灣社會》，是林美容教授在台灣關於媽祖研究的重要整理回顧，對於本研究有相當的助益，尤其關於信仰圈、區域宗教組織、民俗藝團、地方社區的部分，提供了與大甲媽祖信仰思考的不同面向。另外林美容教授在《台灣史料研究》上發表一篇〈臺灣媽祖研究相關書目介紹〉【17】，提

【15】三尾裕子，〈從兩岸媽祖廟的交流來談台灣的民族主義〉，頁193-204，收錄於林美容、張珣、蔡相煇編，《媽祖信仰的發展與變遷：媽祖信仰與現代社會國際研討會論文集》，雲林：財團法人北港朝天宮，2003。

【16】2004.7.18於董振雄先生家中進行訪問所得資料。

【17】林美容，〈臺灣媽祖研究相關書目介紹〉，《台灣史料研究》，頁135-165，18期，2002。

供媽祖相關研究的索引，亦提供相當大的助益。

　　李露露所著的《媽祖神韵：從民女到海神》【18】，是談論媽祖信仰從一個民女到重要海神的過程，並談論媽祖信仰的傳播狀況，提供對於媽祖信仰基本資料的了解，但是作者對於大甲媽祖所做的研究，尤其在第十一章〈回娘家與尋根部分〉，所敘述的相關儀式與觀念，都與相關研究，以及筆者觀念與田野調查的結果不相符，這是其論述較大的問題，值得商榷。

二、大甲媽祖研究的回顧

　　關於大甲媽祖相關研究的回顧，分成個人與專書兩個部分來討論，以個人為討論，是因為單一研究者對於大甲媽祖有許多的相關論述著作，所以採取以研究者為分類，來討論其觀點與論述，其著有專書部份，也在此部分一併討論，此部分為相關學者與在地研究者、張珣【19】及學位論文等三部分。另一部分為討論幾本多人合著關於大甲媽祖的專書，與幾篇關於大甲媽祖重要的論文。

（一）相關研究者

　　在學者中研究大甲媽祖最多的是黃美英與張珣兩位學者，張珣因研究大甲媽祖的資料頗多，另列篇幅討論。而其他學者，如王嵩山、王見川、鄭志明等多人，對於大甲媽祖也有

【18】李露露，《媽祖神韵：從民女到海神》，北京學苑出版社，2003。

【19】張珣因研究大甲媽祖的資料頗多，另列篇幅討論。

相關論著，但對於本研究重要性不一，對於本研究有參考價值的，將於相關研究的部分討論，學者在此部分只介紹黃美英的相關著作。而研究大甲媽祖的文史工作者眾多，但是書寫與研究內容差異程度頗大，所以筆者只以重要的三位在地研究者為例，回顧其相關研究著作，並討論其可以提供筆者的思考面向。

黃美英，現為暨南大學歷史系講師，是早期較關注大甲鎮瀾宮發展的研究者之一，1979年在大二時跟隨大甲媽祖走完進香全程，1982年成為一名記者，多次報導關於大甲媽祖進香的消息，後來1990年進入清華大學人類學研究所就讀，並有多篇的報導與論文發表，不過多屬紀錄的文章或報導，其重要觀點以碩論及後續出版的書籍為主。其碩士論文〈權力與情感的交融：媽祖香火儀式的分析〉【20】，以大甲媽祖進香為例，探討漢人的香火儀式，後來改寫成由自立晚報社發行《台灣媽祖的香火與儀式》【21】一書，以大甲媽祖的例子，探討台灣媽祖香火的意義，指出從香火儀式的發展過程中，大甲鎮瀾宮從邊緣到中心的過程，另外也從討論歷史記憶與台灣媽祖香火權威的建構關係，並分析香火儀式。對於筆者分析鎮瀾宮如何透過儀式來建構大甲媽祖的「地位」，有著許多的啟發。而當時所調查的相關資料，也是筆者重要的參考資料。

張慶宗，為大甲鎮的國小老師，對於大甲地區的相關

【20】黃美英，〈權力與情感的交融：媽祖香火儀式的分析〉，清華大學社會人類學研究所碩士論文，1992。

【21】黃美英，《台灣媽祖的香火與儀式》，自立晚報社發行，1994年。

文史有深入研究，而其對於大甲鎮瀾宮的研究大致集中於鎮瀾宮的歷史與建築藝術上，著有〈大甲鎮瀾宮的肇建與北港進香〉【22】，〈鎮瀾宮：大甲地區五十三庄庄民精神的皈依〉【23】等文章，並與多人合著《大甲鎮瀾宮之旅》等書。

　　黃敦厚，大甲國中教師，為研究大甲媽祖進香多年的研究者，因為其祖先與父執輩參與大甲鎮瀾宮事務頗多，且長期親身參與進香活動，對於大甲媽祖進香有著深厚的研究。其關於大甲媽祖著作〈大甲媽祖進香源流初探〉【24】、〈大甲媽祖對外進香初考〉【25】、〈大甲迎媽祖新史料〈金萬和郊〉帳冊的發現〉【26】等相關研究，提供筆者對於鎮瀾宮的基礎認識，而其在進香歷史方面的研究，提供整個進香過程的思考。

　　董振雄，擔任大甲鎮瀾宮董監事二十餘年，對於戰後大甲鎮瀾宮的發展有著深厚的了解，其為近二十年來鎮瀾宮企業化經營、成為媒體寵兒、與對兩岸的媽祖廟有深厚影響的主要企劃與執行者，後因故離開大甲鎮瀾宮，目前為穿梭於兩

【22】與陳永騰合著，刊於《臺灣文獻》，32:4，　頁178-183，民70.12。

【23】刊於《大甲風貌》，陳終明等編，頁255-343。台中縣：鐵砧山青年社。

【24】黃敦厚，〈大甲媽祖對外進香初探〉，收於《民俗曲藝》，103期，49-59頁，1996。

【25】黃敦厚，〈大甲媽祖對外進香初考〉，收於《大甲媽祖遶境進香》，頁6-12。

【26】黃敦厚，〈大甲迎媽祖新史料〈金萬和郊〉帳冊的發現〉，《台灣宗教研究通訊》，第六期、頁205-228

岸的媽祖研究者，其發表數篇關於大甲媽祖的文章【27】，並在
2004年3月寫了《心靈原鄉》【28】三本一套的叢書，是他在鎮
瀾宮二十餘年來對於鎮瀾宮的紀錄，也是目前關於鎮瀾宮近年
來最重要與最完整的紀錄，該套書分成《心靈原鄉：大甲媽進
香行》紀錄大甲媽進香中的團、隊、宮、廟的簡介；《心靈原
鄉：大甲媽新港行》紀錄大甲媽祖到新港的過程與資料；《心
靈原鄉：大甲媽湄洲行》，紀錄大甲媽祖幾次到湄洲的過程，
尤其對於2000年大陸行有相關過程的詳細紀錄。這三本書對於
筆者研究有相當的助益，尤其相關一手的文獻與紀錄，提供筆
者豐富的素材。

（二）張珣對於大甲媽祖的研究

　　張珣，現為中央研究院民族所研究員，是對於大甲媽祖
信仰進行長期觀察與研究的重要學者，大約1988年左右，開始
發表關於大甲媽祖的論文，到目前總計約二十餘篇，對於大甲
媽祖的相關研究有重要的影響，亦對筆者研究的啟發頗多。但
其相關著作頗多，無法一一列舉討論，僅以筆者從中獲取相關
概念的重要章節，來進行相關討論，其餘就請參見本文的引用
與討論。

　　張珣對於大甲媽祖的研究，依筆者所見大致上分成儀

【27】較重要的一篇為〈大甲鎮瀾宮戊辰年天上聖母遶境進香記〉，《民俗曲
　　藝》，53期，頁13-46。

【28】由董振雄、王金爐等人贊助印刷，由台中縣立文化中心發行，2003年3月
　　出版，三冊一套的書籍。

式、人群組織、轄區等部分，但是其相關研究著作較多，故單篇的相關文章，筆者會在論文各章節中引用與討論，所以在此不贅述，只以目前張珣近作《媽祖‧信仰的追尋（續編）》【29】、《媽祖‧信仰的追尋》【30】、《文化媽祖》【31】，前兩部內容是以《文化媽祖》為底，增加其他媽祖的討論，所以本文還是以《文化媽祖》作為主要討論對象。

　　2003年所發行《文化媽祖－台灣媽祖信仰研究論文集》【32】一書，是張珣研究大甲媽祖第二階段的成果，以大甲媽祖進香為田野素材，分析儀式做為起點，進而分析其背後人觀、時間觀、空間觀、物觀等等。本書除導論外，分為五章，導論說明作者對於儀式理論的理解，與新見解；第一章為〈儀式與空間〉，利用空間的觀念，分析進香中的神聖空間，並區分出進香團體中的階層性；第二章為〈儀式與時間〉，分析進香信徒的時間經驗，與神明類似宗族系譜上的關係；第三章是〈儀式與社會－大甲媽祖轄區之變遷〉，討論大甲媽祖透過進香改變信徒來源區域與在「排行」上的改變；第四章是〈儀式與社區〉，討論大甲進香跨區域活動與大甲移民的相關議題；第五章是〈儀式與敘述〉，從傳說、文獻、報導等素材討論媽

【29】張珣，《媽祖‧信仰的追尋》，台北：博揚文化，2008。

【30】張珣，《媽祖‧信仰的追尋（續編）》，台北：博揚文化，2009。

【31】張珣，《文化媽祖－台灣媽祖信仰研究論文集》，台北：中央研究院民族學研究所，2003。

【32】張珣，《文化媽祖－台灣媽祖信仰研究論文集》，台北：中央研究院民族學研究所，2003。

祖在台灣社會「功能」的轉變；並附上〈女神信仰與媽祖崇
拜〉一文，討論女神信仰與媽祖信仰的相關議題。

　　其中與筆者較相關的研究，為第三章〈儀式與社會－大
甲媽祖轄區之變遷〉、第四章〈儀式與社區〉。第三章〈儀
式與社會－大甲媽祖轄區之變遷〉主要是討論鎮瀾宮「轄
區」【33】變遷，從廟務管理、行政轄區等角度來作為探討轄區
改變的基礎，最後以儀式作為界定其信徒範圍的方式，其書
中【34】先提出許嘉明對「祭祀圈」的定義，說明其不適用鎮瀾
宮的情況，祭祀圈等相關理論只能用來解釋鎮瀾宮部分時期的
現象，所以張珣在本文中提出祭祀網絡（ritual network）或轄
區的概念，可以作為研究鎮瀾宮的信仰範圍一個新概念。

　　強調神明的祭祀網絡（ritual network）或轄區（用轄區
一詞可以不受祭祀圈概念之限制）應該是動態的，…本節要
藉著鎮瀾宮的個案來加以討論，而指出：（1）神明的轄區
可能有中心－邊陲差序之分；（2）可以因時代與地方制度
演變，範圍大小被人為變更；（3）也會因為其他自然界的因
素，如地震帶來的後果，使居民主動的要求變更【35】。

　　筆者從祭祀網絡（ritual network）或轄區的概念其相關概
念，得到一些想法。鎮瀾宮從一個區域性的小廟到全台性的大

【33】見張珣，《文化媽祖－台灣媽祖信仰研究論文集》，頁110對轄區一詞之
　　　解釋。

【34】張珣，《文化媽祖－台灣媽祖信仰研究論文集》，頁110。

【35】張珣，《文化媽祖－台灣媽祖信仰研究論文集》，頁110。

廟，在這樣的發展過程之中，其「轄區」的發展過程為何？而張珣以廟務管理、行政轄區等來論述其「轄區」的發展過程。筆者認為廟務管理也很重要，尤其是在「人」的經營之上，筆者觀察台南西港、土城、屏東東港的儀式過程，除了宗教的成分外，其儀式規模的擴大與發展，都與「人」有著密切的關係，透過人的互動，擴大、縮小或改變儀式的規模，廟方的廟務管理，與寺廟發展有著密切的關係。

　　所以對比台南西港的「西港香」、屏東東港的「迎王祭典」【36】，都具有百年以上的歷史。西港與東港的儀式構成或許不盡相同，卻都以「地域性」【37】組織團體。鎮瀾宮是在近二十幾年迅速擴大，但鎮瀾宮卻沒有這樣「地域性」的組織，都是以各種神明會團體【38】前來支持進香活動，在其它研究中，沒有討論到鎮瀾宮的「信徒組織」，為何不具「地域性」，而這些與廟宇關係密切的各種信徒組織，其構成與發展有何特色，信徒組織在鎮瀾宮的發展之中，又扮演怎樣的角色？鎮瀾宮透過這些信徒組織，可以成為怎樣的資源網絡？這些議題皆為筆者欲探究的。

【36】筆者所觀察的土城香雖沒有百年上的歷史，但以前也是西港香的一員，後因細故分出，但能接受或重複部分的「地域組織」。

【37】所指的「地域性組織」，是指以自然聚落（庄頭）所組成的團體，負責儀式活動中的某項工作，而目前筆者找不到適合之名詞，故先暫稱「地域組織」。

【38】先有團體，後有神明會。通常參與團體的人組織化後，就到鎮瀾宮分靈媽祖，組織神明會。

第四章〈儀式與社區〉，以鎮瀾宮的信徒範圍為例，討論新的社區研究架構，也以基隆、台北兩個大甲移民所組成的神明會，討論其「大甲」的意涵，企圖建構出新的社區研究的思維模式。

> 鎮瀾宮舊日丁口的範圍，的確依附在村莊組織上。但是丁口範圍解散後（1974年），其進香團體便不再依附在村莊組織了。而是開放向全省所有的媽祖信徒。進香團體平時不活動（inactive），一到進香活動期間，則各自浮現成形。這些小團體性質上都屬於神明會，由不同人組成，或依鄰里關係，或依生意往來關係，但絕非等於鄰里組織或同業組織。數十個小團體整合成一個大的進香團，總數有數萬人。筆者稱之為「隱形組織」。意指在說明其建立在平時的各種社會關係之上，需要時才動員起來的這種特性【39】。

　　張珣將這些神明會稱為「隱形組織」，早期可以將信徒組織此稱為「隱形組織」，因為這些團體大部分都是進香時才被動員，但是現在的信徒組織應無法稱之為隱形組織。如外地的神明會組織，最近各香會紛紛建廟完成，平時即有活動與動員，而在地的信徒組織，為凝聚團隊內部的向心力，開始有固定的聯誼活動，另外在「政治力」的影響與其他的考量之下，這些信徒組織也成為被動員的對象，不管說是選舉的動員，或是被廟方動員參與活動，讓隱形的組織顯得越來越不隱形了，

【39】張珣，《文化媽祖－台灣媽祖信仰研究論文集》，頁152。

開始改變原有的組織型態。

　　另外在整理基隆與台北神明會社區觀的研究中，提及許多大甲移民對於「大甲」這個社區的概念，對於大甲當地的「認同」。透過大甲媽祖成為認同的象徵，進香活動成為學習認同的過程【40】。啟發筆者注意到為什麼他們會願意回來？而這樣的組織在他們的當地人際網絡關係有何影響？這都是可以啟發筆者再思考的過程。但是除了「認同」之外，其實廟方也相對的進行「培植」，有意促使組織的發展與擴大，在這樣的情況下，大甲移民的神明會又會有怎樣「認同」？這些議題都是需要再深入去思考。

（三）學位論文部分

　　筆者2005年完成碩士論文的前後，同時期也是大甲相關論文大量出現的時候，至2010年大約有將近四十餘本碩士論文，其討論議題大約分成幾個種類，第一類是觀光與產業，其論文也最多，約十餘本，分析大甲媽文化觀光節以及電信等相關產業的關係，第二類為政治與社會，約五本，分析大甲媽祖與地方政治與社會的關係；第三類為分析大甲媽祖與媒體的關係，約三本，第四類為藝術文化，分別從繪畫、攝影、博物館、民俗藝術等觀點詮釋大甲媽祖。

　　當然還有其他相關之著作，在此不作詳述，但是大甲媽祖研究的確進入「量產」的年代，因為自2000年後，幾乎每年

【40】張珣，《文化媽祖－台灣媽祖信仰研究論文集》，頁164。

都有一本文化觀光產業的論文，但研究的數量龐大，而內容多寡不一，且後續章節也會加以引述與討論，所以在此不多作討論。

（四）專書與其他重要期刊論文

　　關於大甲媽祖的專書，除了廟方所發行的廟誌與《財團法人大甲鎮瀾宮戊辰年慶成祈安清醮專輯》【41】外，就屬台中縣文化局所發行的三本專書【42】，以及大甲當地教師所協力合作的《鎮瀾宮之旅：戲看鎮瀾宮的建築裝飾藝術》【43】，黃美英的《台灣媽祖的香火與儀式》【44】，張珣的《媽祖·信仰的追尋》【45】、《文化媽祖－台灣媽祖信仰研究論文集》【46】，董振雄先生的《心靈原鄉：大甲媽進香行》、《心靈原鄉：大甲媽新港行》、《心靈原鄉：大甲媽湄洲行》等重要的書籍，有數本著作已討論過，請參見前段，在此不贅述，而筆者與張

【41】董振雄策劃，多人合著，《財團法人大甲鎮瀾宮戊辰年慶成祈安清醮專輯》，財團法人大甲鎮瀾宮發行，1989。

【42】台中縣立文化中心：《大甲媽祖進香》，1988初版、1992再版。台中縣文化局：《大甲媽祖遶境進香》，2001、《文化傳承－大甲媽祖遶境進香》，2002。

【43】張慶宗等著，《鎮瀾宮之旅：戲看鎮瀾宮的建築裝飾藝術》，中縣鄉土自然學會出版,1999年。

【44】黃美英，《台灣媽祖的香火與儀式》，自立晚報社發行，1994年。

【45】張珣，《媽祖·信仰的追尋（續編）》，台北：博揚文化，2009。

【46】張珣，《文化媽祖－台灣媽祖信仰研究論文集》，台北：中央研究院民族學研究所，2003。

珣、黃敦厚合著的《大甲媽祖進香的儀式與祭典》【47】，以及
大甲媽祖教師團多人合著的《民俗與文化：台中縣大甲媽祖文
化節專刊》【48】，但為論文合集，已經於各處討論過，所以也
不贅述。以下針對尚未討論的相關書籍進行介紹。

　　《財團法人大甲鎮瀾宮戊辰年慶成祈安清醮專輯》，本
書是鎮瀾宮重建完成後，於1988年進行慶成祈安清醮所發行的
紀念專書，詳細記錄紀錄該次活動的相關過程，其中值得注意
本書編審委員中有曾永義、劉枝萬、李豐楙等教授，而書中也
有瘂弦等作家書寫的文章，這本書也反映著當時大甲鎮瀾宮從
地方走向全台的企圖心，當時企劃醮典與本書的董振雄先生，
已經思考到把學術界與藝文界帶來鎮瀾宮，增加鎮瀾宮在台灣
的知名度。

　　《鎮瀾宮之旅：戲看鎮瀾宮的建築裝飾藝術》，本書是
大甲當地張慶宗等國中小教師所寫介紹大甲鎮瀾宮的專書，為
瞭解鎮瀾宮空間配置、建築藝術等重要的參考資料。

　　《大甲媽祖進香》【49】，是記錄大甲媽祖進香的第一本專
書，為台中縣立文化中心發行，由當時重要的研究者黃美英、
張慶宗等人著述，以調查大甲媽祖進香，並的相關資料，及記

【47】《大甲媽祖進香的儀式與祭典》，大甲鎮公所出版，與張珣、黃敦厚合
　　　著，2007。
【48】《民俗與文化：台中縣大甲媽祖文化節專刊》，淡南民俗文化研究會，
　　　2005。
【49】台中縣立文化中心，《大甲媽祖進香》，豐原：台中縣立文化中心，
　　　1988初版、1992再版。

錄當時改道新港進香的過程，書中當時所調查到的資料，都提
供重要資訊，雖然部分已經被新發現所取代，但當時的調查記
錄，成為現代研究者的重要參考資料。

　　《大甲媽祖遶境進香》【50】，調查發行當年（2000年）的
田野資料，執筆者是由資深研究者黃敦厚老師帶領國中小老
師，組成「教師研習團」進行相關田野調查，並在本書中進行
專題式的討論，分成進香歷史、儀式、陣頭、信徒等專題討
論。

　　《文化傳承－大甲媽祖遶境進香》【51】，本書一樣由台中
縣文化局出版發行，執筆者仍由當地資深的研究者黃敦厚老師
所帶「教師研習團」進行相關田野調查工作，並以儀式、繡
品、團隊、沿途廟宇、語言等專題，發表各項調查成果。

　　而期刊論文方面最重要是《民俗曲藝》所做的兩次大甲
媽祖進香專輯，民俗曲藝分別在二十五期（1983年發行）與
五十三期（1989年發行），都以大甲媽祖相關論文為當期主
題，第二十五期刊中王嵩山所寫的〈從進香活動看台灣民間
信仰與儀式〉、〈戲曲與宗教活動－大甲進香之例〉，以及
五十三期陳維新的〈信仰、懼怕、與權力：以大甲進香團為
例〉，這幾篇文章都具有參考價值，提供筆者相關資料線索。

【50】台中縣文化局，《大甲媽祖遶境進香》，臺中縣：台中縣文化局，2001。

【51】台中縣文化局，《文化傳承－大甲媽祖遶境進香》，臺中縣：台中縣文化
　　　局，2002。

參、 大甲鎮瀾宮簡史

　　大甲鎮瀾宮位於台中縣大甲鎮，台中西北方的一個小鎮，在漢人移入前是道卡斯（TAOKAS）族群生活的領域，當時附近的道卡斯族被歸為蓬山八社，即現在大甲至苑裡一帶的番社。然而「大甲」不只是一個鎮的行政區域，也是一個地區的概念，包含大甲、大安、外埔、后里以大甲媽祖為信仰核心的區域，其信仰傳統區域並以「大甲五十三庄」稱之，大甲鎮瀾宮主要奉祀天上聖母（媽祖），配祀註生娘娘、觀世音菩薩、神農大帝等神明，為大甲地區居民的信仰中心。

一、鎮瀾宮歷史簡介

　　大甲鎮瀾宮創立的年代，相傳為清雍正八年（1730）福建人氏林永興，自湄洲祖廟奉請天上聖母神像來台，抵大甲定居，當時移民篤信湄洲媽祖，紛紛前來參拜，聖蹟靈驗。地方仕紳見香火鼎盛，徵得林氏同意，擇地於現址，於雍正十年興建小祠奉敬【52】。而文獻上目前最早關於鎮瀾宮的紀錄，是在於《淡水廳志》上的記載：

> 天后宮…一在大甲街，乾隆三十五年，林對丹等捐建，五十五年，吳遍等重修【53】。

【52】《大甲鎮瀾宮》簡介手冊，未註出版年代、頁次。此說法另可見鎮瀾宮的各種文宣，以及各機構所用之文宣之內。

【53】《淡水廳志》，頁149-150。

為鎮瀾宮目前在史籍上最早的記載，另外清乾隆五十二年(1787年)有重建相關紀錄，往後由大甲分司誠夫宗觀庭、同鄉進士陳峰毫氏、地方縉紳連昆山、巧化龍氏屢次發起獻地重建，並得到其他平埔族領導人的捐獻與協助【54】。此段重修記錄，更記錄鮮為人知的歷史，即清代大甲地區的平埔族與鎮瀾宮創建與重修的關係，目前鎮瀾宮在地藏王殿都可以看見數塊平埔族人名的長生祿位，可見當時平埔族與鎮瀾宮的修築有密切的關係，而筆者曾訪問大甲平埔族移民到埔里的後裔，說明其信仰中心「雙吉宮」，即由鎮瀾宮所分靈而來，可見當時鎮瀾宮除與漢人族群有密切關係之外，與平埔族群仍有密切的關係，此部分有待更多的資料整理說明。

　　從創建以來，廟務皆由歷代主持禪師負責【55】，依宮志及鎮瀾宮現存歷代住持牌位上的記載，鎮瀾宮大約歷經六到七代的禪師管理。在大正13年（1924），鎮瀾宮改為街庄所有制度，改變的理由根據鎮瀾宮廟方的說法有兩種，一說因遠遊大陸求道【56】，一說因亡故【57】，但根據王見川教授從日日新報上所發現的資料【58】、以及黃敦厚老師的田野調查發現【59】，

【54】高綉蘭，〈大甲鎮的精神堡壘——鎮瀾宮簡介〉，《台灣風物》，29卷2期。

【55】大甲鎮瀾宮管理委員會編印，《大甲鎮瀾宮志》，1974，頁39。

【56】大甲鎮瀾宮管理委員會編印，《大甲鎮瀾宮志》，1974，頁39。

【57】財團法人大甲鎮瀾宮編印，《大甲鎮瀾宮簡介》，1984，頁1。

【58】王見川，《台灣媽祖廟閱覽》，2000年，頁97，台北：博揚文化。

【59】2002年1月4日於大甲採訪黃敦厚先生。

其實當時的住持和尚「覺定」師因為犯了「色戒」，讓當時的
街長杜清以此為理由，趕出大甲鎮瀾宮，於是大甲鎮瀾宮就改
為街庄民有制度，由大甲街、大安庄、外埔庄、內埔庄等四個
街庄，各街庄的協議會議員、保正為信徒代表，再由信徒代表
推任管理人，大正13年到昭和11年（1924－1936）由杜清擔任
管理人，之後昭和11年擔任到民國35年（1936－1946）由杜清
之子杜香國擔任管理人，民國35年（1946）因為原來管理人杜
香國過世，鎮瀾宮的組織改為「執行委員會制」。

　　民國35年改制成立管理委員會，民國53年再議重修，至
民國60年增建鐘鼓樓，聘施振洋雕刻神龕六座，整修屋頂剪粘
等，使廟貌煥然一新。民國64年興建鎮瀾大樓。民國67年管理
委員會改組，成立財團法人處理廟務。民國69年地方人士眼見
神殿樑柱腐朽，遂拆除改建，前後歷時八年，民國77年落成，
並舉行慶成祈安五朝清醮大典，舉辦各項民俗曲藝等文化活
動，目前所見之建築，即為當時改建後之規模。

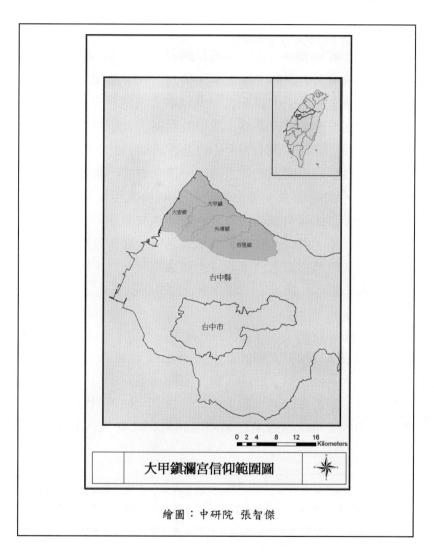

圖1-2　大甲鎮瀾宮信仰範圍圖

二、大甲媽祖進香簡介

　　「大甲媽祖進香」是一般民眾對於每年三月間大甲鎮瀾宮往南部進香活動通稱，進香早期稱為「大甲鎮瀾宮天上聖母往北港進香」，後來因鎮瀾宮與北港朝天宮的「分靈」【60】之爭，而改到新港奉天宮進香，所以改名為「大甲鎮瀾宮天上聖母遶境進香」，為八天七夜【61】的進香活動。進香活動分成三個時期，最早是「湄洲進香」時期，後來改成「北港進香」，後又改成「遶境進香」等三個時期。關於大甲媽祖進香的起源，學界曾有相關的辯論與論證，但非本文重點，下將相關說法作粗略介紹，進香詳細歷史與儀式過程，請參見前述相關書籍，以及黃敦厚與筆者合著的《台灣瘋媽祖—大甲媽祖遶境進香》【62】一書。

（一）湄洲進香

　　在大甲地區的口述歷史中，耆老回憶鎮瀾宮在日治時期，實施兩岸來往禁令之前，會不定期或是說十二年一次會到大陸進香，而進香活動大致上由郊行負責，隨兩岸貿易之便，當時均由大安港或溫寮港搭船回湄洲祖廟進香，ECHO（漢聲

【60】詳見台中縣立文化中心出版之「大甲媽祖進香」，第六章取消北港進香，或北港朝天宮所編「大甲媽祖取消北港進香史料彙編」。

【61】這是目前的進香時間，有記載起為七天六夜，後改成八天七夜，但記載曾有三次修改。

【62】黃敦厚、洪瑩發，《台灣瘋媽祖—大甲媽祖遶境進香》，台北：博陽文化，2009。

英文版)在1974年也採訪同樣的說法。每年都會前往大陸湄洲進行進香活動，當時只是由參與鎮瀾宮廟務的郊行，每年隨兩岸貿易來往的船隻，輪流迎請媽祖前往湄洲，每年六月前往，大約七月返回【63】，後因為大安港廢港、以及日本政府嚴禁兩岸來往，所以停辦湄洲進香。

（二）北港進香

　　停辦湄洲進香之後，大約大正十年前後，大甲鎮瀾宮開始北港進香。一開始只是大甲有數位往返於北港牛墟的牛販，因買賣牛隻的因素，便前往北港朝天宮祭拜，而這些牛販平時即有參與鎮瀾宮廟務，所以在牛販的安排之下，前往北港進香。而北港朝天宮的聖父母殿可以為進香做合理化的解釋，長期下來漸漸形成「大甲鎮宮天上聖母往北港進香」的活動。日治時代每隔幾年才舉辦一次，人數大概只有三、四十人而已，約1936年因二次大戰的因素停辦了十幾年，1948年左右恢復舉辦，當時人數也不過一百餘人而已。但自此年後，年年辦理，人數年年增加，陣容逐年擴大、參與的層面越來越廣，人員也不再侷限在大甲【64】。

【63】黃敦厚，〈大甲迎媽祖新史料〈金萬和郊〉帳冊的發現〉，《台灣宗教研究通訊》，六期。

【64】台中縣立文化中心，《大甲媽祖進香》，頁36-39。黃敦厚，〈大甲媽祖對外進香初考〉，《大甲媽祖遶境進香》，頁6-12。

（三）遶境進香

民國76年鎮瀾宮順利恭請媽祖回湄洲祖廟進香後，鎮瀾宮的董監事有感於過去北港進香部分名稱有改變的必要，在部份媒體推波助瀾下，遂引發了分靈的爭議，停辦了行之有年的北港進香，改道新港並易名「遶境進香」，也取消了最具刈火的相關儀式，純粹遶境與進香而已，一直至今【65】。

【65】關於遶境進香相關情況，請參閱筆者與黃敦厚老師相關拙作。

第二章 信仰中心：
戰後鎮瀾宮的發展

　　鎮瀾宮從創建以來，廟務皆由歷代主持禪師負責【1】，在大正13年（1924）改為街庄頭人管理，由大甲街、大安庄、外埔庄、內埔庄等四個街庄，協議會議員、保正為信徒代表，再由信徒代表推任管理人，民國35年（1946）因為原管理人杜香國逝世【2】，鎮瀾宮的組織改為「執行委員會制」。民國35年（1946）到民國56年（1967）為執行委員會時期，民國57年（1968）到民國67年（1978）為管理委員會時期【3】，民國67年（1978），改為財團法人制度至今。

【1】《大甲鎮瀾宮志》，1974，頁39。

【2】《大甲鎮瀾宮志》（1974），記載因為杜香國因逝世而改為執行委員會制，但是民國36年仍將杜香國列為顧問（當時已經過世），所以可能在過世前，杜香國就已經將制度改為執行委員會制，所以鎮瀾宮才將其列為顧問，但這部分需要更多的資料來驗證。

【3】而大甲媽祖的信仰活動除了僧人與管理人為主要負責機制，在民國64年之前另有一個「爐主制」的系統在運作北港進香的事宜，所以在此之前，鎮瀾宮廟方並不能全部主導「大甲媽祖」的一切事務。

　　在鎮瀾宮改為街庄人士集體管理後，管理組織大致上由
大甲、大安、外埔依2：1：1的比例組成，而只給后里一席作
為代表，所以鎮瀾宮管理成員，主要由大甲、大安、外埔，三
個鄉鎮選出。而組成方式，除后里一席，指定鄉長或代表主
席之外【4】，其他三鄉鎮，依各鄉鎮的名額，由信徒代表選舉
（信徒代表由村里長與鄉鎮民代表組成）。后里原本也在「大
甲五十三庄」之內，屬於傳統鎮瀾宮的勢力範圍之內，但在日
治晚期，后里因為某些因素，降低對於大甲鎮瀾宮活動的參
與，導致後來鎮瀾宮雖想維持「大甲五十三庄」的勢力範圍，
但是因為后里地區已經降低對於鎮瀾宮活動的參與，所以只
「象徵」性給予一席的席次，這部分在張珣的研究有相關說
明【5】。

【4】 在委員會時代為指定后里鄉長為代表，改成財團法人制度之後，因法律限
　　制公職人員參與，所以改成指定后里鄉鄉民代表會主席為代表。

【5】 張珣，〈儀式與社會－大甲媽祖轄區之變遷〉，收錄於《文化媽祖－台
　　灣媽祖信仰研究論文集》；〈儀式與社會：大甲媽祖祭祀圈之擴大與變
　　遷〉，刊於《信仰、儀式與社會》。

第一節、委員會時期的經營（1946-1978）

一、執行委員會的制度與成員（1946－1967）

　　戰後鎮瀾宮成立「執行委員會」，作為行政管理組織，在執行管理委員會下設管理人一人，副管理人三人，常務委員一人，執行委員十到十二人，監察委員一到三人，任期為兩年，其成員組成的方式，管理人由大甲鎮長擔任，副管理人由大安、外埔、內埔[6]的鄉長擔任副管理人，常務委員、執行委員、監察委員等由信徒代表選出，信徒代表由大甲、大安、外埔、內埔四鄉鎮村里長和鄉鎮民代表組成。雖然一開始管理人與副管理人，協議管理人由大甲鎮長擔任，副管理人由其他鄉長擔任副管理人，但是執行委員會時期的管理人都由郭金焜擔任，不管當時是否擔任大甲鎮長[7]，而大安鄉的副管理人在民國41年（1952）之後，也都非大安鄉長擔任副管理人，所以當初的協議，並未徹底執行，民國55年（1966）執行委員會取消副管理人，將三鄉鎮的「指定」人選，改為擔任一般的執

---

[6] 1955年以後改稱為后里鄉。

[7] 根據筆者訪談幾位參與早期相關運作的委員，他們都說明當時因為郭金焜長期擔任大甲鎮長（鄉代選舉1.2屆，民選2.3屆，共四屆鎮長），而且因為人處事公道，所以就一直由郭金焜擔任管理人，而且成立管理委員會之後，也幾乎都由其擔任主任委員，其相關角色地位的討論，在內部管理的時討論。

行委員【8】。

當時參與執行委員會的人，大部分是由「地方仕紳」擔任，參與的人員大部分都是在日治時期擔任過相關保正、庄協議會會員的人，根據現年82歲的葉金鑾【9】先生回憶說：「當時參與的人大部分都是仕紳，多是地方望族與『貸地業』【10】，或是有擔任公職的人」。另外葉金鑾先生也指出在民國45年之後，鎮瀾宮的委員們受到台中縣地方政治派系形成的影響，開始分成紅、黑兩派。鎮瀾宮管理制度改成委員會制度後，其成員皆透過地方政治人物選出，隨著台中縣紅黑兩派勢力的成熟，派系運作也介入鎮瀾宮管理委員的選舉，成為紅、黑兩派的政治角力場之一。

二、管理委員會的制度與成員（1968－1978）

民國57年（1968年），鎮瀾宮改為管理委員會制度，以大甲、大安、外埔、后里四個鄉鎮信仰媽祖之公民為信徒，四鄉鎮的鄉鎮長為當然信徒代表、四鄉鎮的鄉鎮民代表、村里長為信徒代表，由當然代表及代表組織信徒代表大會為最高議事機構，信徒代表大會推選出委員十七人、監察委員三人，各組

【8】本時期管理人與委員名冊，請附表。

【9】葉金鑾，1923年生，曾任大甲鎮民代表、鎮瀾宮管理委員、董事等職務，詳見訪談人員資料表，筆者於2004年3月14日於大甲日南訪談。

【10】貸地業，根據葉金鑾先生的解釋，這是日治時期對於依靠土地收租的人，稱呼其職業的名稱。

委員會推選主任委員【11】，當時的組織系統表如下：

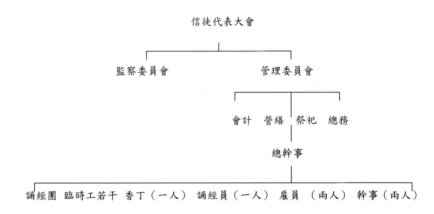

資料來源：《大甲鎮瀾宮志》，頁40，大甲鎮瀾宮管理委員會編印，1974，經筆者改繪。

圖2-1 民國五十七年大甲鎮瀾宮組織圖

　　管理委員會的屆數有不同的說法【12】，但根據管理委員會的屆數，與葉金鑾先生的說法【13】，一屆為三年任期，郭金焜

【11】《大甲鎮瀾宮志》，1974，頁40。

【12】《鎮瀾宮志：歷史風華》，2005，頁102-104說明鎮瀾宮管理委員會有三
　　屆，但筆者根據田野調查及相關資料，認為此時期鎮瀾宮應有四屆管理委
　　員會。

【13】於2004年3月14日於大甲日南訪談。

擔任一屆【14】，顏萬金擔任過兩屆主任委員，而民國66年曾福輝接任第四屆主任委員【15】，在民國67年改制為財團法人，所以根據葉金蠻先生及相關資料【16】推測管理委員會有四屆，共約十年【17】。

　　1. 第一屆管理委員會，任期應該為58年到61年，主委郭金焜。

　　2. 第二屆管理委員會，任期應該為61年到63年，主委顏萬金。

　　3. 第三屆管理委員會，任期應該為63年到66年，主委顏萬金（郭金焜）【18】。

　　4. 第四屆管理委員會，任期應該為66年到67年，主委曾福輝（67年改制財團法人）。

三、內部的經營管理

　　委員會時期的主要經營管理者（管理人、主任委員），除了顏萬金擔任過一段時間之外，其餘幾乎都是由曾任大甲

【14】 顏萬金在任內過世，由郭金焜接任未完之任期。

【15】《鎮瀾宮志：歷史風華》，2005，頁102-104也說明曾福輝曾接任一屆主任委員，民國六十七年改制為財團法人，並擔任第一屆董事長。

【16】 相關資料請參見附錄一〈大甲鎮瀾宮戰後管理成員背景資料一覽表（1945-2005）〉的參考資料。

【17】 第二屆與第三屆的委員名單，目前無法取得相關資料。

【18】 主任委員顏萬金於63年六月過世，由郭金焜接任主委，增補一名委員沈誌賢。

鎮長的郭金焜擔任，民國63年（1974）所編印的《大甲鎮瀾
宮志》的資料，郭金焜從民國35年擔任管理人，一直擔任到民
國61年左右，民國64年顏萬金過世後，再度接任主委，直到改
制為財團法人時，前後擔任管理人、主任委員等主要管理者，
長達近三十年的時間，期間只有短暫數年由顏萬金擔任主任委
員，其餘都由郭金焜擔任主要管理者角色，訪談早期參與的幾
位委員[19]，他們都說明當時因為郭金焜長期擔任大甲鎮公職
（鄉代選舉1.2屆，民選2.3屆，共四屆鎮長），而且為人處事
公道，便一直推舉郭金焜擔任管理人，而且成立管理委員會之
後，大部分時間都由其擔任主任委員，而根據其後代子孫所編
印的《大甲首任鎮長郭金焜先生傳記》記載：

> 金焜先生誠實清廉，不取公帑一分錢，不浪費公帑之
> 作風受鎮民公認，推選為大甲鎮瀾宮管理人及主任委員達
> 三十四年之久，期間鎮瀾宮工作人員黃昭德先生每每提起，
> 「每次先生決裁經費開支都會十分緊張，正經地詳細說明，
> 確定清楚不浪費方為決裁蓋章（用印）」之言。就是這種作
> 風才使先生管理及領導鎮瀾宮三十四年積固基金，先生穩重
> 的領導作風博得五十三庄及全省信徒之信心，奠下今日聞名
> 四海聲名遠播的大甲媽[20]。

---

[19] 訪問周川、葉金鑾、吳藤等人。

[20] 郭傳芳，《大甲首任鎮長郭金焜先生傳記》，自印，未著年代。

根據報導者指出【21】皆認為郭金焜個性穩重，所以對於鎮瀾宮採取較保守的經營，當時內部管理與社會的參與較具有「公益性質」，大部分都是捐建設施與扶助貧困為主，而且當時郭金焜也兼任大甲國姓廟、文昌祠、鎮瀾宮的管理人，所以也藉此運用相關資源，推動鎮務工作，像公所的部分會議就借用鎮瀾宮召開【22】。

　　下面這則新聞報導，是關於執行委員會運作的紀錄，由報中內容可知自民國38年的信徒代表大會，在信徒代表大會時須報告去年度收支決算及今年度收支預算案，可見當時鎮瀾宮開始委員會制度後，即開始制度化的進行收支報告，直至今日。

大甲鎮瀾宮召開信徒會

　　【本報大甲訊】台中縣大甲鎮瀾宮，於十三日上午十時，在該宮會議廳召開信徒大會，到管理人郭金昆、常務委員王龍，委員郭元鍾，監察委員卓見福，各報駐在記者及來賓，總代等一百餘名，由王常務委員領導行禮後報告出席人數，次郭管理人致詞開會，王常務報告民國卅七年度收支決算及民國卅八年度收支預算案，報告畢旋進入審議事項，由總代數名熱烈【23】……

【21】訪問數位當時的委員以及地方仕紳。

【22】1954年6月01日，《聯合報》，第四版。

【23】《民聲日報》，民國38年4月5日，王見川教授提供，全文後半破損，無法見到全文，報紙原文中管理郭金「昆」，「昆」字有誤，應為「焜」。

當時除這則召開信徒大會的報導之外，根據其他相關紀錄，約在民國45年到47年開設帽蓆工廠的王木泉擔任執事，負責主持鎮瀾宮廟內事務【24】；也有紀錄顯示鄭普祿於民國43年時擔任鎮瀾宮的「住持」【25】；民國51年鎮瀾宮成立誦經團，有團員四五十人，其團務由當時監委盧日先生兼任，聘易木川為老師，當時誦經團由兩人共同負責推動，民國60年後由方英才先生負責。

　　另外葉金鑾【26】先生也聽聞委員會的資深成員說，那時鎮瀾宮的經營很辛苦，當時宮香油錢的收入並不豐富，必須靠一些「媽祖田」的租金收入來支應，但還是不夠支付開銷，常常連廟內工作人員的薪水都發不出來，但隨著台灣經濟的發展與大甲媽祖信徒的增加，後來狀況才漸漸好轉。而除了這些收入來源，鎮瀾宮在昭和12年（1937年）將廟前的攤商組織化，組成「露店公會」，並給付租金給鎮瀾宮，補充運作經費，該組織在戰後有些變動，但大致上都還依此運作，一直到民國69年（1980）因為鎮瀾宮改建，而將攤商解散。另外在民國41年，重建面向蔣公路的北室，出租做為店面，這都是當時鎮瀾宮的收入之一，同樣在民國69年因為鎮瀾宮改建而收回。另外民國45年沿革記載部分土地的座落：

【24】《聯合報》1958/12/28，4版；《大甲鎮瀾宮沿革》，1956年，頁5。

【25】《大甲鎮瀾宮沿革》，1956年，頁5。

【26】於2004年3月14日於大甲日南訪談。曾參與廟務的吳藤先生也有相同的說法（訪問於2006年3月25於外埔虎家莊）。

…有坐落於外埔鄉土城田六‧二三六二甲，墓地〇‧
二一二〇甲，大甲鎮營盤口田一‧一八八六甲，雜地
〇‧〇〇六六甲，，及坐落於大甲一六四、一六五、
一六六、一六八地號之建地七六四‧六〇坪【27】…

四、社會參與

在郭金焜先生的領導之下，對於鎮瀾宮採取較保守的經
營，對外的社會參與大多具有「公益性質」，以捐建設施與
扶助貧困為主，另外民國43年報紙上也報導當時鎮瀾宮捐建
大甲示範農校一間教室的新聞、民國59年補助外埔土城國小火
災五千元，這些都可說明當時鎮瀾宮具「公益性質」的社區事
務參與，另在民國66年獲教育部頒發推行社教有功團體【28】，
當具有較重商人性格的顏萬金主持大甲鎮瀾宮廟務時，就可見
其舉辦較多的宣傳性活動，如民國61年舉辦鎮瀾盃青少棒棒球
比賽、舉辦元宵花燈展等活動。另根據民國四十五年（1956）
《大甲鎮瀾宮沿革》記載當時鎮瀾宮對於社區的公益活動：

民國四十二年、四十三年，發給四鄉鎮貧民施療券一、
五六〇張，得省政府獎狀乙枚。民國四十二年發給四鄉
鎮貧困兒童簿冊一〇、〇〇〇冊。民國四十二年，捐助
大甲農校添建教室一間新台幣三四、九三〇．九〇元。
民國四十三年捐助四鄉鎮轄內國民學校教育器材設施費

【27】《大甲鎮瀾宮沿革》，1956年，頁4。

【28】《聯合報》，1977年/11/05/，2版。

新台幣五、〇〇〇元。上開對於協助教育事業，亦可得
到省教育廳的嘉獎。捨此之外，民國四十二年大安水災
時本宮得出力者亦不計其數的【29】。

另外這一時期，與佛教團體有較密切的關係，定期和縣
佛教會合作進行佈教演講，並每年與佛教會配合舉辦四季佈教
會、冬令救濟、托鉢等活動，這與董振雄先生回憶相同，他說
鎮瀾宮早期與佛教會的關係較密切，在民國70年以後，才慢慢
與道教會建立關係。整體來說，大甲鎮瀾宮對於社會參與，都
還是集中在信仰範圍內「地方」事務參與，甚少與外界有互
動【30】。

五、廢爐主進香制度

在委員會時期，影響鎮瀾宮最重要的事情，即是在民國
64年（1975），廢除由爐主、副爐主、頭家等負責北港進香的
制度，改由廟方管理委員會直接負責，廟方正式將廟務與進香
事務的管理權合一，取得整個大甲媽祖信仰的主導權力。

北港進香時期，廟務由僧人管理、進香則由正副爐主與
頭家負責的方式，改成委員會制度後，廟務改由委員會負責，
進香仍由爐主主導。而能夠「參選」正副爐主、頭家的資格，
最早限制在大甲鎮內的朝陽、孔門、大甲、順天等四里的里民

【29】《大甲鎮瀾宮沿革》，1956年，頁4。

【30】訪問董鎮雄先生於2003年10月11日在大甲董宅採訪。

才可參選，後來才逐漸擴大可參選的里別[31]，但是仍不脫大甲「街仔面」的範圍，原因有兩點，第一是住在街面上的人，經濟能力較佳，為主要提供進香與廟方支出的主要經濟來源，尤其爐主當時更要自籌所有的進香經費，廟方並不負責，第二是就近可以負責廟內的相關祭祀工作，且方便信徒迎請媽祖的神像，因為當時信徒所常迎請的媽祖神像，就是爐主與副爐主所供奉的「正爐媽」與「副爐媽」，將輪祀的地點限制在「街面上」，方便信徒前來迎請[32]。

　　爐主、頭家只負責主辦進香，平日不參與廟中管理事務，兩尊進香媽祖平日也供奉於正副爐主家中，至於宮中的住持（1924年以前）或委員會（1974年以前）都無權處理進香事務[33]。當時廟方只負責派幾名委員跟下去祭拜而已，爐主必須負責籌備整個進香的費用，並安排頭家等人前往信仰範圍內收「緣金」，但因早期民眾的經濟情況並不好，所以爐主與頭家常需貼補相關的進香費用，且要負責安排整個進香工作人力，現年八十幾歲的張澤淮[34]說，當時除了大轎班、香擔組有固定的人來幫忙之外，其他的人手，常常在出發前好幾天，爐主都還要四處請託人手支援。早期的爐主進香制度，屬於私

---

[31] 台中縣立文化中心，《大甲媽祖進香》，1988年，頁40-41。

[32] 黃敦厚、張慶宗，2003.8.10於張宅採訪口述。

[33] 黃美英，《台灣媽祖的香火與儀式》，自立晚報社發行，1994年，頁160。

[34] 張澤淮，大甲橫圳人，參與進香大轎班工作五十年以上，2003大甲媽祖進香期間多次訪談。

人負擔性質，由爐主個人負責相關事務，以及自負進香盈虧，直到由廟方掌握進香活動的主導權之後，才漸漸脫離這種私人的性質。

在民國63年（1974年），在台中縣政府、大甲分局等相關單位開會勸導之下廢除爐主制，取消每年「卜杯」選值年爐主的辦法【35】。原因大致上都指向利益及政治力的介入，但筆者認為原因不止於此，將取消爐主制度的原因，分成三點，整理如下：

（一）進香利益的擴大

早期大甲媽祖進香的經費勸募並不充裕，有時爐主需貼補進香開支，但是後來隨著經濟的發展與進香規模的擴大，每年進香人數與「緣金」的數目都逐年增加，一些地方人士與委員質疑爐主對進香經費的使用，開始想要將進香事務交給管理委員會負責【36】。

原因除了「質疑爐主對進香經費的使用」之外，更隨著大甲媽祖進香的規模擴大，產生了「錢」與「人」的兩大「利益」，讓管理成員試圖介入進香活動。原因之一為金錢與權利，隨著進香利益的拓展，讓管理委員會伺機介入，因為這些龐大資源可以轉化為自己的政治資產；第二是信徒與選舉，前面已經提到鎮瀾宮管理成員多數為地方政治人物，所以人數越來越多的進香活動，就容易被當作「人」的資源，管理成員也

【35】台中縣立文化中心，《大甲媽祖進香》，頁40-41。

【36】黃美英，《台灣媽祖的香火與儀式》，頁160。

想藉此介入，累積人脈資源。這也是鎮瀾宮因為進香活動知名
度大增，進而產生龐大的利益後，各方勢力競相介入的原因。

（二）爐主的不確定性太高

　　另外一個原因是爐主的不確定性太高，雖然儀式大致是
依照「傳統」舉行，但舉辦的規模與方式，常常因為爐主而有
些差異，尤其在經費與做事方法，常有些爭議。在黃美英的調
查當中，可知1970年代，這兩個運作系統出現了緊張關係，地
方人士與委員對爐主如何使用進香經費產生質疑，開始提議由
管理委員會來負責整個進香事務，雖然黃美英未清楚說明當時
發生什麼事件，但筆者找到一個接近當時情況的兩則報導，或
許可以說明當時的情形。

　　大甲鎮瀾宮媽祖信徒完成北港進香後，進香團爐主郭堯
　　坤依照往例，撥用信徒樂捐款項，設宴為進香團「頭家
　　以及有功的工作人員數十人洗塵。此間酒家及食堂老板
　　聞訊，分成兩派爭取承包宴席，情況甚為激烈。後經爐
　　主請示「神」意，向「媽祖」問卜，據說媽祖娘娘贊成
　　上酒家，酒家獲勝。郭爐主乃於十八日晚「破例」在美
　　女成群的新嘉賓酒家設宴(由於該酒家是本年度進香團
　　「頭家」一陳清標開設的)，招待該批人士。應邀者莫不
　　笑逐顏開【37】。

【37】1963年4月20日，〈綠島紅塵　進香爐主照例設宴　媽祖旨意請上酒家〉，
　　《聯合報》，06版。

大甲鎮瀾宮媽祖信徒北港進香團爐主郭堯坤，循往例設宴慰勞「頭家」及有功工作人員的事，因傳聞係在酒家吃花酒，致引起信徒們的議論。但據大甲派出所調查結果，認為出於誤傳，據稱是日的慰勞宴會設在爐主郭曉坤厝前廣場，並非設在新嘉賓酒家，亦無爐主請示神意，問卜媽祖決定設宴酒家的情事。並謂誤傳之起，是一種湊巧附會，因為進香團頭家之一的陳清標，係新嘉賓酒家的老板，是晚媽祖神輿一度停在新嘉賓門前附近，適值新嘉賓生意興隆，食客滿座，路人經過誤為進香團爐主郭堯坤在內宴客，致一傳百傳，造成這一誤會。這件誤傳經過大甲派出所調查後，已告煙消霧散了【38】。

　　第一則新聞報導：「進香團爐主郭堯坤依照往例，撥用信徒樂捐款項，設宴為進香團「頭家以及有功的工作人員數十人洗塵」，數天後的報導，雖然修正說法為傳聞，但報導中仍提及「因傳聞係在酒家吃花酒，致引起信徒們的議論」，雖然當時的事實如何不得而知，但是的確民眾產生質疑，而且時間點上的推論接近，根據採訪幾位擔任頭家的人【39】，他們確實說，在民國三、四十年代，頭家爐主大概都還墊錢辦進香活動，但隨著經濟的發展，民國五、六十年後，進香開始有節餘款項，但是經費控制在爐主手裡，外人其實很難知道經費的實際運用狀況，外界多有揣測。

【38】1963年4月25日，《聯合報》，6版。

【39】受訪者三位都是居住於大甲市區，都曾在頭家爐主時代擔任過頭家的人，都在2004年10月份訪問。

隨著進香的擴大，相關利益也日漸龐大，包括香油錢、信徒等，但是「神選」的爐主，每年的進香狀況因人而異，雖然儀式大致依傳統方式進行，但不可控制的因素與龐大利益，很難讓擔任鎮瀾宮管理的地方士紳置身事外，當爐主出了狀況之後，民眾會連帶質疑鎮瀾宮，對管理階層產生一定的壓力，所以委員為了避免這些情況發生，支持此決定，以方便管理。

（三）政治力量的介入

而政治上的壓力來自於縣政府，因為害怕進香規模一直擴大，會產生問題，所以想取消爐主制度。在《大甲媽祖進香》一書中，紀錄最後一任爐主楊維祥的說法，認為有關單位覺得大甲媽祖進香規模太大，是因為爐主勸募進香經費，招引香客參加進香行列，希望以後進香不要勸募經費，以免規模太龐大[40]，並希望改為乘車進香，以免發生治安、交通和秩序等問題。當時政府視民間信仰為「神權迷信」，像舉行迎神賽會被視為是迷信行為[41]，在民國48年省府制定〈台灣省改善民間習俗辦法〉[42]，要求統一祭典與節省支出，當時鎮瀾宮也在這樣的政策之下，將原本定於農曆七月二十四日的七月普渡改成七月十五日，當時的政治環境，雖然未見對於鎮瀾宮的

---

[40] 《大甲媽祖進香》，頁41-42。

[41] 〈查禁民間不良習俗辦法〉，收於《台灣省警務檔案彙編民俗宗教篇》，頁1-4。

[42] 〈台灣省改善民間習俗辦法〉，收於《台灣省警務檔案彙編民俗宗教篇》，頁5-7。

強力禁止與干預，但是隨著進香規模的越來越擴大，鄰近省政府所在地，很難不引起上級政府機關的注意，在民國58年時，當時省主席接見「台中縣民俗改進會」，而後刊登一篇關於大甲媽祖進香，希望其「改進活動」的報導記載：

> ……因為需要改進的民俗實在太多了！
> 以？過高潮的南投大拜拜和一年一度的中縣大甲進香團而言，其勞民傷財。荒□怠□的情形，可以說已達到相當嚴重的程度。中興新村與南投近在咫尺，何以不能對耗資千萬的大拜拜遏其始；中縣民俗改進機構與大甲相距非遙，何以不能對擁路□□的進香團阻其行，舉此二者。可見民俗弊端的積重難返【43】……

以當時中央日報具有「黨」與政府的雙重身分下，這篇報導可見當時社會與政府的態度：「一年一度的中縣大甲進香團而言，其勞民傷財。荒□怠□的情形，可以說已達到相當嚴重的程度」，故藉此機會進行「改進」。除了浪費與勞民傷財的考量外，政府另一個重大考量：為治安、交通和秩序等問題【44】，當時的政治氣氛，懼怕大型的群眾活動，董振雄先生就說明，早期進香時，都還要附上計畫書，將路線表、參與人員名單等，報縣政府與縣警局核可，有時還要主委與地方人士

【43】《中央日報》58.12.29，□部分為原件不清楚部分，無法辨識，本件由王見川教授提供。

【44】台中縣立文化中心，《大甲媽祖進香》，1988年，頁41-42。

去簽署「保證書」，當保證人【45】，也常常請鎮瀾宮要改變進香方式，這些可證實當時政府的確擔心治安和秩序等問題。

黃美英在其研究中，認為政治因素是廢除爐主制度的最重要原因【46】，但筆者認為政治只是其中的一個重要因素，但卻是達成「廢爐主」目的，最重要的一個手段。因為政治力量的介入，成為一個關鍵性的力量，成為當時的管理委員會取消爐主頭家制度的重要力量與藉口，因為當時進香經費日益擴大，部分人士對此有疑問，當時的管理人顏萬金擔任縣議員，所以結合台中縣政府的力量，來對鎮瀾宮其他的委員與信徒進行施壓【47】，希望取消爐主負責進香制度，以取得對於進香的主導權，主導關於大甲媽祖的相關權力。在內外的因素之下，藉由外部政治的力量來達到目的。

當時主任委員顏萬金，為擴大其在鎮瀾宮的影響力，故結合當時政治力量，在大甲分局召開協調會，「勸導」取消爐主制度。在《大甲媽祖進香》一書中採訪最後一任的爐主楊維祥，並參酌當時的資料，將當時取消爐主的過程記錄如下：

> ……過去爐主制進香約每年農曆二月間展開向信徒勸募進香經費，六十三年這年，有關單位覺得大甲媽祖北港進香規模過於龐大，並誤以為規模太大的原因是爐主勸募進香經費，招引香客參加進香行列，故在該年的進香

【45】 訪問於2004年3月21日。

【46】 黃美英，《台灣媽祖的香火與儀式》，頁160。

【47】 2004年3月14日於大甲日南訪談。

前邀請大甲、外埔、后里、大安等四鄉鎮長、鎮瀾宮有
關人員及地方人士在大甲警分局召開協調會，希望以後
進香不要再勸募進香經費，以免進香規模過於龐大，並
要求改為乘車前往北港進香……並獲得若干結論，大致
內容是：

──同意自六十三年起，媽祖北港進香不再向信徒勸募
進香經費，當年的進香經費改由鎮瀾宮支付。

──六十四年起不再「卜杯」產生進香正副爐主及頭
家，即廢除爐主進香制度，改由鎮瀾宮管理委員會主持
進香事宜。

──由於媽祖北港進香歷史悠久，具傳統特色，鎮瀾宮
不同意進香方式廢步行而改為乘車。

但是政府當局利用廢除爐主制度，企圖縮小進香規模的
用意，後來證實是不太有效的，從進香規模越來越大，即可
以證實，無效的原因，除了進香行之有年，參與的人員已經
固定，不容易改變習慣之外，最重要的是將廟務與進香事務統
一到廟方手中，廟方可以更有效的經營管理，而當時負責進香
爐主等相關人員，並不固定，每年都有調整，由廟方統一辦理
後，經驗累積與事權的統一，讓廟方可以「經營」進香活動，
逐步精緻化與擴大規模，曾擔任頭家與董監事的董振雄先生回
憶當時爐主制度，只能一屆交代一屆，因為多是新手，所以幾
乎只能依循往例，不敢作太多改變，當變成管理委員會後，才
開始有比較多的變化，所以廟方在主導進香活動的第一年（民
國64年），就將進香中的「謁祖典禮」改成「祝壽大典」，

也將「割火儀式」改成「添火儀式」【48】，而且目前像「太子團」、「彌勒團」、「福德彌勒團」等團體，也都是廟方主導進香儀式之後，開始慢慢成立的【49】。自此之後，從「神選」的爐主制度到「人選」的管理委員會制度，隨著進香主導權的轉移，大甲媽祖進香也開始從「神意」的決定，變成「人意」主導的進香活動。

【48】董振雄，《心靈原鄉：大甲媽新港行》，頁8。

【49】董振雄，筆者於2004年4月3日於豐原訪談。

第二節　財團法人時期的轉變（1978-1999）

　　政府為寺廟管理方便，鼓勵各寺廟改為財團法人制度，所以民國67年（1978），鎮瀾宮也登記改組成為財團法人。當時參與登記財團法人的葉金鑾【50】，說明當時改為財團法人登記主要原因有三，第一個為免稅的優惠，成為財團法人之後有許多免稅的相關優惠；第二是為了財產登記方便，以前管理委員會制度時，財產只能登記於私人名下，所以有時候會發生紛爭，第三個是建立制度取信於民眾，因為當時有很多知名廟宇都改為財團法人制度，所以鎮瀾宮的管理人員也想改為財團法人制度，以取得信徒的信任，所以在第四屆主任委員曾福輝的倡議之下，改制為財團法人。

　　改制財團法人之後，除第一屆董監事人數較多之外，其餘都依照鎮瀾宮的捐助章程規定辦理，信徒代表以大甲、大安、外埔、后里等四鄉鎮現任鄉長，以及大甲、大安、外埔三鄉鎮之現任鄉鎮民代表、村里長為信徒代表組織信徒代表大會，由信徒代表選出董監事，任期四年，章程中並規定設常務董事五人，由董事互選之，並組織常務董事會，設董事長一人，由常務董事互選之，並設監事五人，組織監事會，並設常務監事一人，由監事互選之【51】，董監事各鄉鎮名額與分配如下表：

【50】筆者於2004年3月14日於大甲日南訪談。

【51】〈財團法人台灣省台中縣大甲鎮瀾宮捐助章程〉，資料引自《大甲媽祖進香》，頁20-23。

表2-1　大甲鎮瀾宮董監事名額分配一覽表

	大 甲	大 安	外 埔	后 里
董　事	8	3	3	1
候補董事	2	1	1	0
監　事	3	1	1	0
候補監事	1	1	1	0

資料來源：〈財團法人台灣省台中縣大甲鎮瀾宮捐助章程〉，資料引自台中縣立文化中心，
　　　　　《大甲媽祖進香》，1988年，頁20-23，筆者依此資料製表而成。
資料說明：后里一席董事指定由后里鄉民代表會主席擔任，另外候補董監事實質並無任何權力，
　　　　　只在董監事因故離職時，替補其職位。

一、第一、二屆董事會的成員

　　鎮瀾宮改為財團法人制度後，參與鎮瀾宮管理的成員，
也隨著時代的改變，管理成員原本多是地方家族的士紳，慢慢
轉變成以商人與地方政治人物[52]，就如改制後的第一、二屆
董事長由曾福輝擔任，他是大甲地區的一位商人，活躍於地方
政治活動之上，其他多數的董監事也都具有這樣的雙重身份。
也因為如此，多數的董監事大都具有現代化商業經營的觀念，
所以在財團法人化後，人為的意志開始展現，以企業化經營廟
務的理念開始出現，廟方開始積極辦理各項社會公益事業，以
爭取地方政府及民眾的肯定[53]。而本時期對於鎮瀾宮經營出

---

[52] 可參閱附錄一〈大甲鎮瀾宮戰後管理成員背景資料一覽表（1945-2005）〉。
[53] 張珣，《文化媽祖－台灣媽祖信仰研究論文集》，頁123。

力頗多，也規劃鎮瀾宮相當多事務的董振雄先生進入董監事會，雖然此時期，並非他最活躍的時期，但因為年輕有衝勁及極具經營理念的帶動下，鎮瀾宮開始積極對外經營的時代。

二、第三、四、五屆董事會的成員

　　第三、四、五屆董事長由王金爐擔任，他也是一位商人，事業擴及海內外，其經營理念更為多元，而他與董振雄為多年好友，更加支持董振雄推動鎮瀾宮對外的活動，在王金爐與董振雄的搭配，鎮瀾宮進入一個對外積極擴展的年代，將聲勢慢慢推向高峰，而多數董監事同是商人，運用人脈，將各方資源匯集於鎮瀾宮的活動之上。但龐大的財力與信眾等豐富資源，也成為各方的焦點。在民國82年（1993）改選第五屆董事長時，即有人挑戰王金爐，並引發一連串的事件，之前雖然管理組織改組偶有競爭，但是本次卻激烈異常，可見龐大的資源，讓各方勢力都積極想介入鎮瀾宮的內部【54】，而王金爐也想憑藉鎮瀾宮的資源，在民國84年參選國大代表，但是敗北。

　　本屆的董監事做出幾件對於鎮瀾宮影響重大的決定，第一個是利用新廟落成祈安清醮，擴大舉辦各項活動，並強力邀請媒體、藝文界與學界前來參與；另一個是突破兩岸當時情況，前往湄洲媽祖祖廟進香；第三個是改變大甲媽祖進香的目的地，從北港朝天宮改往新港奉天宮，以上皆是影響鎮瀾宮發

【54】邱家宜、〈一道厚厚的黑影籠罩著大甲媽祖婆〉、《新新聞》、第582　　　期，頁67-68。

展的重大改變。

三、一到五屆董事會的經營

　　財團法人化後，因為董監事多數從事商業活動，所以企業化經營廟務的理念開始出現，能夠用更積極與多元的觀念來接受一些活動舉辦，也嘗試作一些新的改變，尤其是到湄洲進香與改變進香地點，這些對鎮瀾宮有重大的影響，此將當時鎮瀾宮第一屆到第五屆董監事的經營特色整理如下幾點：

（一）社會的參與

　　鎮瀾宮的社會參與，分成兩個部分。第一個是補助信仰範圍內的各級學校機關，辦理各項活動，如補助各級學校體育、文康器材、體育館興建經費，另外則是興建各項設施，有兩棟較重要的大樓，第一棟為鎮瀾大樓，一樓提供社團、社區為活動中心，二樓設立圖書館【55】（現為鎮瀾宮香客大樓），第二棟為83年開始興建鎮瀾文化大樓於大甲國中西側，內設有文物館、展覽館、圖書館、會議廳等設施，並於民國89年落成啟用。

（二）宣傳活動的舉辦

　　在宣傳活動方面，舉辦鎮瀾杯桌球賽，柔道比賽，並贊助手球、排球比賽，每年舉辦花燈展及各項民俗才藝活動，配

【55】《財團法人大甲鎮瀾宮第四屆董監事宣誓就職董事長交接典禮紀念特刊》，頁30。

合舉辦盆藝展、攝影展書畫及康樂晚會等【56】，開始積極舉辦對外性的活動，宣傳活動當然以進香活動的精緻與相關配合活動為重點，另外是利用新廟落成祈安清醮，擴大舉辦各項活動，並強力邀請媒體、藝文界與學界前來參與，達成宣傳與造勢之效，以及投注較多的心力於元宵花燈活動的經營之上，每年都有擴大規模，在民國85年（1996），更花費兩千萬舉辦花燈展覽，並邀請當時的總統李登輝前來主持開燈儀式【57】，企圖透過各項活動的舉辦，打開鎮瀾宮的知名度，並吸引更多香客前來。

（三）進香的多元力量引進

　　進香活動是鎮瀾宮最重要的活動，早期參與人士都是大甲、大安、外埔、后里與鄰近鄉鎮的信徒等，後來董監事開始引進外地的資源進入，引進企業來擔任各「香【58】」，或者開始輔導大甲移民在外地成立神明會，進而回來擔任各「香」，透過這樣的模式，吸引更多外地人的加入。另外也透過董監事人脈尋求企業來贊助神明會，透過贊助來「培養」相關神明

【56】《財團法人大甲鎮瀾宮第四屆董監事宣誓就職董事長交接典禮紀念特刊》，頁30。

【57】《中國時報》，/ 1996/03/04。

【58】這裡的香指的是在進香時「頭香」、「貳香」、「參香」、「贊香」等團體，每年在元宵節前向鎮瀾宮登記協調，在元宵節當天在進行象徵性的「搶香儀式」，擔任各香的團體，其義務為跟隨大甲媽祖進香八天，並僱請相關陣頭隨駕，並負擔相關的儀式費用等，其權利為參與各項進香儀式的特權、大甲媽祖回駕時舉行「獻香」典禮等。

會，而神明會壯大之後，也會協助支付進香的各種開支，鎮瀾宮舉辦各項活動時，也會透過企業或神明會的贊助，來擴大活動規模與參與。

（四）媒體的運用

鎮瀾宮對於媒體的應用，開展於進香活動，早期是透過平面媒體的報導，以及錄製節目的方式在第四台、電視台購買時段播放，後來開始嘗試著進行實況轉播，後來並隨著台灣媒體產業的發達，透過合作的方式，讓全台的新聞媒體大量的現場連線報導，形成一股大甲媽祖熱潮之後，也讓鎮瀾宮各項活動，常登上全國的媒體版面[59]。

（五）政治關係

鎮瀾宮在此時期開始積極運作政治人物前來參與廟方的各項活動，一方面宣傳，一方面展現廟宇的人脈；一開始鎮瀾宮管理階層都為地方政治人物，後來透過幾位民意代表，積極運作縣級與省級的官員，前來參與各項活動。而在鎮瀾宮到湄洲祖廟進香後，知名度大增，在大甲媽祖進香的起駕典禮，地方、省級的政治人物都來參與，甚至連當時的總統李登輝都經常前來參與各項活動。

---

[59] 媒體與鎮瀾宮的互動參閱張珣《文化媽祖－台灣媽祖信仰研究論文集》以及後續的討論。

四、本時期的兩個關鍵性人物

　　本時期的經營有兩個重要人物：董振雄與王金爐。董振雄是住在鎮瀾宮附近的商人，曾任順天里里長，與鎮瀾宮爐主制度時的頭家，他在鎮瀾宮改制成財團法人制度之後，進入鎮瀾宮成為董監事，因為其經營頭腦與年輕的衝勁，將鎮瀾宮帶向全國知名的廟宇，他開始進入鎮瀾宮時，就帶領著老一輩的成員們到處參觀其他廟宇，討論新建事宜【60】，可見當時已經活躍於鎮瀾宮的事務之上，之後因為其積極建立學界、藝文界、新聞界的人脈，更讓其在鎮瀾宮的活動上，得力於各界的協助。而鎮瀾宮的各樣活動，多由他策劃，如影響鎮瀾宮重大的幾個活動，像戊辰年（1988）祈安清醮相關活動的運作、民國76年（1987年）突破兩岸限制，參與湄洲千年祭，並分靈一尊湄洲媽祖回台、董監事當時決定進香改到新港後，短時間協調成行、2000年的大陸進香活動，董振雄皆是主要的企劃與執行者，另外長期與媒體進行聯絡，安排眾多新聞採訪事宜，讓鎮瀾宮今日成為媒體的焦點，也是其重要功勞。當然其重要角色也引起少數董監事質疑其為「英雄主義」，但當時媒體與董事長及其他董監事都稱許其為「媽祖服務的功勞」【61】，可見其對鎮瀾宮經營的用心，而長期研究大甲媽祖的張珣就在其書中形容董先生：

【60】〈替媽祖婆「起新厝」〉，《時報週刊》136期（1978年），頁76-78。
【61】《中國時報》，1992/1/22。

該位董事除了在學界廣結人緣，在媒體界廣作宣傳之外，並力求儀式上的考據，向大傳統的禮儀學習。…1984年鎮瀾宮神殿完工所舉行的安座三獻禮，以及均商請學界作古禮考據……成為民間許多廟宇學習模仿的對象…近年連其進香隊伍穿著制服與道具，車鼓陣營，也均成為全台各地進香團模仿的對象【62】。

所以董振雄是在鎮瀾宮財團法人時期最主要的經營與企畫者，因為其多年企畫經營，以及多方面的「規劃」下，塑造鎮瀾宮成為全台大廟，也讓其他廟宇注意到他的能力，包括台灣各地以及中國、澳門各地的媽祖廟【63】皆請他規劃與擔任顧問，讓鎮瀾宮影響力更加擴大。

而和董振雄合作無間，以及信任其作法的是第三屆到第五屆的董事長王金爐，他擁有跨國的企業，視野與經營手法也與以前鎮瀾宮的管理者不同，能夠接受新的理念，張珣也在其書中形容王金爐：

> …1986年第三屆董監事選出大甲出身的大企業家，王金爐先生為董事長，王氏雄心大志，全力以企業化經營方式提升鎮瀾宮地位。1987年率先違法前往湄洲進香，1988年取消北港改往新港進香，這種突破傳統權威的驚人作法，的確將鎮瀾宮脫胎換骨，地位提昇。廟務蒸蒸

【62】《文化媽祖－台灣媽祖信仰研究論文集》，頁124-125。

【63】如西螺福興宮、中國洛陽天后宮、湄洲祖廟、賢良港天后祖祠等兩岸媽祖廟宇，各項活動都會請益董鎮雄先生相關意見。

日上，分靈分香者遽增，前來朝拜的信徒倍增，香油錢
提高到每年兩億左右…【64】

　　董振雄與王金爐雖非建立鎮瀾宮今日地位的唯一推手，
但是這兩人確實有不可抹滅的功勞，在兩位的帶領與合作之
下，財團法人化後的董監事們，運用不同於傳統廟宇的手法前
來經營，而在現代社會中，創造鎮瀾宮全國的知名度與重要的
地位。

【64】《文化媽祖－台灣媽祖信仰研究論文集》，頁125。

第三節 湄洲行與轉向新港進香

　　大甲媽祖進香在戰後成為鎮瀾宮最重要的活動，而當大甲媽祖進香規模在戰後慢慢擴大，媒體與學界也開始慢慢注意到這個活動，但大甲當地一直有一個與北港朝天宮「換錯媽祖【65】」的傳說，當進香規模龐大時，本來利用這傳說來作為「宣傳」的大甲鎮瀾宮，慢慢感覺到越來越多的壓力，當時擔任董事的董振雄先生就表示：

> 以前的人，是為了宣傳之用，說是北港的開基媽祖已經被大甲換來了，所以來大甲，一樣可拜到靈驗的北港媽祖，所以以前的人，就都依此來宣傳，……哪知到後來就說成是分靈，說進香是「大甲媽祖回娘家」【66】。

　　黃敦厚也認為應該是「宣傳」之用，根據其研究大甲媽祖在日治初期都還有往大陸進香的紀錄【67】，由於大安港廢港，日本政府嚴禁，鎮瀾宮停辦湄洲進香。約在大正10年前後，鎮瀾宮開始有北港進香【68】。黃敦厚認為當時鎮瀾宮因為

【65】版本有數個，但是大意都是某年大甲媽祖北港進香時，因為燈光昏暗，誤將北港的開基媽祖換回大甲來，這個傳說的流傳時間不確定。

【66】董振雄口述，2003.8大甲採訪。

【67】黃敦厚，〈大甲迎媽祖新史料〈金萬和郊〉帳冊的發現〉，《台灣宗教研究通訊》，第六期、頁205-228。

【68】《大甲媽祖進香》，頁36-39。黃敦厚，〈大甲媽祖對外進香初考〉，《大甲媽祖遶境進香》，頁6-12。

重修需要經費，所以利用此傳說來作為「宣傳」之用，以招來更多的信徒【69】，作為籌措重修經費，以及增加知名度之用。事實的情況如何，並非本研究的重點，所以暫不論述，但是可以看到鎮瀾宮，在廟宇的發展日益擴大之後，這些說法對廟方形成一定的壓力，尤其在民國64年（1975）取消爐主制度，將權力集中於廟方，進香與鎮瀾宮經營有著重要關係，讓廟方積極想改變進香儀式，陸續進行改變的行動。

一、壓力的開端－「大甲媽祖回娘家」

　　當初部分地方人士用來宣傳的「換錯媽祖」的傳說，在大甲媽祖進香規模漸漸擴大，為鎮瀾宮帶來知名度與影響力，同樣的也帶來壓力，而且社會各界漸漸注意到進香活動，但是這個傳說卻漸漸擴大，甚至訛傳成「分靈」，更讓鎮瀾宮備感壓力，苦思解釋方法，所以廟方在民國64年（1975年）已先將進香中的「謁祖典禮」改成「祝壽大典」，也將「割火儀式」改成「添火儀式」，但媒體、學界、藝文界仍大量以「大甲媽祖回娘家」一詞，用來宣傳大甲媽祖進香，終於讓大甲鎮瀾宮感到不得不作出解釋的壓力。

　　而壓力源是媒體、藝文、學界開始注意到大甲媽祖進香，這個大規模的民間信仰活動，而且大量採用「大甲媽祖回娘家」一詞作為大甲媽祖進香的代稱，進行相關的報導與寫作。鎮瀾宮內部的人多將「大甲媽祖回娘家」一詞指向為

【69】黃敦厚口述，2003.8大甲採訪。

黃美英於民國71年（1982）在民生報上所做的〈大甲媽祖回娘家【70】〉一系列的報導所造成【71】，但實際上最先使用這個名詞者，根據筆者目前所掌握的資料，應該是在民國63年（1974）由國聯公司出資製作的「大甲媽祖回娘家」紀錄片【72】，本片由作家黃春明製作與導演，是電視節目「芬芳寶島」中的第一集，在民國64年6月29日在中視首播，當時的工作人員說明本片的概念是由黃春明先生提出，而且播出時造成很大的轟動【73】。所以「大甲媽祖回娘家」之說，雖然不能證實是從電視節目「芬芳寶島」節目開始的，但至少確認應該不是黃美英所創，而且在黃美英的報導之前，在民國68年林清玄在時報週刊也以〈大甲媽祖回娘家〉【74】為名發表文章【75】，另外民國70年林宏義參考北港人的說法，就已經在聯合報寫成〈大甲姑婆回娘家〉【76】一文，「回娘家」可能只是當時各界

【70】〈大甲媽祖回娘家〉系列報導，共有九篇，刊登於《民生報》。

【71】董振雄，〈大甲鎮瀾宮戊辰年天上聖母遶境進香記〉，《民俗曲藝》，五十三期，頁13。

【72】國聯工業公司為台灣知名日用品企業，白蘭洗衣粉即為其產品，當時為公司進行形象行銷，企畫製作一系列本土文化節目〈芬芳寶島〉，於1970年代於中視首播，後來又在華視重播。

【73】網站：台灣電影資料庫，http://cinema.nccu.edu.tw/cinemaV2/recordOralList_show.htm?RMOPID=25，下載日期：2005/3/27。

【74】林清玄，〈大甲媽祖回娘家〉，《時報週刊》，62期，頁11-14，1979。

【75】此部分在黃美英的碩論〈權力與情感的交融：媽祖香火儀式的分析〉頁42註釋中也有相關說明。

【76】《聯合報》，1981/4/18，12版。

參酌大甲與北港兩地的說法，所使用的一些擬人化說法。

資料來源：民生報，1982/05/16，十二版。

圖 2-2 《民生報》〈大甲媽祖回娘家報導二〉報紙影像

　　只是當時在民生報任職的黃英美以「大甲媽回娘家」作為報導的主題，因為長達九篇，引起廣大的的注意，隨後媒體又製作以「大甲媽祖回娘家」為名的相關報導，如華視就在民國72年（1983）製作「聖母之旅－大甲媽祖回娘家【77】」節目，同時中研院、台大等學者也注意到這樣的活動，並且會以「大甲媽祖回娘家」稱呼本活動，像聯合報就在民國71年5月邀請李亦園演講介紹大甲媽祖進香【78】，就以此為題，所以黃美英的報導的確引起大家對於大甲媽祖進香的注意，但同樣的

【77】《民生報》，1983/05/14。

【78】《民生報》，1982/5/23。

也為鎮瀾宮帶來許多的壓力【79】，鎮瀾宮因此展開一連串「行動」。

資料來源：
一九七五年六月三十日出版的第六六四期電視週刊內頁廣告。（吳銘世先生提供）

圖 2-3　「芬芳寶島」節目廣告

【79】許多鎮瀾宮的董監事到目前都認為黃美英是使用「大甲媽祖回娘家」一詞的第一人。

二、參與湄州媽祖千年祭

　　隨著大甲媽祖進香受到重視，「大甲媽祖回娘家」、「分靈」的說法，，這件事情已經困擾鎮瀾宮一段時間，訪問當時擔任董監事的人士，說明當時因為報紙報導分靈說，大甲地方內部除了苦思如何「破解」北港朝天宮的說法，一方面也不甘於「地位」好像都是在北港朝天宮之下，所以有湄洲行之舉。而當時鎮瀾宮湄洲之行的背景因素，在《大甲媽祖進香》【80】一書中，這樣分析：

> …為澄清每年往北港進香，一直被誤認為大甲媽祖進香是北港朝天宮分靈的，故要回北港「娘家」的錯誤觀念，其次是欲借湄洲進香使其香火更盛，以提高該宮在全省媽祖廟的地位…

　　在1987年媽祖成道一千週年之際，鎮瀾宮經過戰後一段時間的經營，已經成為頗具知名度的廟宇，但當時鎮瀾宮卻也面臨著外部的壓力，除因「分靈說」而備感壓力外，另外當年北港朝天宮受台灣民政廳輔導舉辦環島遶境活動，意外引發鹿港天后宮的不滿【81】，產生「開台媽祖」的論戰，同時也讓全台各廟舉辦相關活動，鹿港天后宮【82】、新港奉天宮【83】、朴

【80】《大甲媽祖進香》，頁93。

【81】《聯合報》，1987/09/09。

【82】《聯合報》，1987/09/13。

【83】《聯合報》，1987/09/15。

子配天宮【84】、彰化南瑤宮【85】等都有相關活動【86】。因為當時北港舉辦媽祖成道一千年全台弘法之旅，鎮瀾宮不想破壞北港朝天宮的關係，所以不能大張旗鼓的舉辦活動，但是面對越來越嚴重的「分靈說」，與受到宜蘭南天宮等廟宇運用漁船前去湄洲分靈神像【87】，以及聽聞鹿港天后宮有信徒提議組團湄洲進香【88】的刺激之下，決定突破相關限制，組團到大陸湄洲進香。

　　提議作此決定的人，說法有兩種，一種為當時后里的董事張福揚，見到鹿港天后宮有意申請到湄洲進香的新聞，遂建議到湄洲進香，以破解分靈說法；另一說法為董振雄先生提議。但是最後由董振雄先生擬定詳細的計畫，向董事長王金爐提議，王金爐首肯，並說明事成由廟方支付相關費用，事情不成功，由他個人支付，但他個人因為事業因素不克成行，所以交由董振雄規劃所有的行程與細節。

　　在民國76年（1987年），大甲鎮瀾宮董監事會秘密決議，將於媽祖升天一千週年紀念日組團回湄洲謁祖進香，決定農曆九月三日出發，九月十六日回台，並迎請「三媽」回湄洲謁祖進香，農曆八月二十九日先迎請三媽啟程到日本大阪，並

【84】《聯合報》，1987/09/19。

【85】《聯合報》，1987/10/21。

【86】張珣，《文化媽祖－台灣媽祖信仰研究論文集》，頁136。

【87】《聯合報》，1987/09/06。

【88】《聯合報》，1987/09/16。

先供奉於大甲籍的華僑李燕卿家中，而董振雄則到中國大使館
接洽相關事宜，其他董監事於農曆九月三日飛往大阪會合，農
曆九月五日飛往大陸上海經福州、泉州，於農曆九月九日回到
參與湄洲的媽祖升天千年祭典，分靈一尊媽祖與相關信物【89】
回台，並且於回程時到賢良港湄洲祖祠參觀，利用停留時間在
大陸進行觀光，並於農曆九月十三日搭機返台。

圖 2-4　1987年大甲鎮瀾宮大陸進香在湄洲的合影

（董振雄先生提供）

　　根據時任董事的董振雄，也是鎮瀾宮1987年湄洲行的主
要推動者，回憶當年會推動去湄洲，是因為鎮瀾宮一直無法對

【89】信物有石雕龍紋印一枚、香爐一只、天上聖母香火、神杯、墨寶、錦旗
　　等。

於「分靈說」作有效的澄清，所以希望恢復以前往湄洲進香的傳統，以打破這樣的說法。當時還未正式開放兩岸交流的情況之下，就冒險進入中國，當時都由中國對外事務的人員陪同前往，而且宣稱為新加坡進香團，不敢直說是台灣來的，而回駕經日本時，先將相關在中國的照片與相關信物寄放在日本，只先將神像請回台灣，並怕通關遇到麻煩，所以由當時的國大代表陳川、立法委員劉松藩前來迎接，陪同通關【90】。而後續在12月9日舉辦盛大的「湄洲進香回鑾三獻禮」，並廣邀各界首長民代，以及台灣各寺廟前來參與觀禮，再度引起各界的注意，並藉此機會再度澄清「分靈說」。

在鎮瀾宮的董監事，確定從日本飛往大陸的同時，台灣的報紙也同步刊載這一個消息【91】，引起台灣各界的注意與討論，迎回媽祖之後，更是引起媒體的各項討論與報導，雖然不乏負面的「真實性」、「合法性」與「動機說」等的討論，但是無疑為鎮瀾宮創造極高的新聞價值，更以此事「破解」與北港之間的分靈說，又為鎮瀾宮加強了宣傳，吸引許多信徒前來朝拜，並且引發了台灣對大陸的進香熱潮，不只是媽祖，連濟公、觀音等神明都前往中國「尋根」【92】，而鎮瀾宮往後數年對於大陸湄洲的進香，更是帶動大陸媽祖信仰的發展，並成為台灣對於大陸地區媽祖廟交流的重要廟宇。

【90】董振雄口述，2004年10月20日訪問。

【91】《聯合報》，1987/10/27。

【92】因篇幅限制未將交流現象列出，在筆者論文中也列出部分交流之資料。

三、轉向新港的決定

　　鎮瀾宮基於過去大甲媽祖往北港進香常被說成「回娘家」、「謁祖」，甚至被誤會成是北港朝天宮所分靈，而且當進香規模越來越大，各界越來越重視之下，在「大甲媽祖回娘家」報導壓力的推波助瀾下，終於使得鎮瀾宮開始做出一些澄清的動作，第一步是突破限制前往大陸湄洲進香，第二步則是將醞釀已久更改每年北港進香的名稱，在民國77年（1988）付諸行動。

　　鎮瀾宮為了更改往北港進香的名稱，董監事會意見分歧，一部份人是認為這樣對北港不敬，也打壞多年關係，而另一派人員則是認為外界都已經將「大甲媽祖回娘家」當作大甲媽祖進香的代稱，也有部分誤認為分靈，如不更改，難以澄清事實。兩派意見分歧，經多次會議商討不定，甚至要請示省道教會如何定名【93】。但經過多次會議之後，於民國77年2月28日召開會議，正式決議將舊稱「大甲鎮瀾宮天上聖母北港進香」改為「大甲鎮瀾宮天上聖母遶境進香」，鎮瀾宮變更名稱是為了「以示平等」與說明進香不是「大甲媽祖回娘家」，新的進香名稱取消「北港」二字，加上「遶境」兩字，其目的是要消除大甲媽祖到北港進香是「回娘家」的觀念，且進香名稱沒有「北港」這個特定目地的，大甲媽祖進香團將來也可以較有彈性到任何地方遶境進香【94】。

【93】《聯合報》，1988/02/23，1988/02/25，。

【94】《大甲媽祖進香》，頁105-107。

鎮瀾宮並決定該宮將進香團隨行各陣頭，凡旗幟、服裝上有「北港進香」名稱者，一律改為「遶境進香」，且由於進香名稱已變更，有關的進香儀式，例如香擔是否隨行、是否取消在北港朝天宮的祝壽大典和「割火」儀式等問題，也成了鎮瀾宮董監事討論的重點，但最後決定保留「香擔」，但晚上的「割火」儀式改名為「添火」，也同時決定將甫自湄洲祖廟迎回的媽祖列入進香團行列，加上原來的兩尊媽祖，將共有三尊媽祖「遶境進香」【95】。鎮瀾宮更改進香名稱，取消「北港」二字之後，引發北港各界的熱烈反應，但是鎮瀾宮初步決定仍照常辦理，並於3月2日元宵節晚上依慣例擲杯擇定時間，並電話通知北港朝天宮其結果與行程。

　　在3月3日北港朝天宮來電，希望鎮瀾宮將進香名稱加上「北港」兩字，改為「大甲鎮瀾宮天上聖母北港遶境進香」【96】，同時當天新港奉天宮到大甲鎮瀾宮表示歡迎改道新港進香之意。鎮瀾宮因此陷入兩難，於是臨時決定在3月4日召開董監事會決定，在會議中分成兩派，一派因改名之事鎮瀾宮受北港方面的嚴厲批評，認為連日來的激烈批評與朝天宮有關，所以不一定要到北港進香，有的認為不管如何都應該到北港進香，經過熱烈討論後，決議發公文給北港朝天宮，要求北港在收到公文三天後，公開聲明大甲媽祖不是朝天宮分靈的，

【95】《聯合報》，1988/02/29，16版。

【96】《聯合報》，1988/3/4，1988/3/4。

否則取消北港進香之行程【97】。當時所發出的公文內容如下：

財團
法人 台灣省台中縣大甲鎮瀾宮函

受文者：財團法人北港朝天宮

主　旨：請 貴宮向各報界鄭重聲明，本宮天上聖母非
　　　　由貴宮分靈而來，以正視聽，否則本宮取消北
　　　　港之行程。

說　明：

一、本宮戊辰年進香名稱刪除北港二字，其因則避免眾
　　善信誤為大甲天上聖母是由北港朝天分靈而來的。

二、貴宮連日向報界發布不實報導，諸如：「大甲媽
　　祖是由北港朝天宮分靈」、「數典忘祖」、「大甲
　　媽祖回娘家」等歪曲事實，有損本宮之形象，引起
　　全省信眾公憤不滿。

三、請聞到三日內復函及向各報界澄清不實之報導，否
　　則決定取消北港之行程，一切後果由貴宮董監事會
　　負責。

四、副本抄送台中縣新聞記者公會大甲區聯絡處記者一
　　同。

五、函請查照。

董事長王金爐

【97】《大甲媽祖進香》，頁105-107，並參考，筆者於2004年3月14日訪談葉金
　　鑾的資料。

　　發文之後，連續幾日報紙上就出現「朝天宮義正辭嚴、去北港名是忘祖」【98】、「大甲鎮瀾宮咄咄逼人、欺人太甚？百餘年來北港謁祖進香事實、豈容任意抹殺」【99】等關於此事的新聞，說明朝天宮的態度，更加深當時鎮瀾宮董監事的怒火。朝天宮接到鎮瀾宮公文，於3月6日召開臨時董監事聯席會，決議聲明：大甲媽是否北港分靈，宜由專家學者考據論定，另朝天宮未公開提及分靈之事，且相關報載為言論自由，非關朝天宮之事，所以朝天宮不宜澄清或聲明【100】。

　　鎮瀾宮於隔日3月7日接到朝天宮覆函，鎮瀾宮執事人員對於回函相當不滿，尤其行文後，報紙上的相關報導，已經引發部分地方人士的不滿，使鎮瀾宮更不能接受該回函，認為如不再進行一些「行動」，澄清大甲媽祖不是朝天宮分靈，就等於默認過去的傳聞。因此鎮瀾宮於3月8日召開董監事聯席會議，討論去不去北港進香，最後以十三比三的票數，決定改到新港奉天宮進香，決定後連日通知信徒與各團隊，並進行相關準備作業，準備往新港奉天宮進香，從民國77年（1988）改進香目的地為新港後，至今仍維持前往新港進香。

　　董振雄先生回憶當年情況，當時雙方董監事都沒有當面溝通，皆透過報紙放話，才會使得情況越來越嚴重【101】，導

【98】《中國時報》，1988年3月5日。

【99】《台灣日報》1988年3月6日。

【100】《大甲媽祖進香》，頁108-111。

【101】2004年3月21日訪問於大甲鎮董宅。

致更改進香地點。雖然改到新港奉天宮進香後，大甲與北港都曾表示重修舊好，並恢復北港進香之意，雙方偶而表達善意，如鎮瀾宮建醮時，朝天宮仍然前來道賀，朝天宮聖父母殿火災，鎮瀾宮也捐款十萬元，又透過各界的牽線，希望復交【102】，只是十餘年雙方的善意，常在一些情況下又破局，如出現北港介入鎮瀾宮董監事選舉的傳聞【103】、「萬年香火」【104】、「大甲媽祖停止往北港進香史料彙編」【105】、新版「朝天宮志」【106】等書的爭議【107】，而使雙方善意屢次遭打斷，而民國88年（1999）雙方又積極相互拜訪，但是又因為在宗教直航的議題上，北港朝天宮與鎮瀾宮相互較勁的舉動，又讓雙方善意，再度冷卻。雖說雙方一直相互釋出善意，但是到目前仍會出現「背祖」的報導，仍常引起鎮瀾宮內部的不滿，而且雙方廟宇在不同的各項場合進行角力，近年更將戰場延伸到海峽對岸【108】。

【102】《民眾日報》1990/2/1，1990/10/1。

【103】〈奪回進香團 傳聞介入董監事選舉〉，1990/4/1，〈北港朝天宮駁斥誤導 保留追訴權〉，1990/4/4，〈朝天宮對銀彈傳聞斥為無稽之談〉，1990/8/23《台灣時報》。

【104】郭孟擁製作，于蘇英主編，北港朝天宮出版，1993。

【105】郭慶文編著編著，笨港媽祖文教基金會，1993。

【106】蔡相煇編撰，北港鎮朝天宮董事會，1995。

【107】〈大甲媽祖要告北港媽祖〉，1993/3/4，《聯合報》。

【108】例如競爭在湄洲之影響力，各項活動強調排明知先後順序等。

四、祈安清醮的宣傳

　　鎮瀾宮在民國69年（1980）進行重修，於民國77年
（1988）重修完成舉行「戊辰年慶成祈安清醮」，是鎮瀾宮戰
後最盛大的活動。盛大的原因，除了已經五十餘年未舉辦建醮
活動，與有主要信仰區內三鄉鎮【109】的十餘萬人口參與，更
是因為鎮瀾宮規劃了一系列的活動，讓建醮除了儀式之外，更
有許多文化活動，用整體行銷與包裝的手法，規劃整體活動，
並積極與學界、藝文界、媒體等合作，創造出與一般建醮不同
的盛大醮典，透過大量前來參觀的信眾與觀光客，增加鎮瀾宮
的知名度。下列將分成兩部分討論這些事宜。

（一）規劃的活動【110】

　　當時鎮瀾宮結合各界資源，將整個活動作系統性的規劃
與搭配，儀式與儀式空間轉化成文化活動與空間，成功營造出
一場大型的民俗活動，當時所規劃的活動如下：

　　1. 儀式活動：醮典的基礎部分，而鎮瀾宮的儀式特別盛
大，因為參與人數眾多，因為信眾之外，還有各地許多民眾踴
躍參與，場面盛大。

　　2. 醮壇活動：總共搭建六個醮壇，每個醮壇都規劃其特
色活動，包括各項展覽與演藝活動，並且利用公車在各醮壇間
來回搭載，將傳統作為儀式空間的醮壇，轉化成藝文空間。

【109】當時后里因故未參與該次的建醮活動。

【110】本部分參考《財團法人大甲鎮瀾宮戊辰年慶成祈安清醮專輯》、《財團法
　　　人大甲鎮瀾宮歲次戊辰年慶成祈安清醮參觀手冊》兩資料整理而成。

3. 藝文比賽：舉辦繪畫、書法、攝影等藝文比賽活動。

4. 民間劇場：鎮瀾宮本次宣傳重點的活動之一，邀請曾永義、林明德、林茂賢等學者協助規劃活動，在民間劇場與醮壇區域，共舉辦為期兩週，一百餘場的各式戲曲演出，包含台灣的各種戲曲，造成極大的轟動。

（二）所運用的方法

鎮瀾宮規劃這些活動，除了要詳細企劃之外，更要嚴密的整合與動員，以下就將其運用的一些方法試述如下：

1. 地方行政力量的動員：當時將鄉鎮長、代表、村里、鄰長都納入籌備活動當中，透過基層人員，在經費募集（收丁口錢）與儀式動員上，發揮了很大的作用。

2. 地方資源的整合：動員包括地方社團、單位、學校，為醮典進行各項協助工作，可以擴大參與的層面，又可增加協助人手以及節省人事成本。

3. 外界資源的引入：醮典需要大量的經費，台灣各廟宇通常都透過募集斗首的方式進行籌募，而這次鎮瀾宮的主要斗首，並不是由地方人士擔任，而是對外募集【111】，或是由在大甲當地投資的企業擔任，一方面內部要支出很多經費，可能募集不易，透過對外募集經費，解決內部募集不易的問題，又可增加資源，及擴大參與的對象。

【111】像總壇首由台中天上母會擔任、副總壇首由豐原慈航天上聖母會擔任，玉皇壇主壇首由后里豐興鋼鐵公司、副總壇由龍井源豐碾米廠擔任，觀音壇主壇首味丹企業等。

4. 學界與藝文界的參與：鎮瀾宮也積極聯絡學界前來參觀本次活動，像劉枝萬、李豐楙、曾永義、吳永猛等都被請來共襄盛舉，並且請曾永義、林明德、許常惠、呂錘寬、吳騰達等學者協助規劃民間劇場。另外與聯合副刊合作，邀請瘂弦、尼洛等作家前來參訪，並且在報上發表一系列「聯副文學出外景」的文章。

5. 媒體的運用：與中國時報、聯合報合作專題報導，於醮典前後，刊出大量報導與專題，並與華視合作播出建醮與晚會的情況。

鎮瀾宮夾著之前迎回湄洲媽祖的熱潮，又趁著重修完成，舉辦祈安清醮之際，舉辦大型活動，除在宗教儀式上用心之外，更積極結合各界力量舉辦大型文化活動，這些也都讓新聞界、學界、藝文界更注意到這個廟宇，也開啟鎮瀾宮活躍於媽祖信仰舞台的序幕。

第四節　新勢力介入後的發展（1999-2006）

　　大甲地區政治生態，大甲鎮農會向來由紅派當家，鎮公所與鎮瀾宮則由黑派的力量主導。鎮瀾宮可以說是擴展影響力的重要據點，尤其當隨著鎮瀾宮漸漸發展，龐大的財力與信眾的資源，早就成為各方的焦點，各方勢力躍躍欲試，所以各屆董事改選時，波折不斷，尤其在民國82年改選第五屆董事長時，即有人挑戰王金爐，並引發一連串的事件【112】。隨著鎮瀾宮的發展，更讓各方勢力積極介入鎮瀾宮的內部，所以在改選第六屆董事長時，引發一連串的紛爭，最後是由外部的「勢力」的介入當「公親」，事件才暫告平息，也讓鎮瀾宮走向新的方向。

一、鎮瀾宮內部勢力的紛擾

　　民國83年7月董監事改選的一連串風波，是大甲地區黑派勢力的內訌。鎮瀾宮自改為財團法人制度而來，前兩屆董事長由大甲黑派大老曾福輝擔任，第三屆開始由商人出身的王金爐擔任董事長，在第四屆、第五屆的選舉中，就有波折【113】。在第六屆改選董監事時，原本反對王金爐的黑派勢力集結來挑戰，而原本在第五屆改選支持王金爐的董事鄭銘坤、大甲鎮代

【112】邱家宜、〈一道厚厚的黑影籠罩著大甲媽祖婆〉、《新新聞》、第582期，頁67-69。

【113】《新新聞》、第582期，頁67。

會主席鄭銘宗，也轉而挑戰王金爐，並且在第一次改選的信徒大會時，雖然當時有動員將近一百二十名警力，仍然還是爆發激烈衝突【114】，衝突之後，兩派勢力陷入僵持，並爆發槍擊事件【115】。

　　兩派勢力僵持不下時，各方勢力仍然不斷介入協調，或是向兩方表示有意介入並擔任董事長，當時黑派地方勢力不斷協調，但仍無結果，最後鄭家兄弟請出當時沙鹿籍的台中議長顏清標出面協調，因為顏清標與兩方人馬都熟識，而且在議長選舉及鎮瀾宮第五屆董事長選舉，與王金爐有「互助」的情誼【116】，且常來參與鎮瀾宮的活動，所以請來顏清標擔任「公親」，但最後與王金爐協調的結果，卻由顏清標來擔任董事長，由鄭銘坤擔任副董事長【117】。

二、新興政治勢力的介入

　　當初顏清標到鎮瀾宮擔任董事長，認為是為當「公親」，因為原本爭議的兩方都是他的好朋友，一開始預計要當「一陣子」而已，就要「交棒」，結果沒想到就一直當下來【118】。而原本與大甲地區政治較無淵源的顏清標，在因為

【114】《聯合晚報》1998/10/14、5版，《聯合報》1998/10/15、9版。

【115】《聯合晚報》1998/11/24、5版。

【116】《新新聞》、第582期，頁68。

【117】訪談多名信徒代表，尊重受訪者隱私與意願，不公佈姓名與訪談時間。

【118】採訪顏清標於2002、4、13於台中永豐棧飯店。

被請出來當「公親」的情況下，開始擔任董事長，也將其在海
線地區的影響力擴及到大甲地區。不過因為顏清標為政治人
物，所以經常引發各項議題與事件，像在2000年總統大選及及
直航議題上，顏清標個人與鎮瀾宮都成為全台的焦點，而事件
後2000、2001年司法機關針對顏清標個人與鎮瀾宮進行各項偵
查，這些都引發相當大的新聞與爭議。

三、另一個高峰：第六、七屆董監事的經營

　　顏清標擔任董事長雖然表示廟務大都是交給副董事長處
理，但是在擔任縣議會議長期間，引進縣級政府的相關資源，
而後擔任立法委員期間，也引進中央部會與國營事業的資源，
對於鎮瀾宮推動各項活動，的確有其助益，但也因為其政治立
場與特殊身分，常引發各種話題。2000年的湄洲進香之行，轟
動中國大陸內部，引發對岸各媽祖廟前來拜訪，更「逆向」
分靈回去中國的幾間重要媽祖廟，而澳門更是每年派員參與
進香，來觀摩學習，而鎮瀾宮與各種商業機構作緊密的結合，
發展各種運用「大甲媽祖」為符號的商品或商業廣告，另外社
會參與，也不只是集中於「大甲」地區的事務之上。筆者將第
六、七屆董監事的經營特色整理如下幾點。

（一）廟務的經營

　　本期鎮瀾宮與台中縣政府所合作「大甲媽祖國際文化
節」，已經成為國內重要的文化節慶，而廟方獲得國營事業與
兩岸企業的大力贊助，也開始自己舉辦各項大型活動，尤其媽
祖之光的大型演唱會更吸引年輕人的目光。在廟務上完成金媽

祖的雕塑，並打造地下室的展覽空間，成功創造話題與吸引觀光客，也完成四大本的宮誌【119】。公益事業除一般捐助救災之外，開始興建大甲媽育幼院（鎮瀾兒童家園）【120】，並成立財團法人大甲媽社會福利基金會。

（二）兩岸的經營

　　鎮瀾宮在民國76年（1987）到湄洲進香之後，幾乎每年都到湄洲進香，交往的廟宇大致侷限在湄洲祖廟與賢良港天后祖祠，但是2000年鎮瀾宮動員數千信徒前往大陸進香，透過電視轉播，引起大陸內部的注意，除了帶動大陸內部媽祖信仰的發展【121】，更引起澳門、泉州、天津、洛陽等各地媽祖廟的注意，紛紛前來經驗交流，也讓鎮瀾宮的交往網絡延伸到中國大陸。

（三）「台灣媽祖聯誼會」的經營

　　鎮瀾宮在民國90年（2001）透過原本遶境進香所經的媽祖廟，以及鎮瀾宮分香子廟為主要成員，成立台灣媽祖聯誼會聯誼會，又透過各自交誼網絡，吸引台灣其他廟宇加入，規模

【119】《鎮瀾宮誌》四大冊，2006出版。

【120】於2009落成開幕使用。

【121】林文豪，前湄洲祖廟董事長、前中共莆田市政協主席，2004/11/29訪問於湄洲。也可參閱楊美惠〈跨越台灣海峽的女神媽祖：國界、進香和衛星電視〉收於《媽祖信仰的發展與變遷：媽祖信仰與現代社會國際研討會論文集》的論文。

日漸擴大，其會長目前都由鎮瀾宮副董事長鄭銘坤擔任，其會址也設於鎮瀾宮文化大樓，平常由各廟輪值辦理聯誼活動，各廟有活動時，相互支援，並有時依「台灣媽祖聯誼會」團體名義從事兩岸宗教交流【122】，雖然聯誼會並無任何強制力，但是從鎮瀾宮經營本會，可看出漸漸擴大對台灣的媽祖廟的影響力【123】。於2006年鎮瀾宮也發起成立「台灣祖文化學會」，作為媽祖聯誼會的立案組織，也吸收一般民眾加入。

（四）政治化的經營

　　雖然鎮瀾宮的經營者有一定的政治立場，可是在2000年總統大選，鎮瀾宮透過巧妙的安排，讓四位總統候選人分別現身媽祖起駕當天的各項活動上【124】，四位總統候選人齊聚，媒體的大量報導，讓大家不容小看鎮瀾宮的實力。另外鎮瀾宮也利用直航進香議題，來促進討論直航問題，並引起朝野不同政黨的對立。而其對於眾多信徒的影響力，也讓不同立場之政治人物，一起出現在鎮瀾宮各項活動場合之上，例如在2005、2006年都讓台灣各主要政黨的政治領袖齊聚鎮瀾宮出席媽祖的上轎典禮，讓鎮瀾宮成為全國級政治人物不敢忽略的政治舞台。

【122】平常常以台灣媽祖聯誼會舉辦兩岸聯誼活動，2006年9月更以聯誼會名義號召台灣三十幾間媽祖廟前往大陸進香。

【123】台灣媽祖聯誼會參與成員請見附錄二〈台灣媽祖聯誼會九十五年會員一覽表〉。

【124】活動現身是在1999年的進香。

圖 2-5 各黨政治人物參加媽祖上轎典禮（2006）

（五）商業化的經營

鎮瀾宮也結合各項商業機構，進行各種商業行銷，除推出廟方本身的各項紀念品，也積極開發手機鈴聲、電子影像符咒等現代化商品，並配合各廠商以「大甲媽祖」為主題，進行各項廣告與開發各式商品【125】。

（六）跨界的社區參與

因為董事長的政治身分，讓鎮瀾宮對社區的參與，已不只在大甲區域，而擴展到大甲地區之外，如參與及其他各宮廟的活動，或是九二一時運用鎮瀾宮的資源積極參與台中縣地區

【125】包括信用卡、手機、手錶、金飾、公仔、服飾等各項商品，與大甲媽祖結合的廣告有汽車、觀光宣傳、礦泉水、啤酒等廣告。

的救助。顏清標董事長選上立委之後，更將鎮瀾宮的救災資源
使用在中部的幾個災區。這樣的參與，除是將鎮瀾宮的社會參
與推向更大的區域，同樣的也讓管理者的社會參與擴大範圍。

四、信徒代表制度的變化

顏清標擔任董事長之後，原則上仍尊重原本的大甲地方
政治生態，但是為擴大其對鎮瀾宮與大甲地方勢力的影響，在
選舉第七屆董監事會前，修改鎮瀾宮的組織辦法，將信徒代表
除了原有的當然信徒之外，加入由董事會「認可」的相關「信
徒組織」的負責人，成為選任信徒代表（參見表2-2），這項
改變影響鎮瀾宮產生董監事的生態。

新的選任信徒代表稀釋原本九十三名信徒代表的選舉權
力，選任信徒代表，原本就由鎮瀾宮的董監事選任，在「自
己人」互選的情況之下[126]，原有的董監事權力結構更加穩
固，讓原本需依靠地方政治人物選舉方式，出現變化，讓掌控
董監事會的人，得以依自己的意志，進行權力運作，後續的效
應值得持續關注。而台中縣市合併後，鄉鎮長與代表將取消，
未來的信徒代表如何變動，權力結構如何分配，也值得觀察。

新興政治勢力的介入，讓鎮瀾宮產生更大的變化，例如
走向更商業化的經營手法、以湄洲進香挑戰政府的兩岸政策

---

[126] 其選舉設計及相關分析，請參見何鴻明，〈媽祖信仰與地方政治生態互
動模式之研究—以大甲鎮瀾宮人事組織與選舉方式為中心考察〉，東海
大學政治學系碩士論文，2008，有相關的調查分析。

表2-2 大甲鎮瀾宮信徒代表一覽表

信徒代表來源	組 織	名 額	合 計
當然信徒代表	大甲鎮鎮長	一名	大甲鎮 合計 四十五名
	大甲鎮鎮民代表	十五名	
	大甲鎮里長	二十九名	
	大安鄉鄉長	一名	大安鄉 合計 二十四名
	大安鄉鄉民代表	十一名	
	大安鄉村長	十二名	
	外埔鄉鄉長	一名	外埔鄉 合計 二十三名
	外埔鄉鄉民代表	十一名	
	外埔鄉村長	十一名	
	后里鄉鄉長	一名	合計一名
選任信徒代表	誦經團	五名	合計 四十名
	轎班團	五名	
	誼子女會	十名	
	執士隊	五名	
	繡旗隊	五名	
	莊儀團	五名	
	哨角隊	五名	

資料來源：何鴻明，〈媽祖信仰與地方政治生態互動模式之研究—以大甲鎮瀾宮人事組織與選舉
方式為中心考察〉，後修訂部分資料格式。

等，或是廟方人員所發生的相關事件【127】，都是值得繼續關
切，但是因為相關因素的限制，這些都不能立即在當代做出一
些研究或評論，在若干年後或許可有新的思維。

【127】例如各項司法案件，或是鎮瀾宮信徒代表制度的改變，廟方介入地方選
舉的各項傳聞等事件，都是值得繼續觀察宗教、政治、地方社會的互動。

小 結

　　大甲媽祖在戰後的傳播，除了有其在宗教上的「靈驗經驗」之外，另一個重要的原因，是因為鎮瀾宮管理階層的經營。鎮瀾宮在建廟歷史與古蹟建築上，無法與台灣其他較早建立的寺廟比較，所以其經營管理變成重要的發展模式，隨著鎮瀾宮管理成員的變化，讓鎮瀾宮也有更多新的經營方式，這些新的管理成員除運用原本傳統廟宇的經營模式，更是符合時代脈動，引進現代企業管理與行銷的概念，透過多元的行銷網絡，與不斷操作相關議題、精緻化各項儀式等行銷手法，推出各項議題，從早期的學習，到後期的帶領風潮，成功地將鎮瀾宮的知名度與影響力推向高峰。也將鎮瀾宮從地方性廟宇推展到全台，甚至是國際的舞台之上，透過這些行銷手法與積極的經營，讓大甲媽祖成為戰後台灣媽祖廟的新代表之一。

　　鎮瀾宮因為其管理成員的改變，讓其一步一步從區域性的廟宇邁向全台知名的大廟，鎮瀾宮廟方管理階層，透過地方政治人物產生，讓鎮瀾宮的廟務與地方政治交纏在一起。隨著戰後鎮瀾宮從地方廟宇迅速發展成勢力龐大的廟宇，也讓鎮瀾宮從地方政治事務的角力舞台，一躍成為全國，甚至兩岸的政治角力舞台。這樣讓鎮瀾宮擁有高度的知名度與豐富的資源，但與政治勢力的糾葛，卻也成為鎮瀾宮揮之不去的宿命。

第三章 進 香：

大甲媽祖信仰的實踐

　　宗教有時要透過外顯的活動，來展現其信仰，透過活動來展現其靈驗與其龐大的宗教力量。台灣民間信仰無明確的經典與教團組織，大都只能透過活動來傳播其信仰、展現信仰的「靈驗」與團結信徒。大甲地區有一句俗諺「媽祖那麼興，大轎就愛扛」，可以作為這樣的一個應證。而如果將「大甲媽祖」視為一個符號，那麼大甲媽祖的進香活動，就成為這個符碼最主要的再現場域，透過這個活動，信徒來實踐自己對於媽祖的信仰，而進香中的各項活動與儀式，展現出大甲媽祖信仰的內涵，另外也透過進香活動結合人群與展現力量，進香活動成為大甲媽祖信仰的重要載體與舞台。

　　關於「進香」的概念與辨正，學者已有許多精采整理與論述，在這就不多做敘述。而關於大甲媽祖的進香研究中，以張珣與黃美英的研究最為重要，黃美英的研究，以「香火」儀

式為中心，來探討大甲媽祖進香【1】；張珣則是透過時間、空間、社會等種角度去研究大甲媽祖進香【2】，她們雖然有各自不同的論述中心，但卻也都發現大甲媽祖進香中多元的層面，而非單就宗教層面意義來討論，須注意進香活動與各項社會因素，交錯成複雜的儀式網絡。

　　本文將討論進香活動為何成為大甲媽祖信仰的重要載體與舞台，嘗試說明進香活動是信仰重要的實踐與傳播的場域，並解答鎮瀾宮廟方隨著外在的影響，透過「增加」與「精緻」進香儀式，來形塑一個「傳統」的氛圍，並討論鎮瀾宮如何透過再從湄洲分香、改變遶境路線，重新塑造自己的「香火」權威；最後討論大甲鎮瀾宮如何透過進香儀式的開放，引進外部力量的參與，擴大自己的影響力，並說明沿途力量的展現與整合，也是另一種交換與交誼。

【1】黃美英，〈權力與情感的交融：媽祖香火儀式的分析〉，清華大學社會人類學研究所碩士論文，1992。黃美英，《台灣媽祖的香火與儀式》，自立晚報社發行，1994年。

【2】張珣，《文化媽祖－台灣媽祖信仰研究論文集》，台北：中央研究院民族學研究所，2003。

第一節　信仰的實踐與傳播

　　宗教活動是宗教的重要組成部分，其中宗教的禮儀活動對宗教才具有重要的意義，宗教禮儀是構成宗教的基本要素之一，是宗教意識的行為表現，也是溝通人與神之間關係的表達方式，各宗教體系都按照各自的信條和教義以及傳統方式，進行各種宗教崇拜【3】。台灣的民間信仰雖沒有固定的信條與教義，但從自己文化傳統中，發展出宗教禮儀，作為人與神之間溝通的方式，進香活動就是常見的一種。本節即是要討論大甲媽祖的信徒如何透過進香，作為自己與神溝通的方式，來實踐對於信仰的認知。

一、進香的目的：「朝聖」與「補充靈力」

　　北港進香時期，台灣學者研究大甲媽祖進香時，大都以「朝聖」與「香火權威」兩個重要方向來詮釋。張珣從「朝聖」觀點研究，她以宗教學家Macrea Eliade的觀念分析，指出進香割火都是具有回到「世界中心」的意涵象徵【4】；另外陳

【3】陳麟書等主編，《宗教學原理》，頁90，中國北京：宗教文化出版社，2004。

【4】張珣，〈進香、刈香與朝聖宗教意函之分析〉，《人類與文化》，22期，頁46-54，1986。

維新【5】與黃美英【6】，利用漢人對於「香火」的象徵，來說明透過不斷的添加新火的儀式，媽祖的「靈力」才能不斷的保持或增加，這是早期對於大甲媽祖進香研究，兩個重要的方向。不管論述的理論為何，都牽涉到一個重要的觀念，就是透過「香火」的儀式，來補充或增加「靈力」【7】，也是這時期進香活動的重要目的與儀式中心。

　　「香火儀式」在北港進香的時代，被論述為大甲媽祖進香重要的目的，只是當改變進香地點時，並取消「割火」儀式後，信徒依然參與，這些理論就受到挑戰。但是筆者仍認為這是早期大甲媽祖進香，在宗教因素上重要的目的，因為鎮瀾宮早期香火並沒有北港興盛，鎮瀾宮希望透過這樣的方式，得到「靈力」加持，也透過這樣的方式，可以吸引信徒前來，因為北港媽祖的強大神力，也被分一點到大甲，大家一樣可以來這裡朝拜，所以大甲也才會出現「換錯媽祖」的傳說來宣傳，吸引其他信徒前來朝拜。另外早期信徒進香，除了讓靈力可以繼續補充到大甲來，一方面自己親自前來北港，一樣可以獲得北港媽祖較多的保佑，透過拿取北港的香火，也可分點神力，回到家中保佑一家人，這也是早期北港進香的重要因素之

【5】陳維新，〈進香之界定：由象徵人類學的角度〉，《人類與文化》，25期，頁64-81，1987。

【6】黃美英，《台灣媽祖的香火與儀式》，頁192-210。

【7】此部分學者論述頗多，在此不加詳述，請參見相關論文。

一【8】。

二、宗教實踐的原因：「還願」

　　台灣的民間信仰被認為具有高度的實用性與功利性【9】，在眾多學者的研究觀察之中，也指出台灣的民間信仰有高度的功利性與交換性，常會利用許願，願望達成後，回報什麼樣的行為或物品，作為交換的手段，而通常這種回報的行為通常稱之「還願」。大甲地區的信徒，如果對媽祖有特別祈求，除了捐獻香油錢與準備祭品還願外，通常會透過參與「進香」【10】來還願，根據黃美英的研究，將徒步八天的香客參與的原因分成下列幾項【11】：

　　1.「求平安」、「賺有呷」的祈願。

　　2.成年儀式與退伍儀式。

　　3.地方重大事件。

　　4.個人特殊生命遭遇。

　　　黃美英的研究與筆者數年進香的田野調查結果差異不多，只是這些參與的原因，不僅限八天步行的香客而已，連其他參與進香的民眾，大都也因為這幾項原因，前來參與進香。

【8】只是隨著大甲媽祖的香火鼎盛與「靈力擴大」之後，對於信徒而言，更換進香地點與取消「割火」儀式，或許就不太那麼重要，在進香靈力部分有更詳細之論述。

【9】但筆者反對這樣詮釋與論述，如果將視野放大，將有不同的解讀。

【10】還願的方式下面詳論。

【11】黃美英，《台灣媽祖的香火與儀式》，頁182-187。

而沿途各地的信徒，前來「參與」【12】進香活動，大都可歸類為這幾樣原因，筆者參考黃美英的分類，並補充這幾年的相關田野資料，將信徒參與進香的原因分成四類，並舉例說明。

（一）平安的祈願

「求平安」、「賺有呷」是一般隨香的香客最常提到的進香願望【13】，「就覺得跟婆阿，走這八天，回去一年攏平平安安，今年又來」，這是筆者在田野過程中最常聽到的回答，對於這些信徒而言，因為每年都來走這一段路，所以回家後一家大小平安，生活過得去，這些身體與心理的平安，都是因為媽祖的保佑，所以持續支持信徒前來參與進香。

（二）個人特殊的感應

相對一般信徒的求平安，有些信徒因為生命中遭遇困難或病痛，透過向媽祖祈求，通常會許願如果事情得到解決後，會隨著媽祖來進香，以表示謝意，這也是常見前來「還願」進香的原因之一，這樣的例子在進香隊伍中，經常可以發現，例如繡旗隊住大安的蕭女士，因為兒子車禍，所以向媽祖祈願，如果兒子恢復，就來參與繡旗隊還願；或如台北的一位信眾，孫女被壓傷，因為媽祖保佑而康復，發願每年煮一萬斤湯圓給

【12】筆者認為「參與」的意義，除隨媽祖進香（不管幾天），還包括當地或非當地信眾提供其他信眾食、衣、住、行的各項服務，這些來還願的行為，都視為「參與」的行為。

【13】黃美英，《台灣媽祖的香火與儀式》，頁183。

信眾吃，或是彰化溪洲植物人奇蹟復原……等等的靈驗故事，這種個人向媽祖祈願，而得到「保佑」故事，在進香期間常可聽到在信徒間流傳。而這些個人的特殊經歷，讓信徒以自己的方式，向媽祖來還願【14】。

（三）大甲信眾的生命儀式

大甲地區民眾在其生命禮俗中，在滿月或週歲之後，會到鎮瀾宮當媽祖的「義子女」，尤其是「歹㖕飼」的小孩，都會來認媽祖為「義母」，希望媽祖保佑長大，而在孩子十六歲時，家長會帶著祭品來祭拜媽祖，感謝媽祖將孩子照顧長大成人，有時會讓孩子參加八天的進香活動，答謝媽祖多年照顧，但是現在十六歲的青年都在求學階段，所以較少採取此種方式「還願」。

大甲媽祖在日治末期，有「南洋救軍夫」的傳說，大甲地區的信徒習慣服兵役之前，全家一同到鎮瀾宮祈求軍旅平安，退伍之後，答謝媽祖，還願方式多是連續三年全程參加進香活動，來感謝媽祖的保佑，但是隨著工商業社會的變化，不容易請長假，所以無法全程與進香，所以都簡化成參加「祝壽大典」來當作主要還願的方式。

（四）保佑社區的「集體記憶」

前面所提的是屬於個人的祈願與還願，另外常見的是屬

【14】洪瑩發，〈大甲媽祖進香神蹟傳說初探〉，《民俗與文化：台中縣大甲媽祖文化節專刊》，第一期，頁76-87。

於社區集體的「保佑」的故事，也促成社區的集體參與，不管是大甲本地或外地，都流傳許多故事，屬於社區的「集體記憶」，讓社區集體動員參與進香活動。像大甲地區的傳說，清代戴潮春之亂時，被圍城缺水，媽祖降雨解旱；日治時期的媽祖接砲彈、大地震保佑信徒等故事，這些故事的流傳，都增加社區居民對大甲媽祖信仰的虔誠，所以社區居民紛紛採用各種方式，來表達對媽祖的虔誠。

　　除了大甲地區之外，在許多社區也都有許多的「靈驗」故事，保佑社區的「集體記憶」讓整個社區都動員起來迎接媽祖。最常見的是關於「雨媽」的傳說，許多地區缺水，向大甲媽祖祈雨，都應驗下雨解旱災之苦，所以有「雨媽」之稱，像西螺、北斗、社子、吳厝等都有這樣的傳說，或者是溪洲后天宮建廟時，大甲地區大力協助，也讓大甲媽祖過境溪洲時，得到熱烈的歡迎，這些保佑社區的「集體記憶」，形成社區整體對於大甲媽祖信仰的高度熱誠[15]。

三、宗教實踐的方法：「進香」

　　信徒參與進香的原因，是在表現其宗教虔誠，透過各種方式參與進香，來進行還願或祈願。信徒參與進香，大至上分成兩種形式，一種是直接參與進香，另一種是信徒透過「支援」進香活動，來還願或祈福。直接參與指的是參加進香團的

---

[15] 關於大甲媽祖神蹟參閱筆者拙作〈大甲媽祖進香神蹟傳說初探〉，《民俗與文化：台中縣大甲媽祖文化節專刊》，第一期，頁76-87。

相關活動，依時間分成參與全程或部分；或依身份分成擔任工作人員，或是隨香客等方式來參與進香活動。

　　參與進香的人，為何利用參與進香來表現虔誠，許多宗教的信徒，都利用「苦行」的方式，來表達其宗教虔誠，因為八天的行程，有許多的禁忌與不方便，還要不斷的步行或搭車，少有休息時間，八天的進香行程，不管是步行或坐車，都是一項身心的考驗，尤其是步行者，更是必須付出更大的體能，透過這樣的不方便與限制，來表達其宗教虔誠。

　　直接參與進香的人，分成兩個部分，一種是擔任進香工作人員，一種是隨香客。擔任工作人員的部分，長期參加進香活動的人，大都有參與固定班底的團隊，如大轎班、神偶團體等，這些人也多數是因為大甲媽的「保平安」，長期參與進香活動。一般非長期參與的人，多數都是參與「繡旗隊」與「三十六執士」【16】，因為這兩個團體，並無固定的班底，開放一般信眾參與，多數要來還願的信徒，都是參與這個活動。隨香客，是指跟隨著大甲媽祖進香的信徒，他們大致上有分成乘車與步行兩種，雖然只是隨香客，仍有諸多的禁忌與身心上的考驗，與工作人員一樣，都是苦行。而信徒在進香過程中，不斷的利用各種傳說與禁忌的訊息，加強信仰與進香活動的真實性，他們述說著禁忌遵守、違犯、造成事故之間的因果關

【16】近年三十六執士因為部分人員年年參與，已經有固定成員形成團體，只開
　　放部分名額給信徒來還願參與。

係，也強調媽祖的聖靈存在之可信【17】。

　　參與的天數一般分作八天、三天、一天三種，擔任工作人員幾乎全程參與八天，但是現代社會請長假不易，所以也有部分人員採輪班的方式；另外是三天、一天的，大部分都以參與祝壽大典為主要目的，這也是大甲地區信徒參與進香的主要方式，所以祝壽大典時，參與進香的人數會暴增。另外大甲地區的傳統習慣，在媽祖出發與回來時，信徒要來「送出城」與接駕，另外進香沿途的信徒，也會跟隨進香隊伍步行一段路程，作為還願的方式之一。

　　除了直接參與「進香」之外，部分信徒是透過「支援」進香活動，來還願或祈福，最常見的是捐獻與提供信徒飲食兩種，捐獻除了捐給鎮瀾宮香油錢或金牌之外，也有不少信眾捐錢給進香團隊，購置儀式物品或做為相關花費之用，大甲地區或鄰近地區的信徒，常用這種還願方式。另外一種則是提供飲食來還願，遶境所經地區，常見信眾用此方式還願，但也越來越多外地信徒進行，到遶境路線提供飲食還願。

【17】王嵩山，〈從進香活動看民間信仰與儀式〉，《民俗曲藝》25期，頁86，1983。

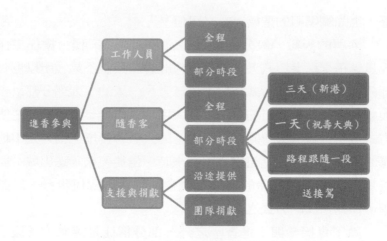

圖3-1　信徒參與大甲媽祖進香方式

　　進香活動已成為信徒實踐對於大甲媽祖信仰的重要場域，因進香活動有極高的開放性，也有極高的宗教意涵，信徒可以選擇適合自己的參與方式，透過不同方式的參與，來進行還願。

四、信仰擴展：靈驗經驗的傳播

　　進香活動對於大甲媽祖信仰的傳播有著重要的功能，因為民間信仰並沒有明顯的經典或教條來作為傳播信仰之用，也沒有教團組織來負責相關的宣教工作，亦沒有明確的傳教儀式，所以儀式活動在民間信仰中佔有相當重要的地位。大甲媽祖因為沒有明顯經典或教條，所以其傳播信仰主要都建構在「靈驗經驗」的傳播之上，參與大甲媽祖的進香活動的信徒，對於大甲媽祖有某種個人的「體驗」，可能基於大甲媽祖的

「保佑」或「靈驗」，來參與進香。香客在進香過程中，透過彼此的交談，分享「保佑」或「靈驗」的經驗，在宗教經驗與宗教行為上，產生了一種交互作用，信徒會透過彼此的靈驗經驗強化信仰，強化其宗教經驗。

對於大甲媽祖的靈驗經驗，只要我們找到每位虔誠的信徒，都可娓娓道來媽祖保佑她的故事，例如在筆者訪談繡旗隊時，這些參與進香多年媽媽們都有其靈驗的故事，有的是小孩不會讀書，有的是先生事業不順，有的是長輩身體不好，但是透過跟隨大甲媽祖遶境，他們認為在這之後都產生微妙的變化，小孩成績變好，先生事業順利了，長輩身體有了改善，對這些繡旗隊員而言，這都是因為大甲媽祖的保佑，透過這些靈驗的分享，她們堅信媽祖神力，也彼此相互支持著繼續參與進香活動。

研究大甲媽祖進香多年的學者張珣，就曾經說明香客為什麼能夠支撐長途的步行，以及大甲媽祖進香規模的擴展的原因，其實都與進香客「靈驗」的經驗傳播有關，就是資深的香客們競相敘說以前的事蹟，以顯示自己的豐富經驗，老香客們咀嚼著往日的回憶，反芻媽祖的靈驗，每一次進香，重複往日的記憶，一次一次地烙印，而成為信念的一部分。而年輕香客也於聽聞中學習進香規則及典故，也從分享彼此的所見所聞，而肯定傳統信仰價值的存在，媽祖的靈驗經驗，如此的重複經驗與傳播[18]。

---

[18] 張珣，《文化媽祖：台灣媽祖信仰研究論文集》，頁94-104。

而進香活動讓這些靈驗經驗，不限制在大甲區域之內，得以向外傳播。進香活動跨越區域，讓媽祖靈驗事蹟在進香沿途傳播，沿途的民眾，可以聽說神蹟故事，引起參與進香的興趣。當參與進香的民眾，不限於大甲地區與沿途區域，大甲媽祖的靈力，得以不斷跨越區域，不斷將神蹟故事傳播出去。透過靈驗經驗的傳播，靈驗經驗變成經典或教義，故事的傳播成為傳教儀式，而宣教人員就是這些擁有靈驗經驗的信徒，大甲媽祖透過在進香中靈驗經驗的傳播，不斷擴大其影響力與信仰的範圍【19】。

【19】傳說在大甲媽祖進香的相關作用，請見拙作〈大甲媽祖進香神蹟傳說初探〉，《民俗與文化》第一輯。

第二節　進香儀式的變化與象徵

　　大甲媽祖的進香儀式，開始並非規模就如此龐大與擁有眾多的儀式，而是在戰後經過五十餘年變化而成。儀式從簡單到精緻，從早期向外的學習與仿效，轉變成引起各方學習的地方，人員的分組也從簡單到完整，從進香儀式的轉變可以看出，大甲媽祖從地區型的信仰儀式，轉變成全台性的信仰，而後邁向國際舞台的企圖；透過進香的儀式，展現出大甲媽祖從地方邁向國際舞台【20】。

一、香火：地區型的進香儀式

（一）爐主制度的進香儀式

　　在民國64年（1975）之前，大甲媽祖的進香活動都由爐主來負責，爐主必須負責籌備進香，安排整個進香工作人力分配，早期根據筆者訪問在民國50年代參與進香的相關工作人員回憶：「當時的進香隊伍，大約只有頭旗一支，哨角兩支，三十六執士，大轎班等工作人員，而且只有一班制，不像現在

【20】關於大甲媽祖進香的儀式，已經有多名研究者進行相關的研究，其中以張
　　珣與黃美英的研究最為重要，黃美英的研究以大甲媽祖進香的「香火儀
　　式」為討論的重心，張珣則是研究大甲媽祖進香儀式最重要的學者，他分
　　別從空間、時間、組織、社區等方向來分析大甲媽祖進香儀式。關於這些
　　相關的研究，可以參見張珣與黃美英的研究論述，本研究的討論的重點為
　　如何透過儀式來展現「大甲媽祖」的形象，建構「大甲媽祖」的形象。

分成多班輪流，當時全程進香的工作團隊，人數最多時不過百餘人而已。」【21】不過在民國52年的報紙上，當時的報紙上記載著進香團隊的盛大規模：

中縣大甲、外埔、大安、后里等四鄉鎮媽祖信徒三萬餘組成龐大的大甲進香團，於昨（八）日中午返抵大甲，舉行一年一度的恭迎媽祖返駕大拜拜。 這一龐大北港朝聖進香團與恭迎鎮瀾宮神輿返駕的數萬信徒合攏，本鎮順天路被這支人潮擁擠得整日水洩不通各種車輛改由中山路通行。由於媽祖返大甲，各地趕來的民間藝術團與此間社團組成的龍、虎、獅陣、藝閣、化裝隊、音樂隊、南北管、鑼鼓陣等百餘單位，參加遊行。一時鑼鼓喧天，鞭炮聲震天，鎮內五千餘戶家家戶戶設流水席，廣宴各方親朋好友。據統計，昨日湧至大甲吃拜拜的人，在十五萬人以上【22】。

…由三萬七千餘信徒組織的大甲進香團，本月一日自大甲出發，三日抵達北港，五日凌晨抬著媽祖神像離北港，將於今（八）日返抵大甲。這支朝聖進香隊伍浩浩蕩蕩，除有一支龐大的步行隊外，還把新舊交通工具如轎子、單車、三輪車、鐵牛、摩托車、汽車、火車等全

<hr>

【21】洪定雄，從民國50年參與大轎班工作至今，現參與頭旗的工作；蔡茂雄，民國48、49、50年參與繡旗的工作，後來斷斷續續參與進香活動，現在參與三十六執士的工作。

【22】《聯合報》，1963-04-09，06版。

部搬出來，各成一隊，另有龍燈、獅陣、虎陣、南北管等民間藝術團體參加。…在七千餘人步行隊中，大部份是婦女和老翁；有五千餘人的單車隊都是年輕力壯的小伙子；乘計程車和鐵牛的，差不多都是全家動員【23】。
…

　　這是民國52年（1963）報紙的記載，當時的記載說大甲進香團隊已經有三萬餘人的規模，但是具當時參與進香的人表示，當時進香的工作團隊大約只有百餘人，隨香客應該只有數千人吧，但是應該還沒到數萬人的規模，筆者認為數萬人的規模應該是到70年代之後，隨著經濟發展與交通便利之後，才有這樣盛大的規模，這應該是當時報紙較誇大的記載，其所指的三萬多人，應該是指在祝壽大典當天聚集在北港朝天宮的人潮，不過從此可以看出當時的進香團規模已經相當的龐大，雖然工作團隊人數並不多，但是隨香人數已經不少，這與調查相符。當時的儀式相當簡單，是以「祝壽大典」【24】與「添火」【25】為重點的儀式，並沒有現在繁複的儀式。進香的隊伍回到大甲之後，才會出現各方人員前來迎接，並共同市區遶境的盛大場面。

【23】《聯合報》，1963-04-08，06版。

【24】「祝壽大典」一詞是在管理委員會接辦進香活動後，將這個儀式定名，大甲地區的信徒通常稱本儀式為「拜祖」。

【25】又稱「合火」，民國五十年代之前，本儀式都在清晨舉行，因為當時進香團白天才出發，後來因為路程增加，所以改為午夜出發，添火儀式也提前到午夜舉行。

（二）基礎進香隊伍與儀式成形

民國五十年代左右，整個進香工作人員約百餘人，而在民國五十年到六十年間，各進香團隊相繼成立，此時進香隊伍也迅速成長，隨香的人數也開始增多，到民國六十年左右，就已經有數千人的規模。此時參與進香工作的人員，也從爐主負責動員參與，到固定團隊負責，各進香陣頭也自北港朝天宮學習各種技術。戰後三十年是大甲媽祖進香團隊的基本成型時期，發展出基礎進香儀式，行經路線與廟宇也於此漸成形，形成目前進香八天七夜的時間與基本路程。

（三）香火儀式的象徵與變化

學者黃美英的研究指出因為北港朝天宮香火鼎盛，有極大的靈力與功力，所以鎮瀾宮雖與北港沒有分靈關係，卻也來此割火，乞求北港媽祖的香火，回到大甲後增加靈力[26]。而鎮瀾宮廟方的說法，因戰亂無法回到湄洲祖廟進香，因朝天宮後殿建有聖父母殿，所以才到北港進香「合火」，並且因為北港朝天宮曾去湄洲祖廟「合火」過，因此在北港「合火」，就等於接引湄洲祖廟的「火」一樣，張珣更指出朝天宮自從日治時期，成為全台首席的媽祖廟，後因台海兩岸分隔，更確定朝天宮在台地位之尊崇，所以鎮瀾宮一直積極的維持與朝天宮之間的「母子關係」，以確保其靈力來源[27]。儘管學者與廟方看法有所不同，但都承認北港進香「香火」儀式的重要性，因

---

[26] 黃美英，《台灣媽祖的香火與儀式》，頁82。

[27] 張珣，《文化媽祖：台灣媽祖信仰研究論文集》，頁133。

為這除了宗教儀式上有維持「靈力」的象徵意義之外，鎮瀾宮更以此來宣傳，吸引更多的信徒前來進香。

　　北港進香最重要的目的，是以「香火儀式」為主要中心，這樣的情況至少維持到「爐主」負責北港進香制度的結束，因為在民國63年（1974）決定廢除爐主制度時就可看出，鎮瀾宮廟方對北港進香的「目的」產生一些「解釋」，當年所發行的宮志對於北港進香的原因，有這樣的記載：

> 提到北港進香，或會有所質疑，上文說是林永興夫婦由湄洲朝天閣請來聖靈…，然而為何要到北港進香呢？豈不是相互出入有所矛盾，請諸位不要誤會，編者亦曾謂此事遍訪過，不少老前輩，據他們說，往北港進香已有百年以上的歷史，因為當時動亂無法前往湄洲祖廟進香，因北港後殿建有聖父母殿，所以才到北港進香「合火」，並且因為北港朝天宮曾去湄洲祖廟「合火」過，因此在北港「合火」，就等於接引湄洲祖廟的「火」一樣【28】。

　　可見當時鎮瀾宮管理委員會已對於爐主進香時所採用的「謁祖進香」產生一點不同的看法，更可能已經開始感受到「分靈說」的影響，所以在民國64年（1975）管理委員會主導進香活動之後，先將進香中的「謁祖典禮」改成「祝壽大典」，也將「割火儀式」改成「添火儀式」【29】。當時鎮瀾宮

【28】大甲鎮瀾宮管理委員會編印，《大甲鎮瀾宮志》，頁65。

【29】董振雄，《心靈原鄉：大甲媽新港行》，頁8。

已經開始快速成長，進香活動規模也日漸擴大，改變儀式這些
行為，可以透露出鎮瀾宮管理成員對於「北港進香」，一些儀
式所呈現出「輩份」差異，內部已經開始出現意見，並開始企
圖改變。

（四）進香儀式主導權轉移後的變化（1975-1986）

　　隨著進香的規模擴大，鎮瀾宮廟方開始做出一些改變，
所以在民國63年（1974），決定從隔年64年起停止爐主制度，
進香儀式改由廟方前來負責【30】。進香主導權由不固定的爐主
交到固定組織的廟方管理階層，這個決定將廟務與進香事務權
力統一到廟方手中，廟方可以更有效的經營管理，歷經管理委
員會、董監事會，長期經驗累積，讓廟方將進香活動「經營」
越來越大，並逐步精緻化與擴大參與層面。

　　民國64年進香儀式主導權轉移後的第一個變化，即是委
員會不能主動募緣金，改為讓信眾捐款，進香捐款的名目有
路費（捐金）、點心代辦費、豬羊份【31】，並且已將進香中的
「謁祖典禮」改成「祝壽大典」，也將「割火儀式」改成「添
火儀式」【32】。民國67年鎮瀾宮改成為財團法人制度之後，隨
著時代的改變，管理階層也從地方家族的士紳，慢慢轉變成以

【30】停止爐主制度的原因與過程，請見第二章第一節的說明與討論。

【31】到達北港朝天宮或新港奉天宮後，隔日舉辦祝壽大典時，所用的全豬全羊
　　祭品的費用，每個人付出一定數額的費用，在祝壽大典誦經時會將其名加
　　在疏文之內，典禮後並可領取一小份祭品的豬肉。

【32】董振雄，《心靈原鄉：大甲媽新港行》，頁8。

商人與地方型政治人物為主的管理團隊，也因此帶入現代化經營企業理念，進入廟務管理。在財團法人化後，人為的意志開始展現，對於進香活動也採取更多元的經營理念與手法，引進各方的資源，精緻化各項儀式。

在民國50年到60年間，是進香基礎團隊形成時期，組織已經確立，但規模很小，現在進香隊伍規模的確立，是成立財團法人後的十年間。民國68年神童團從莊儀團分出獨立成團，福德彌勒團同年成立，彌勒團於民國73年成立，太子團於民國75年成立。在鎮瀾宮改制成財團法人的十年間，目前的進香隊伍，大致上也在此時成形完備。此時期並且成立燈光、點心與草席等相關服務員，提供各項服務，與編寫進香工作手冊，將進香工作系統化與秩序化。

本時期重要的進香儀式，在民國68年的進香行程表，當時只有見到祝壽大典、及添火儀式等儀式行程，在民國71年時，行程表中才出現「落馬誦經」儀式[33]。民國76年時，進香行程表有「消災點燈拜斗會誦經」儀式，而當時請媽祖上轎，也只由誦經團舉辦「淨轎」儀式，之後由廟內執事人員將媽祖請上神轎而已[34]。

本時期的進香隊伍與儀式，管理成員幾乎都參考自其他廟宇的制度，尤其神偶團體，除太子團之外，幾乎都學習自北港地區，報馬仔也沿襲北港朝天宮的傳統，在戰後的這個時

[33] 王嵩山，〈戲曲與宗教活動－大甲進香之例〉文中所附的進香行程表，《民俗曲藝》，25期，頁91-118。

[34] 台中縣立文化中心，《大甲媽祖進香》，頁54-60。

期，是鎮瀾宮穩定發展的時期，在兩個時期的成長之下，基礎團隊成形，人員也開始擴編，儀式亦開始固定化。但在民國75年第三屆董事長由王金爐擔任，他與董振雄搭配合作，鎮瀾宮開始進入一個對外積極擴展的年代，運用各方資源匯集於鎮瀾宮的活動之上，而將鎮瀾宮的聲勢慢慢推向高峰。

　　後來隨著媒體、學界、藝文界對於大甲媽祖進香活動的重視，但都以「大甲媽祖回娘家」一詞，來宣傳大甲媽祖進香，終於讓大甲鎮瀾宮感到不能不作出解釋的壓力，隨後又因為相關因素，導致大甲媽祖前往湄洲進香，並迎回一尊媽祖，後來與北港發生一連串事件，而改到新港遶境進香。

二、轉變：香火位階的扭轉與邁向全台

　　民國76年（1987），大甲鎮瀾宮前往湄洲進香，並請回一尊媽祖之後，引起台灣各界的注意，也開啟鎮瀾宮與大陸交往，並向中國學習相關儀禮的開始，而民國77年的進香改道新港，更讓儀式有大幅的調整與變化，當年底的祈安清醮活動，讓大甲鎮瀾宮與學界有更多的接觸，這些機緣，讓鎮瀾宮開始從向他廟學習相關儀式，轉而從運用古籍中的儀禮以及依其需求發展新的文化傳統，也因知名度的大增，轉而成為他廟學習與仿效的對象。

（一）再連結：湄州主廟與聖父母的加持

　　民國76年（1987年），大甲鎮瀾宮董監事會秘密決議，將於媽祖升天一千週年紀念日組團回湄洲謁祖進香，在鎮瀾宮的董監事，確定從日本飛往大陸的同時，台灣的報紙也同步刊

載這一個消息【35】，雖然鎮瀾宮廟方至今都宣稱是因為「人間雜誌【36】」的報導，因而暴露整個進香的行程，但是根據其他人的說法，鎮瀾宮在確定董監事可飛往大陸時，即「主動」告知記者此一消息，並引起台灣各界的注意，因為人間雜誌是月刊，而且人間雜誌在12月號才刊出這則新聞，這些說法都不符合鎮瀾宮所指的「因人間雜誌報導而曝光的事」，其實鎮瀾宮當時已經做好準備，一方面以此事破解與北港之間的分靈說，一方面又可與當時北港正在進行的全台遶境，一別苗頭，又可為寺廟加強各項的宣傳。迎回媽祖之後，更是引起媒體的各項討論與報導，雖然不乏負面的的報導，但是無疑的為鎮瀾宮創造極高的新聞價值，成功為鎮瀾宮造勢。

　　回到湄洲進香與迎回一尊媽祖，這除了有宣傳上的意義之外，更是象徵大甲重新與「湄洲」祖廟這個「靈力」的源頭接上關係，已經可以直接連接湄洲，也不必像以前要透過北港朝天宮的「中介」來接引湄洲的火【37】，而請回一尊湄洲媽祖，不管是不是從北港分靈，現在鎮瀾宮也有「湄洲媽祖」，可以與北港「平起平坐」【38】。而張珣也認為，鎮瀾宮前去湄洲直接謁祖，迎回湄洲媽祖分身，取得在新系譜上排行的位

【35】〈鎮瀾宮一尊媽祖神像經日本前往福建進香〉，《聯合報》，1987/10/27。

【36】〈把湄洲媽祖迎回家：大甲鎮瀾宮探訪媽祖的故鄉〉，《人間》，26期，1977/12/5，頁38-43。

【37】1974年的《大甲鎮瀾宮志》，頁65就說明：因北港朝天宮曾去湄洲祖廟「合火」過，因此在北港「合火」，就等於接引湄洲祖廟的「火」一樣。

【38】葉金鑾的說明，筆者於2004年3月14日於大甲日南訪談。

置，可以宣布與北港是處於平等的位置之上，便可以不去北港
進香。並挾著新的全台首位湄洲媽祖分身，給予轉去新港進香
一個合理化的理由，正當化宣稱擁有全台信徒之領導地位。

　　而改向新港進香後，民國78年（1989）鎮瀾宮也從大陸
賢良港天后祖祠迎回「聖父母」，也解決了「因為當時動亂
無法前往湄洲祖廟進香，因北港後殿建有聖父母殿，所以才
到北港進香『合火』」【39】的進香原因。這時候已經解決在民國
七十三年（1974）宮志當時所提北港進香的兩項原因：第一點
是中介引回湄洲的香火，第二點是朝拜聖父母的問題，當以前
到北港進香的理由，被成功的合理化解決之後，進香地點從北
港改到新港，進香也從「北港進香」改為「遶境進香」，鎮瀾
宮企圖成為全台媽祖廟新的領導龍頭，相關佈局隱然而現。

（二）變動：從北港進香到遶境進香

　　大甲媽祖進香從北港進香改到新港「遶境進香」，張珣
在此部分有精彩的分析，而且也將儀式與社會結合起來，說
明大甲地區世俗社會不滿於有限的社區成就，不安於舊有的
北港－大甲母子關係時，宗教層面的象徵轉化了現實勢力的兩
難【40】。鎮瀾宮與北港朝天宮的分靈爭議之外，更因為透過鎮
瀾宮的湄洲進香，已經「結束」到北港進香的理由【41】，可以

【39】大甲鎮瀾宮管理委員會編印，《大甲鎮瀾宮志》，頁65。

【40】張珣，《文化媽祖：台灣媽祖信仰研究論文集》，頁133-137。

【41】鎮瀾宮已經可以直接接引湄洲香火與朝拜聖父母，不必透過北港朝天宮作
　　為儀式中介者。

到處去進香了，所以當新港多次要求鎮瀾宮將進香活動，加上新港二字成為「新港遶境進香」，大甲並不願意加入，除害怕重演北港的舊例之外，也因為不加地名，要更改進香地點也比較方便【42】。透過進香名稱上也可以看出，大甲媽祖進香在「意義」與位置上的變化，「北港進香」是以北港為重心，從香火儀式表示北港進香，大甲是需要依附北港在北港之下，而其重要目的是在「增加靈力」；而「遶境進香」，取消香火儀式之後，不帶上下輩份的意義，其重要目的在「遶境」，有巡視其信仰區域的意涵，所經過的區域都是大甲媽祖靈力可達的區域。

　　從北港進香到遶境進香，也象徵著「大甲媽祖」早期每年必須回北港補充靈力，才能發揮「神威」，但到遶境進香時，已經代表「大甲媽祖」已經擁有足夠的靈力與力量，可以透過「遶境」來發揮其神力，而其保佑的對象，也從大甲地區五十三庄，擴展到遶境區域的中部幾個縣市，而透過分靈與其他儀式，大甲媽祖也跨過海峽到海峽的另一岸，近年透過台商與華僑分靈到東南亞去，這些都代表大甲媽祖的信仰區域從大甲發展到全台，甚至跨越國界的【43】。

【42】採訪董振雄先生2004年9月30日。

【43】當然「跨國界」媽祖信仰的「經營」，不只有大甲鎮瀾宮，北港朝天宮與台南大天后宮也都積極經營此部份。

（三）地點改變與儀式取消：對於台灣「朝聖」理論的思考

改變進香儀式與地點後，相關的香火理論受到挑戰，進香是否真的以「香火」為中心，而學者們也紛紛省思這樣的觀點，那麼改道新港，取消香火儀式之後，眾多的信徒為什麼仍然跟隨著新港進香？可以從張珣的研究中找到一些新的思考方向，她指出大甲媽祖進香是階層化的，董監事、香團體成員，享有「特別權利」，可以在儀式場地的重要位置，或是可以分享北港進香合火之後的「香火」，指出在大甲媽祖進香團中的階層性【44】。如果香火是進香目的，那無法分享到這些香火的信徒又該如何呢？如果我們從張珣的階層性的理解出發，或許我們可以找到一些解釋。

因為大甲媽祖進香團中是有階層性的，「香火」其實是儀式掌控者所獨享的，那信眾又如何獲得這些靈力呢？筆者曾經以飲食文化為題，解釋因為某些傳統的神聖象徵，如「香火」等，數量有限，又只有給董監事或重要人員而已，信眾並無法得到這些象徵物，所以信眾只好運用各項方式取得媽祖賜福，利用自我的理解與創造，創造出「海底丹」、「紅絲線」等靈力的象徵【45】。因為民眾透過自己的理解，發展出自己的靈力象徵物，或許可以解釋改變地點與取消「割火」儀式之

【44】張珣，〈大甲媽祖進香儀式空間的階層性〉，受錄於《空間、力與社會》一書，頁368-370。

【45】洪瑩發，〈大甲媽祖進香飲食的文化意涵初探〉，臺南大學《台灣文化研究所學報》第二期，頁275-297。

後，信眾仍然跟隨進香的理由，因為對信徒而言，跟隨大甲媽祖進香的重要理由是「還願」與大甲媽祖的靈驗，「香火」對信徒的重要性，值得再思考。

　　但是「添加靈力」就不重要了嗎？其實還是重要的，尤其是對於鎮瀾宮的管理者而言，早期鎮瀾宮香火並無北港興盛，透過北港進香，希望得到加持與吸引信徒前來，因為北港媽祖的強大神力，被分到大甲來，所以大甲用「換錯媽祖」的傳說來宣傳，這或許對早期的信徒是重要的，因為這樣媽祖，才能持續有強大的靈力保佑他。

　　當大甲媽祖的「靈力」「越來越大」時，而信徒也世代更迭，新一代信徒直接接觸大甲媽祖的「靈力」，對他而言是大甲媽祖就會保佑，而不是透過「刈火」儀式，間接取得北港媽祖的保佑。因為他所認知的是大甲媽祖的直接神力，與北港媽祖沒有太大的關連，對於這新一代的信徒，沒有這樣的「歷史記憶」，所以到底去不去北港，或進不進行刈火，對他們而言，同樣不那麼重要。這些關於信徒觀點的思考，或許說明信徒對於改變進香地點與香火儀式的看法。

（四）儀式中心的轉變－從點到線

　　進香名稱的改變，可以理解廟方人員對進香「意義」說法的變化。「北港進香」是以北港為重心，從香火儀式表示，大甲是需要依附北港，在北港之下，其重要目的是在「增加靈力」。而取消香火儀式的「遶境進香」，不帶上下輩份的意義，其重要目的為「遶境」，有巡視其信仰區域的意涵，所經過的區域都是大甲媽祖靈力可達的區域。

「點」的儀式中心，指的是以北港朝天宮為目的地的進香儀式，爐主或鎮瀾宮廟方以香火儀式為進香的核心儀式，也重視回鑾當天在大甲踩街的規模，因為北港進香的重點在路程兩端，目的端是如何獲取北港媽祖的香火靈力，返回點的大甲踩街則是地方的廟宇盛會，整合與展現各樣的地方勢力。而改變進香地點、名稱與儀式之後，整個儀式的中心也轉變的以「線」為中心，線是指從終點轉變到進香沿途，廟方所重視的儀式中心，變成路上所受到歡迎程度，而不是單單注重祝壽大典以及回鑾，廟方更重視於進香後，展示沿途所收的金牌，以及香油錢，代表此次沿途信徒的「熱誠」。

　　而對於一般信眾而言，其對於媽祖的契約關係（許願與還願），可以依自己能力調整，信徒參與進香可以全程參與、三天、一天（參加祝壽典禮）、或是接送媽祖出城【46】，還願的『標的』是以參與祝壽大典，或是完整參與進香為最多。信徒會自我建立與媽祖的契約關係，儀式名稱改變對於信徒影響不大。但因知名度與影響力漸增，吸引大量沿途信徒與外來信眾【47】，信眾也發展出自己的儀式核心，信徒自我選擇自己住家附近或是方便的路程，跟隨一定路程，作為還願的方式，這與傳統上選擇一、三天以參加祝壽大典的信徒不一樣，不以祝壽大典為契約核心。

【46】大甲地區信徒習慣上無法參加進香，但一定要送媽祖出城以及到城外接媽祖，城是指大甲舊城，目前已經不存在，不過因為進香規模太大，習慣大致都在，只是地點隨個人方便有所調整。

【47】非大甲移民的外來信眾，受傳媒或人際傳播影響而來的信眾。

三、進香儀式的再造

　　進香目的地改到新港後，儀式產生重大變化，首先取消「添火」儀式，取消添火儀式之後，鎮瀾宮於是在進香回駕時，設置「回駕典禮」取代，而同時也決定將甫自湄洲祖廟迎回的媽祖列入進香團行列，加上原來的兩尊媽祖，共三尊媽祖「遶境進香」【48】。改為到新港遶境議題抄作與鎮瀾宮的媒體動員成功，引起台灣各界的注意，並吸引媒體的大量報導，鎮瀾宮開始思考進香儀式與隊伍的精緻化。

（一）進香隊伍的精緻化

　　鎮瀾宮為改善進香活動，發起幾項改變，第一個改善丟金紙的習慣，信徒沿路會灑金紙作為「路錢」，尤其是經過橋樑時，但是因為造成髒亂，影響觀瞻，所以就統一由祭典組來負責「路錢」的動作，以減少污染。另外要求各香不得聘用電子琴花車，要求進香隊伍不能有「妨礙風俗」的表演，近年雖然有恢復的跡象，但的確革除過一段時間。後來因為環保問題，在民國83年（1994）創立環保組，負責清掃媽祖遶境後所產生的垃圾，但在幾年後，因為某些因素取消該組。另外是要求各團隊必須穿著制服，尤其是五個神偶團體，因為幾乎上半身都只穿白色內衣不好看，所以特別要求穿著制服，以求攝影的美觀【49】。而另外各團隊也將自己在進香途中所使用的鼓車

【48】〈進香不是回娘家 大甲媽祖要正名〉，《聯合報》1988-02-29，16版。
【49】董振雄先生口述，訪問於2004年3月21日。

或置物車，改裝成較美觀的車輛，而鎮瀾宮也要求各香準備花車，隨著進香團隊前往遶境，以求美觀與壯大聲勢。

（二）儀式的確立與精緻化

鎮瀾宮也在其進香儀式隊伍上進行調整，首先是慢慢增加繡旗的數量，以更壯大聲勢，規模最大時達三百二十支，目前大都維持在兩百六十支左右，另外也參考相關資料，調整三十六執士的陣容，將彩排調往前，並增設數面彩排與五營旗及印令。也參考相關資料對進香隊伍進行調整與排序，調整的過程見表3-1【50】【51】，以上這些都可以看出鎮瀾宮在進香儀式隊伍上的一些精緻化的過程，企圖呈現更好的儀式隊伍。

另外在儀式的部分，開始慢慢成形與確立八大儀式，成形與確立的過程會在下一部分來討論，但是可以確定，在各項儀式上，可以看出鎮瀾宮在本時期對進香儀式精緻化的各項用心，就以簡單的祭品擺設來看，從下列兩張照片看出鎮瀾宮對儀式祭品擺設的差別。

【50】黃嬝竹，〈大甲媽祖進香記〉，《民俗曲藝》25期，頁24-36，1983。

【51】80、83年進香工作手冊。

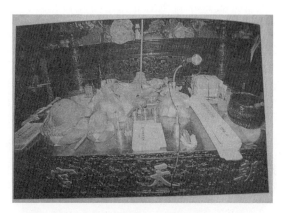

圖 3-2　北港時期祝壽大典擺設祭品的神桌

資料來源：黃美英，《台灣媽祖的香火與儀式》，頁125。

圖 3-3　2003年祝壽大典擺設祭品的神桌

資料來源：筆者攝於2003大甲媽進香祝壽大典，地點為新港奉天宮外。

表3-1　大甲媽祖進香隊伍排序變化表

60年左右	72年[50]	80年[51]	85年	90年
頭旗、頭燈、三仙旗				
開路鼓				
大鼓陣				
各香隊伍（頭香、貳香、參香、贊香）				
繡旗隊	繡旗隊	繡旗隊	繡旗隊	繡旗隊
三十六執士	三十六執士	福德彌勒團	福德彌勒團	福德彌勒團
——	福德彌勒團	彌勒團	彌勒團	彌勒團
——	彌勒團	太子團	太子團	太子團
——	——	神童團	神童團	神童團
——	神童團	莊儀團	莊儀團	哨角隊
莊儀團含神童	莊儀團	三十六執士	哨角隊	莊儀團
哨角隊	哨角隊	哨角隊	三十六執士	三十六執士
轎前吹	轎前吹	轎前吹	轎前吹	轎前吹
令旗、涼傘	令旗、涼傘	令旗、涼傘	令旗、涼傘	令旗、涼傘
神轎				
隨香人員				

資料來源：各年進香工作手冊，其餘詳見註釋。

（三）移民搶香團體帶來的儀式改變

　　張珣在其研究中也觀察到移民搶香團體對於儀式所帶來的改變，因為搶香團體增多，鎮瀾宮為了平息爭端，在民國89年（1990）除了原有的三個香之外，增設「贊香」以平息爭端，另外民國90年開始，到達新港奉天宮，於董監事舉行駐駕典禮完成後，開放各香也另行準備祭品，舉行祭拜儀式，在這之前是不被允許的【52】，在開放各香辦理祭典活動之後，其他進香團隊也紛紛跟進，目前祭典儀式已經從駐駕典禮排到祈福典禮，持續而不間斷【53】。

（四）「八大儀式」的產生與定名

　　「八大儀式」【54】是大甲媽祖進香中，廟方舉辦八個重要的儀式與典禮，「八大儀式」的定名與文化節活動及電視轉播作業有著重要的關連，但是八大儀式卻不是因此而憑空產生，這些儀式的產生與定名，都是因為進香過程中的需要，而慢慢建立，下面就八大儀式產生的過程作一說明：

　　1.祈安典禮

　　進香前一日（出發當天）在大甲鎮瀾宮大殿舉行，誦經讀疏，向天上聖母稟明今年遶境，祈求媽祖庇佑全體參加之人員，平安順利。以前只有簡單的誦經儀式，董監事派員跟著祭拜，之後將簡單的誦經儀式「典禮化」，加上各項獻供與讀祝

【52】張珣，《文化媽祖：台灣媽祖信仰研究論文集》，頁125-132。

【53】2009年因為儀式過於冗長，鎮瀾宮於要求各團隊暫停舉辦相關儀式。

【54】鎮瀾宮為宣傳於2008年又將儀式擴大為十大儀式（加上豎頭旗與安營）。

文的儀式，形成祈安典禮。

2.上轎典禮

上轎典禮於進香前一日（出發當天）舉行，在祈安典禮完畢，由「知名人士」恭請三尊進香媽祖神像登轎。上轎典禮當初也並未定名，只是由誦經團誦經，並舉行「淨轎」之後，由董事長與董監事們請媽祖上轎而已，但約在民國88年（1999）邀請當時的副總統連戰請媽祖上轎之後，這個儀式就開始固定下來，開始請各政治人物前來請媽祖上轎，成為政治人物在進香儀式中經常出現的場合。

3.起駕典禮

在起駕前，鎮瀾宮董監事率領信徒，跪在天上聖母轎前，舉行各項獻禮，並恭請媽祖起駕遶境，庇佑眾人隨駕進香一路平安。原本單純的起駕儀式，之前只有董事長持清香祭拜媽祖之後，即開始起駕，由董事長扶轎出發，在民國86年（1997）由當時的省長宋楚瑜加入扶轎行列，為了讓省長「有面子」，儀式更加隆重，所以也將此儀式精緻與繁複化，加上各項獻供的儀式，並且開始訂為「起駕典禮」【55】，這個儀式也成為相關政治人物的「專利」，而出發前放三響「起馬炮」的儀式，原本單純由鎮瀾宮廟方人員與炮竹團施放，開始也變成由不同的政治人物輪流施放，亦成為政治人物在進香儀式中經常出現的場合。

【55】採訪某位鎮瀾宮董監事，2003年4月7日。

4.駐駕典禮

到達新港奉天宮後，媽祖離轎，登殿安座，董監事率領隨香眾人在奉天宮誦經讀疏，感謝媽祖庇佑，全體平安抵達新港，叩謝神恩。在北港進香的年代，當時只有簡單的誦經團誦經，民國71年（1982）時，在行程表中才出現「落馬誦經」儀式【56】，要求全體董監事參加，在進香目的地改到新港奉天宮之後，該儀式稱為「駐駕誦經」，民國88年正式定名稱為「駐駕典禮」【57】。

5.祈福典禮

進香第四天（祝壽大典舉辦當天）凌晨五點在奉天宮大殿，為所有在鎮瀾宮參加點光明燈拜斗的信徒所舉行，祈求媽祖賜福於眾人。在北港進香年代，筆者參閱民國68年到72年（1978－1983）的進香行程表【58】，還未見到本儀式排定於表內，但在民國76年的進香行程表內【59】，已經見到「消災點燈拜斗會誦經」的行程排定，由於筆者未收集到民國73年到75年間的進香手冊，但筆者推估應該是在民國73年到76年間形成這個儀式，根據黃敦厚所提供的資料，也認為大概在董監事接手進香活動後數年，才開始產生這個儀式，產生的原因是

【56】王嵩山，〈戲曲與宗教活動─大甲進香之例〉文中所附的進香行程表，《民俗曲藝》，25期，頁91-118。

【57】民國八十八年（1999）進香手冊。

【58】王嵩山，〈戲曲與宗教活動─大甲進香之例〉文中所附的進香行程表，《民俗曲藝》，25期，頁91-118。

【59】台中縣立文化中心，《大甲媽祖進香》，頁54-57。

因為董監事認為在鎮瀾宮點燈的信徒可能無暇參加進香，因此
趁空檔時間，為信徒舉辦這項儀式。進香目的地改到新港後
仍可見「消災拜斗點燈會誦經」的行程排定【60】，在民國83年
（1994），進香手冊已經排定為「消災祈福誦經典禮」，民國
88年正式定名稱之為祈福典禮【61】。

6.祝壽典禮

進香第四天，董監事率所有隨香信徒，齊聚在奉天宮
前，一起為天上聖母祝壽，虔心祝禱，誦經讀疏，祝賀媽祖
壽誕之典禮儀式。早期在北港進香之時，本典禮大甲人稱之
為「拜祖」，民國64年（1975）鎮瀾宮管理委員會接辦進香
後，將進香中的「謁祖典禮」改成「祝壽大典」【62】，本典禮
也就依此定名，在進香改道新港奉天宮之後，舉辦此典禮，稱
之為「祝壽典禮」。原本儀式都在廟中大殿舉行，在民國90年
（2001）為配合越來越多的參與人員，奉天宮內場地較小，將
祝壽大典從廟內，移出來廟外搭台舉行，以求典禮的壯觀與讓
更多人員的參與。

7.回駕典禮

進香第四天晚上，準備離開新港，回駕前夕，董監事率
所有信徒，舉辦各項獻禮，並恭請三尊進香媽祖登轎。早期北
港進香這個儀式，重點在於「香火儀式」，被稱為「割火」，

【60】董振雄，〈大甲鎮瀾宮戊辰年天上聖母遶境進香記〉文中所附的進香行程
表，《民俗曲藝》，53期，頁26-28。

【61】民國八十八年（1999）進香手冊。

【62】董振雄，《心靈原鄉：大甲媽新港行》，頁8。

民國64年（1975）鎮瀾宮管理委員會接辦進香後，將「割火」
改成「添火儀式」【63】。改道新港奉天宮之後，取消「香火儀
式」，當時鎮瀾宮就思考，取消香火儀式之後，如何「回駕」
的問題，當時負責祭典的董振雄先生就說：「取消添火儀式
後，回駕時沒有儀式，但又不能將媽祖請了就走，所以就產生
這個儀式，來替代原有的儀式」，在媽祖請上神轎前舉辦誦經
以及獻供的儀式【64】。

　8.安座典禮

　　進香最後一日回到大甲鎮瀾宮，進香媽祖神像登殿安
座，舉辦誦經及獻供的儀式，董監事率眾人叩謝媽祖庇佑。在
早期北港進香時，媽祖回程之後最重要的事，是將從北港朝天
宮所帶回的「香火」放入鎮瀾宮香爐內的「添火」儀式，所以
回駕當時只是把媽祖神像請回神龕內，誦經等其他儀式，都另
行「擲杯」時間與「添火」儀式一同舉行。改到新港奉天宮之
後，取消「香火儀式」，鎮瀾宮將相關儀式就安排在當天舉
行，民國80年（1991）已經見到進香手冊將此儀式定名為「安
座典禮」。

【63】董振雄，《心靈原鄉：大甲媽新港行》，頁8。

【64】採訪董振雄於2005年4月8日。

表3-2　「八大儀式」的產生與定名一覽表[65]。

變化情形／儀式名稱	北港時期（？－1987）		新港時期（1988－）		正式定名	
	年代記載	儀式名稱	年代記載	儀式名稱	年代記載	儀式名稱
祈安典禮	－	誦經儀式	1988	誦經儀式	1999	祈安典禮
上轎典禮	－	淨轎請神	1988	淨轎請神	1999	上轎典禮
起駕典禮	－	起駕	1988	起駕[65]	1999	起駕典禮
駐駕典禮	1982	落馬誦經	1988	駐駕誦經	1999	駐駕典禮
祈福典禮	1987	消災點燈拜斗會誦經	1988	消災拜斗點燈會誦經	1999	祈福典禮
			1994	消災祈福誦經典禮		
祝壽典禮	－	拜祖	1988	祝壽典禮	1988	祝壽典禮
	1975	祝壽大典				
回駕典禮	？－1974	割火	1988	回駕典禮	1988	回駕典禮
	1975	添火				
安座典禮	－	添火	1988	安座誦經	1991	安座典禮

資料來源：各年進香行程表，董振雄、洪定雄等人口述資料。

[65] 八十六年（1997）後開始「典禮化」，八十八年（1999）左右正式定名。

四、現代需求下的進香活動

　　宗教進香活動在華人世界有很長的歷史，擁有大量南中國移民的台灣，也同樣擁有眾多的進香儀式，各自不同的歷史與文化，但都為宗教需求而舉辦，台灣目前仍擁有許多不同規模的進香儀式，但是現代台灣社會的不同需求，各地儀式也有不同的改變。大甲媽祖進香是目前台灣規模最大的進香活動，影響台灣社會，同時也受其影響。

（一）大甲媽祖進香「國際化」的企圖

　　大甲媽祖進香「國際化」的企圖，要分成兩部分來談，第一個是政府公部門的推展，另一個是鎮瀾宮本身的推展。政府推展的部份是交通部觀光局將大甲媽祖定為台灣十二大節慶活動，積極對外宣傳，而新聞局拍攝的多部媽祖紀錄片，包括「台灣媽祖婆」、與世界性的媒體Discovery合作的媽祖紀錄片，都以大甲媽祖進香為拍攝主體，透過全球性的媒體播放，都讓大甲媽祖進香有世界性的知名度。另外是在民國九十一年（2002）台中縣政府將地方性的台中縣大甲媽祖文化節，改為台中縣大甲媽祖「國際」文化節，加強「國際化」，引進國際性表演團隊與對國際進行觀光宣傳，筆者訪問台中縣副縣長張壯熙時，他說明：「舉辦這幾年下來，的確「國際化」程度不足，因為吸引國外的觀光客還太少」，雖然效果目前還有限，但是的確為大甲媽祖進香打開國際知名度。[66]

【66】採訪台中縣副縣長張壯熙，2004/12/22。

大甲媽祖進香的「國際化」，另一部份是鎮瀾宮本身的關係，因為大甲媽祖進香的盛大場面，吸引中國與澳門地區的注意，在開放大陸媒體來台後，都會對大甲媽祖進香活動報導【67】，而在2001年後，澳門地區的媽祖廟都會前來參與大甲媽祖進香【68】，另外是透過台商將大甲媽祖分靈到東南亞區域，這幾年泰國等地的台商，也會組團前來參與大甲媽祖的遶境活動。這幾年在公部門與鎮瀾宮的推展，開啟大甲媽祖的「國際化」。

（二）政治、媒體與觀光化下的儀式現象

　　大甲媽祖進香活動在近二十年，受到台灣各界的注意與矚目，也對其進香儀式開始產生影響，一開始是鎮瀾宮為壯大聲勢，請來政治人物參與以及邀請媒體報導擴大宣傳，後來卻反而受到其影響產生一些儀式變化，尤其在台灣電子媒體成立多個新聞台之後，對於大甲媽祖進香活動加以全程報導及時況轉播，更引發相關效應，例如原本在進香活動中的各項儀式，因為轉播需要將其訂為「八大儀式」，以方便解說，另外在舉辦觀光文化節的影響下，也開始增加與產生許多儀式，這都是近十年在政治、媒體與觀光化的影響下，所產生新的儀式現象。

　　1.八大儀式的「成形」

　　「八大儀式」的「成形」，其實與電視轉播作業有相當

【67】採訪中國中央電視台駐台記者張文靜，2004/4/19。

【68】澳門天后宮管理委員會副主任梁文星，2002/4/12。

大的關係，雖然儀式本身並不是因為電視轉播作業而產生，但卻是為了因應電視轉播作業需要，而產生將其「定名」。當時負責「定名」的董振雄先生與黃敦厚老師即表示當初在1999與2000年左右，多家電子媒體前來採訪，為方便解說與轉播作業，就將部分未定名的儀式定名，所以才產生現在的「八大儀式」[69]，而配合各項的電視轉播作業，對於典禮會場更採取精緻化的布置。民國90年為配合越來越多的參與人員，奉天宮內場地較小，將祝壽大典從廟內，移出來廟外搭台舉行，以求典禮的壯觀與讓更多人員的參與，而另一個重要的目的是方便電視轉播，以及現場轉播的場面美觀。

2.非宗教儀式的產生

近幾年政治、媒體與觀光化的影響，在大甲媽祖進香途中，產生許多以宗教儀式為名，但實際上並非以宗教為主要目的的儀式行為，如許多的「祈福儀式」與「接駕儀式」。

「祈福儀式」並非與進香活動中的祈福儀式有關，通常與文化節與商業活動有關，當文化節進行開幕或相關活動時，就會由縣長或文化局長舉辦一次「祈福儀式」；另外許多想搭大甲媽祖進香熱潮的商業機構，不管是為新產品宣傳、捐贈物品或提供服務給鎮瀾宮，或是與鎮瀾宮合作推出相關商品，也都會舉辦「祈福儀式」，作為一個重要的宣傳活動。另外為配合文化節的活動，在幾年前，元宵節擲杯決定進香日期前降下長明燈引火到鎮瀾宮廣場，讓民眾接引長明燈回家，現在則是

---

[69] 採訪董振雄先生與黃敦厚老師於2005年4月8日。

變成每年元宵節儀式的一部份，就是因文化活動而產生的儀式。

「接駕儀式」一般常見於沿途各寺廟來迎接進香隊伍，但是政治人物與機構也會安排機會來舉行「接駕儀式」，其中尤其以各縣市政府為最大，在出發當天，台中縣政府即在大甲市郊搭起「國際觀禮台」，讓來賓在台上觀看遊行隊伍，媽祖神轎到達時，也會下台到神轎前舉行儀式。大甲媽祖遶境，經過縣市交界時，各縣縣長或重要地方政治人物都會前來接駕，尤其以雲林與嘉義最為隆重，「搭台」迎接媽祖，彰化縣雖未搭台迎接，但信仰基督教時任縣長的翁金珠，仍會獻花迎接大甲媽祖，可見大甲媽祖的「魅力」。

另外則是鎮瀾宮將進香活動，進行各項的行銷，在2002到2004年發行「平安護照」，讓信徒可以沿途蓋印，設計這本「平安護照」的主要目的是為讓信徒能夠都到達每間廟宇，促進廟宇的「收入」，並讓信徒在進香後，可以作為該年進香紀念之用【70】。2005年鎮瀾宮則舉辦「健康步行」抽獎大贈送，這是某汽車廠商結合的宣傳活動，鎮瀾宮也企圖透過活動吸引更多人潮，前來參與進香。

（三）本土文化象徵與身體實踐

台灣長期處於被外來文化殖民的情況，一直積極尋找作為自己文化的象徵，各種民俗活動也成為一種認同象徵，尤其

【70】採訪董振雄先生2004年9月30日。

近代以身體勞動（步行、工作等）貼近文化，一種身體實踐風潮在台灣興起，受媒體矚目的大甲媽祖進香成為一種新台灣的文化象徵之一【71】，另外如白沙屯媽祖進香也成為文化象徵之一，其特殊性更是受到藝文界的重視。在此風潮之下，不管是政府的各項文宣、學生的課本，大甲媽祖都成為重要的「台灣」文化之一，尤其近十年台灣興起體驗本土文化的風潮，也吸引更多人前來參與體驗，台灣的許多大學都組織學生前來參與進香，讓學生體驗朝聖的過程與辛勞。而媽祖進香也為最容易接近的台灣文化象徵，很多人透過參與進香，來重新認識台灣的本土文化，也是目前重要的現象。透過進香的身體勞動與在地民眾相處等方式，用身體來實踐自己對於這片土地的認同。

　　大甲媽祖進香吸引將進香視為鍛鍊過程的參與者，這些參與者不一定有任何的宗教信仰，而是把進香當作思考人生方向或是自我鍛鍊的一種方式，把八天當成一種苦行儀式，作為對自己的一種身心鍛鍊或是每年重新思考人生的修練。

【71】相對於過去被視為迷信與浪費，而現在成為一種文化體驗。

第三節　進香主導權轉移與儀式的開放

　　大甲媽祖的進香活動，成為傳播大甲媽祖信仰的重要場域，在戰後幾十年間，從數百人的地區性信仰活動，轉變成席捲數百萬人的跨區域活動，這樣的成長與儀式主導權，從不確定對象的爐主中改到廟方，而參與的對象也從大甲地區，擴展到區域外，並透過儀式的開放，讓各地資源的進入，塑造成龐大的進香活動。

一、儀式主導權的變化

　　大甲媽祖進香活動透過不同主導儀式的人，讓大甲媽祖進香，也呈現了不同的變化與發展，從爐主制度改到廟方主導，廟方主導人物也從商人轉變到政治人物，這些改變讓進香儀式不斷產生變化。

（一）廢爐主與內部力量的整合

　　民國63年（1974）鎮瀾宮因為相關因素停止爐主制度【72】，從64年起進香改由廟方負責，這樣的決定對於鎮瀾宮的發展，有著重大的影響，因為將廟務與進香事務統一到廟方手中，廟方可以更有效的經營管理。早期進香活動都由爐主等相關人員負責，成員並不固定，無法經驗累積與有效傳承，且資源無法有效的累積與運用。在由廟方統一辦理後，經驗累積

【72】詳見第二章的討論。

與事權的統一，讓廟方可以長期「經營」進香活動，逐步精緻化與擴大規模。曾擔任過頭家的董振雄先生就回憶當時爐主制度的時候，進香活動上屆交代下屆，有時都還交代不清，所以幾乎都只能依循往例，幾乎不敢作任何改變，當變成管理委員會後，才開始有比較多的變化，所以廟方在主導進香活動的第一年（1975）就將進香中的「謁祖典禮」改成「祝壽大典」，也將「割火儀式」改成「添火儀式」[73]。

　　而進香活動主導權從爐主移轉到廟方時，也代表儀式主導權的開放與擴大儀式參與的層面，因為早期爐主只能由大甲市區的四里（朝陽、孔門、大甲、順天）居民有資格擔任，雖然後期有開放到大甲鎮中心商業區的十二里內[74]，但是儀式的主導權還是掌控在市中心的仕紳中，在進香主導權移轉到廟方管理委員會後，管理委員會的成員來自信仰區域內的四個鄉鎮，雖然主導權還是在大甲鎮內主委手中，但是外圍日南、大安、外埔、后里等地區的仕紳，已經可以參與整個儀式的決策權，透過這樣的開放，也引進更多資源到進香儀式中。

　　而進香負責成員固定化之後，連帶對進香團隊成員的固定與成長，有著一定的作用，因為早期進香都是爐主找人來「鬥腳手」，雖然有固定的人在召集協助，但畢竟都還是被動由爐主「請」來的，在廟方接手管理之後，這些團隊也才慢慢形成固定的組織，而部分委員也參與進香組織的運作[75]，協

---

[73] 董振雄，《心靈原鄉：大甲媽新港行》，頁8。

[74] 張珣，《文化媽祖：台灣媽祖信仰研究論文集》，頁112。

[75] 像沈誌賢參與交通隊、黃德治與董振雄參與莊儀團等。

助進香團隊與成員能夠固定化與繼續成長。

（二）董監事會成員的影響

　　財團法人化後，管理階層也從地方家族的士紳，慢慢轉變成以商人與地方型政治人物，以企業化經營廟務，對於進香活動也採取更多元的經營理念與手法，讓進香活動更加完備，另由全體董監事與職員進行分組分工，讓進香組織趨於完善，也讓各項儀式做更好的呈現。

　　董監事會也引進各方資源到進香活動中，例如要大甲地區的廠商贊助進香活動，或是引進大甲地區外來移民擔任各香【76】，讓外部資源可以挹注進香活動，而參與地方政治的董監事，則是發動公部門或農會的參與，像長期大甲地區各公所與農會都會出動花車，參與大甲媽祖回鑾在大甲市區的遶境。另外在管理成員參與「中央政治」之後，也引進中央部會與國營事業的資源，對於鎮瀾宮推動各項活動，有其助益，也吸引全台性的大公司參與或贊助大甲媽祖的相關文化活動。

二、進香團隊的組成與變化

　　大甲媽祖進香隊伍，分成儀式隊伍、服務與隨香隊伍、各「香」三個部份，儀式隊伍、服務與隨香隊伍的組成與變化，將在此部份討論，「香」的部份將在下面再進行討論。戰後初期的進香隊伍成員不多，除負責大轎與香擔的少數人員之外，成員並不固定，在民國50年（1960）左右，參與的成員才

【76】詳見張珣，《文化媽祖：台灣媽祖信仰研究論文集》，頁132-176。

漸漸增多，在民國60年（1970）之後，成員才透過成立神明會的方式固定下來，並開始擴大組織規模，構成現在龐大的進香隊伍。

　　目前儀式隊伍有報馬仔、頭旗、頭燈、三仙旗、開路鼓、繡旗隊、爆竹團、彌勒團、太子團、神童團、哨角隊與馬頭鑼、莊儀團、卅六執士、轎前吹、涼傘、馬頭鑼、令旗、神轎班等，服務與隨香隊伍有收付組、交通隊、炮竹團、水電組、自行車團、機車團等。

（一）戰後早期的進香隊伍（1934-1960）[77]

　　戰後初期的進香隊伍成員不多，據葉金鑾回憶戰後初期的進香隊伍，當時只有頭旗、哨角兩支、香擔、大轎等前往進香，人數不過幾十人，而據筆者訪問在民國50（1960）年代參與過進香的相關工作人員[78]，回憶當時的進香隊伍，大約只有頭旗一支，哨角兩支，三十六執士，大轎班等工作人員，而且只有一班制，不像現在分成多班輪流，而當時主要參與進香團隊的人，都由爐主來「叫」來的（募集），早期都透過大安溪州的王明德與後來加入大甲橫圳的王秋旺兩人來召集參與，所以這些基礎團隊一開始也都由這兩村莊的人組成。在戰後初

---

[77] 戰後大甲媽祖什麼時候恢復進香，與二二八事件對於進香的影響，目前無太多資料顯示，根據筆者調查，只知大約二二八事件當年（1947）是沒有下去進香的，但什麼時候恢復進香，並不清楚。

[78] 洪定雄，從民國50年參與大轎班工作至今，現參與頭旗的工作；蔡茂雄，民國48、49、50年參與三十六執士的工作，後來斷斷續續參與進香活動，現在參與三十六執士的工作。

期到民國五十年，主要參與進香的工作人員，除了擔任頭家
爐主的大甲街上的人之外，幾乎都是由溪州與橫圳兩庄的人
來負責，而後來因故在民國五十年前後，這兩庄的人「重新分
配」，大轎班與香擔組就分成溪洲（海口）班與橫圳班，兩年
對輪一次，當年負責香擔組的庄頭，也要負責頭旗班的工作，
而哨角則是全權由橫圳負責。另外則是有隨駕劇團，由大甲街
上的子弟戲團，有武曲里的雅頌齋、孔門里的成樂軒、平安里
的鳳霓園、文武里的韶音社，頂店里的霓聲齋等五團，五年一
輪隨駕演戲【79】，這個時期也是大甲子弟戲最興盛的時期，在
進香與媽祖生前後，常常在鎮瀾宮前拼戲。

　　在民國50年代以前的進香隊伍成員，大致為由擔任爐主
頭家的大甲街上的人、擔任儀式隊伍溪州與橫圳兩庄的人、負
責隨駕戲的街內五個子弟戲劇團等少數的人全程參與進香活
動。在大甲媽祖信仰區域內的其他的人，主要參與進香活動是
送駕與接駕，尤其在媽祖回鑾時，大甲地區內的各個武館獅陣
會前來迎接媽祖，並跟隨媽祖來共同遶境大甲市區。

（二）基礎團隊的建立與成形（1960-1980）

　　現在的進香各團隊，不管是儀式隊伍、服務與隨香隊伍
都是在這二十年間成立，或是成立神明會，開始固定組織成
員【80】。本時期參與進香活動的人員已經增多，參與者也從街

【79】王嵩山，〈戲曲與宗教活動－大甲進香之例〉文中所附的進香行程表，
　　《民俗曲藝》，25期，頁91-118。

【80】各組織成立與組織神明會的時間請見下章3大甲媽祖進香團隊成立與組織
　　神明會時間表。

面上的民眾，與街外溪州、橫圳兩庄的人，擴展到其他社區，而新成立的這些團隊，也沒較明確的地域限制，雖然主要成員在相同人際網絡下組成，但參與的成員已經散佈信仰區域內，而由溪洲負責的頭旗班、橫圳負責香擔組，溪洲（海口）班與橫圳班兩年一輪的大轎班，在此時，也開始慢慢將成員擴展到鄰近的村莊。除了參與進香隊伍的人，開始擴展，不再僅限於這些區域。而其他像德化、鐵山、西安、大安鎮安宮等的社區鑼鼓隊，也都曾參與某幾年的進香。

（三）團隊成員的擴大參與（1980－）

　　進香基礎團隊成形後，最初以創團成員人脈為主的組成方式，也漸漸受到改變，以神童團為例，成立當初參與成員以團長在大甲地區的社區人脈為主，後來隨著各團的擴展已經是遍佈四個鄉鎮。

　　隨著大甲媽祖信仰的拓展，參與進香團隊的人，也有越來越多其他地區前來參與。屬於開放性團體的繡旗隊與執士隊，在2004年詢問領隊時，領隊說明參與的人員已經大概三分之一以上都非大甲地區民眾，筆者雖然無法掌握整體變化的確切數字，但是採訪各進香團隊時，他們都表示這十幾年來參與進香團隊的人，「外地人」有陸續增多的現象，其成員有三個來源，第一是大甲地區鄰近的鄉鎮，第二個遶境所經過鄉鎮的居民，第三是擁有大甲媽祖「靈驗」經驗的信徒。

　　成員來自大甲地區鄰近的鄉鎮，以台中清水、沙鹿、豐原、東勢，苗栗的苑裡、後龍等區域，原因多是因為他們本來即有祭拜大甲媽祖的習慣，或是透過居住在大甲的親朋介紹加

入。第二是遶境所經過鄉鎮的居民，原因大致上是因為祭拜大甲媽祖的「靈感」經驗，前來還願，或者各廟的團隊成員與鎮瀾宮團隊熟識，所以經介紹而加入，第三是擁有大甲媽祖「靈驗」經驗的信徒，這些是不定居住於哪裡的信徒，他們共同的特色就是擁有大甲媽祖的「靈驗」經驗，所以前來還願，這類的信徒以參加繡旗隊與執士隊為主。

三、香的組織與外部資源的引入

　　大甲媽祖進香中重要的一個組織「香」，他除了幫鎮瀾宮壯大聲勢與節省資源外，更透過參與「香」的各種組織成員，引進外部資源，與帶領更多的人前來參與進香活動。

（一）香的組織與功能

　　大甲街鎮蘭宮[81]北港聖母。十三日往北港進香。鑾駕歸來日。帽子團。巧聖團。大甲驛團。敢商團。雜貨團。吳服團。福州團。金銀細工團。熱心鼓舞。有藝閣獅陣。音樂隊。南管北管車鼓其外不計其數。各團用各色旗樣。燦耀奪目。自大甲以來未有此也。又舊曆二十三天妃誕。各團依例欲搶頭二三香。正行準備。頭香帽子團。二香巧聖團。三香大甲驛員及運送人結團。屆時定有一番盛況也。

---

[81] 大正15年(民國15年、1926)4月14日臺灣日日新報第4頁。當時報紙將鎮「瀾」宮寫為鎮「蘭」宮，應為錯字。

大甲媽祖進香中，「香」這個組織的起源，已經不可考，但是在日治時期的日日新報上，有數則關於大甲媽祖進香的新聞報導，提到關於香的這個組織，除了可見當時大甲媽祖進香的熱鬧情況，也見到扮演重要角色的「香」的組織的出現，根據這份報紙推估，大甲媽祖進香中「香」的組織在1926年之前就應該存在。

　　「香」的組織，早期只有「頭香」、「貳香」、「參香」三個，後來在民國79年（1990）因為想擔任香的團體太多，所以增設「贊香」，一共四個團體，而這些香的功能，早期是要在大甲市郊「送駕」與「接駕」，接駕後要跟隨大甲媽祖在市區遶境，這團體要聘請陣頭與藝閣等，主要目的在壯大整個進香的隊伍陣容，早期並不跟大甲媽祖前往八天遶境，後來才跟隨大甲媽祖八天遶境，不管是當時只在大甲「送駕」與「接駕」，或是全程八天跟隨遶境，其主要功能都是在「壯大陣容」，但是隨著搶香團體開始由大甲的移民所組成的神明會擔任，以及鎮瀾宮開始快速的發展，這些擔任香的團體，也要負起支付相關廣告與媒體的部分經費的責任。但同樣的鎮瀾宮也給予負擔這些義務的搶香團體一項特權，在進香回駕封轎之後，能夠接駕，並由頭人親手插上三枝線香在大轎內的香爐中，稱之為「獻香」。

　　要擔任香的團體，必須在鎮瀾宮元宵節杯選進香時間後，拿紅紙前來張貼自己預計擔任哪一香，因為競爭的人很多，所以這個動作就被稱做「搶香」。但大約在七十二年（1983）之後，搶香的團體數增多，鎮瀾宮不得不採取事先

協調的方式，磋商出擔任各香的團體【82】。根據黃敦厚的研究「香」組織的一些看法：

> 相傳清朝大甲五十三庄的頭人聚議之初，原有五十三庄
> 輪值媽祖進香接駕踩街之議，但因五十三年才輪到一
> 次，時間的差距過長，加上各庄貧富不均，唯恐有的庄
> 頭負擔不起，因此以搶香的方式，讓有意爭取的庄頭以
> 「頭香」「貳香」「參香」的名義，負責遊行的一切活
> 動，然而給予一項特權，即進香回駕封轎之後，能夠接
> 駕獻香，並由頭人親手插上三枝線香在大轎內的香爐
> 中【83】。

黃敦厚的研究說明，早期搶香的團體，可能是以庄頭為單位進行搶香，日治時期則可看出有職業團、庄頭、子弟館（曲館）來搶香，戰後早期主要由大甲地區的各商業行號組成搶香團體，例如水電同業、菇農等。民國47年（1958）基隆的大甲移民就突破由大甲地區搶香的傳統，回來搶香擔任頭香【84】，但在民國60年（1971）之後，外界進入擔任各香才成為常態。在民國89年之後，就都由大甲鎮瀾宮分靈出去，所組成的神明會來擔任，擔任搶香團體的變化請見表3-3大甲媽祖進香中擔任「香」的團體一覽表。

【82】張珣，《文化媽祖：台灣媽祖信仰研究論文集》，頁128。

【83】黃敦厚，〈2005大甲媽祖教師研習團行前手冊〉，頁20。

【84】基隆聖安宮主委霜進春口述，2004.5.9採訪於大甲。

（二）「香」的開放與引入外部的資源

　　從表3-3大甲媽祖進香中擔任「香」的團體一覽表，可以看出在民國72年之前，雖然有大甲移民回來搶香，但是並不固定，但在民國72年之後，就可見外面的各種團體來擔任各香。擔任「香」的成員的拓展，對於大甲媽祖進香有幾項重要的意義。

　　1.信仰區域的擴展

　　擔任各香的團體，從大甲區域內擴展到外地，象徵參與大甲媽祖進香的成員，開始不限於大甲區域內，在民國72年已經出現中部地區台中、豐原團體來擔任各香的工作，民國89年後搶香團體更出現一南：屏東、一北：台北來擔任搶香團體，從搶香團體的變化，也象徵參與進香的成員，從大甲社區邁向中部地區，從中部地區邁向全台灣，更象徵大甲媽祖信仰區域的擴展。

　　2.外界資源的引入

　　擔任各香的團體，從大甲擴展到外地，帶進豐富的資源，原本進香的經費與人力，都由大甲地區內來募集，而當各香開放外地參與之後，外地資源開始進入，如經費、人脈等，對進香有所助益之外，也擴展鎮瀾宮勢力的影響範圍。

　　3.吸引更多信徒加入

　　擔任各香的團體，早期以大甲移民為主組成，參與進香活動時，透過其人脈進行號召，吸引其他人員加入進香。後來在各地成立神明會或分香子廟，這些團體沒擔任搶香團體時，也會參與進香活動，如基隆聖安宮、屏東慈聖宮、高雄寶瀾宮等，每年仍發起數百人前來參與遶境活動，透過擔任或曾擔任

過各香的團體，吸引更多人加入進香。

　　4.大甲地區資源的有效利用

　　原本進香的經費與人力，都由大甲地區內來募集，而當各香開放外地參與之後，帶進外地的資源，如經費、人脈等，除降低大甲地區的負擔之外，原本有意擔任各香團體的企業或個人，會轉而支持進香隊伍中的其他團隊，為其他團隊帶來更多的資源，如小林煎餅長期贊助太子團，大榮鋼鐵贊助莊儀團、神童團等【85】。

表3-3　大甲媽祖進香中擔任「香」的團體一覽表【86】、【87】

年代	頭　香	貳香	參香	贊香	備註	資料來源
1926	帽子團	巧聖團	大甲驛員及運送86人結團		日日新報	E
1931	未註明各香團體				日日新報	F
1932	山腳	六塊厝	鳳霓團		日日新報	I
1933	米商商團	鳳霓團	食物商團		日日新報	H
1934	十八庄管內	帽子商	香藥種商		日日新報	K
1948			棉布商團			C
1958	基隆大甲移民87(仙洞進香團，聖安宮前身)					D、E

【85】小林煎餅、大榮鋼鐵皆為大甲地區的廠商。

【86】大正15年(1926)4月14日臺灣日日新報第4頁。

【87】詳見張珣，〈大甲社區的研究：以媽祖進香活動為例〉。刊於《「社群」研究的省思》，陳文德、黃應貴主編，頁281。

(續)表3-3 大甲媽祖進香中擔任「香」的團體一覽表[88]、[89]

年代	頭 香	貳 香	參 香	贊 香	備 註	資料來源
1959	基隆大甲移民(仙洞進香團，聖安宮前身)					E
1960	基隆大甲移民(仙洞進香團，聖安宮前身)					E
1967	外埔鄉民一同	.			今年走山線，從豐原回來	C
1969	大甲地區水電同業（台電員工發起）					F
1971	高雄大甲移民[88](以廖永能招集)					E
1972	高雄大甲移民(以廖永能招集)					E
1973	高雄大甲移民(以廖永能招集)	旅居台北之大甲人(以蔡偕得為招集)[89]				D、E
1974	旅居台北之大甲人(蔡偕得、陳永霖為招集)					D
1975	旅居台北之大甲人(蔡偕得、陳永霖為招集)					D
1976	旅居台北之大甲人(蔡偕得、陳永霖為招集)					D
1977						C
1978	大甲地區菇農		台中市工商業團體			G

---

[88] 同前引，頁287。

[89] 同前引，頁287。

(續)表3-3 大甲媽祖進香中擔任「香」的團體一覽表【90】

年代	頭香	貳香	參香	贊香	備註	資料來源
1979	大甲地區菇農		台中市工商業團體		1979 后里菇農里 退出搶頭香	G
1980	大甲地區菇農		台中市工商業團體			G
1981		台中市工商業團體				G
1982		台中市工商業團體				G
1983	大里鄉廣三關係企業公司	台中市工商業團體	豐原、神岡代表：邱錦城、王水車			A
1984	台中天上聖母會	旅北志翔水電廚具公司	神岡：王水車 豐原：邱錦城 外埔：林振南			A
1985	台中天上聖母會	大甲、大安、外埔工商團體	小林煎餅			A
1986	台中天上聖母會	豐原慈航聖母會90	大新建設公司 大榮建築鋼架公司 大安電動捲門廠			A
1987	台中天上聖母會	豐原慈航聖母會	大新建設公司 大榮建築鋼架公司 大安電動捲門廠			A
1988	台中天上聖母會	豐原慈航聖母會	大新建設公司 大榮建築鋼架公司 大安電動捲門廠			A
1989	台中天上聖母會	豐原慈航聖母會	大新建設公司 大榮建築鋼架公司 大安電動捲門廠			A
1990	台北大甲媽祖聯誼會	豐原慈聖聖母會	屏東天上聖母會	台中天上聖母會	設立贊香	A

【90】後來於1990年更改名為慈聖聖母會。

(續)表3-3　大甲媽祖進香中擔任「香」的團體一覽表【91】

年代	頭香	貳香	參香	贊香	備註	資料來源
1991	台北大甲媽祖聯誼會	豐原慈聖聖母會	屏東天上聖母會	台中天上聖母會		A
1992	台北大甲媽祖聯誼會	豐原慈聖聖母會	屏東天上聖母會	台中天上聖母會		A
1993	豐原慈聖聖母會91	屏東天上聖母會	基隆聖安宮 台中市天上聖母會 台北大甲媽祖聯誼會		兩組贊香	A、B、C
1994	豐原慈聖聖母會	屏東天上聖母會	基隆聖安宮 台中市天上聖母會 台北市大甲媽祖聯誼會		兩組贊香	A、B、C
1995	豐原慈聖聖母會	屏東天上聖母會	基隆聖安宮 台中市天上聖母會 台北市大甲媽祖聯誼會		兩組贊香	A、B、C
1996	屏東慈聖宮	台北大甲媽祖聯誼會 聖鳳宮	高雄寶瀾宮 台中市天上聖母會 豐原慈聖聖母會		兩組贊香	A

【91】在1992.1993年度，張珣教授在其《文化媽祖》一書當中，所記載的頭香為
屏東天上聖母會，但在另篇發表於《思與言》中〈分香與進香─媽祖信仰
與人群的整合〉一文中記載為豐原慈聖聖母會，經筆者向鎮瀾宮查詢，前
者記載為錯誤，應該是張教授在〈分香與進香─媽祖信仰與人群的整合〉
一文中所記載1992.1993年度的頭香為豐原慈聖聖母會。

(續)表3-3 大甲媽祖進香中擔任「香」的團體一覽表

年代	頭 香	貳 香	參 香	贊 香	備註	資料來源
1997	屏東慈聖宮	台北大甲媽祖聯誼會	高雄寶瀾宮		兩組贊香	A
		聖鳳宮	台中市天上聖母會豐原慈聖聖母會			
1998	屏東慈聖宮	台北大甲媽祖聯誼會	高雄寶瀾宮		兩組贊香	A
		聖鳳宮	台中市天上聖母會豐原慈聖聖母會			
1999	台北大甲媽祖聯誼會	豐原慈聖	豐原慈聖天上聖母會	台中市天上聖母會		A
		北龍宮				
2000	台北大甲媽祖聯誼會	豐原北龍宮	豐原慈聖天上聖母會	台中市天上聖母會		A
2001	台北大甲媽祖聯誼會	豐原北龍宮	豐原慈聖天上聖母會	台中市天上聖母會		A
2002	豐原慈聖天上聖母會（豐原鎮清宮）	台北大甲媽祖聯誼會	中壢朝明宮天上聖母會	台中天上聖母會（朝聖宮興建委員會）		A
2003	豐原慈聖天上聖母會（豐原鎮清宮）	台北大甲媽祖聯誼會	中壢朝明宮天上聖母會	台中天上聖母會（朝聖宮興建委員會）		C
2004	豐原慈聖天上聖母會（豐原鎮清宮）	台北大甲媽祖天上聖母會	中壢朝明宮天上聖母會	台中天上聖母會（朝聖宮興建委員會）		C
2005	台北大甲媽祖天上聖母會	豐原慈聖天上聖母會	中壢朝明宮天上聖母會	台中天上聖母會（朝聖宮興建委員會）		C
2006	台北大甲媽祖天上聖母會	豐原慈聖天上聖母會	中壢朝明宮天上聖母會	台中天上聖母會（朝聖宮興建委員會）		C

(續)表3-3　大甲媽祖進香中擔任「香」的團體一覽表【92】、【93】

年代	頭　香	貳　香	參　香	贊　香	備註	資料來源
2007	台北大甲媽祖天上聖母會	豐原慈聖天上聖母會	中壢朝明宮天上聖母會	台中天上聖母會（朝聖宮興建委員會）		C
2008	豐原慈聖天上聖母會（豐原鎮清宮92）	台中天上聖母會（朝聖宮興建委員會）	中壢朝明宮天上聖母會	台北大甲媽祖天上聖母會		C
2009	豐原慈聖天上聖母會（豐原鎮清宮）	台中天上聖母會（朝聖宮興建委員會）	中壢朝明宮天上聖母會	聖鳳宮台北縣大甲媽祖信眾功德會93		C

資料來源：A：張珣，《文化媽祖》，頁129-130，中央研究院民族學研究所出版。
　　　　　B：張珣，〈分香與進香──媽祖信仰與人群整合〉。《思與言》，33(4): 83-106。
　　　　　C：筆者田調所得（依據各年進香秩序冊或相關人員口述）。
　　　　　E：基隆聖安宮主委霜進春口述。
　　　　　D：張珣，〈大甲社區的研究：以媽祖進香活動為例〉。
　　　　　　　刊於《「社群」研究的省思》，陳文德、黃應貴主編，頁265-302。
　　　　　E：大正15年(1926)4月14日臺灣日日新報第4頁。
　　　　　F：大甲水電媽祖聯誼會聯絡人員口述。
　　　　　G：董振雄，《心靈原鄉－大甲媽祖進香行》，頁191。
　　　　　H：1933年4月13日與4月19日臺灣日日新報夕刊04版。
　　　　　I：1932年4月22日臺灣日日新報08版。
　　　　　K：1934年5月2日臺灣日日新報08版。

【92】這幾年都用豐原鎮清宮名義搶香，但手冊上還是記載豐原慈聖天上聖母會。

【93】原台北大甲媽祖天上聖母會改名。

四、其他資源的引進

　　進香活動隨著鎮瀾宮的規劃與精緻化，開始引進各項資源參與進香活動，早期較常見的是邀請廠商製作花車，參與回駕後的市區遶境，後來則是請他們贊助辦理各項活動，而動員的對象，也因為董事會成員的改變，與大甲媽祖遶境進香的受到重視，從大甲地區向外擴展。

（一）社區公部門資源與商業資源

　　鎮瀾宮也請大甲地區的廠商贊助進香活動，例如參與回駕大甲市區的遶境，廠商一方面因為信仰，一方面因為廣告，像大甲地區的糕餅產業就常贊助各項活動，而在近幾年全國性的廠商，以大甲媽祖作為產品或企業形象廣告，或是推出相關產品，這些廠商也會提供部分的經費，參與進香活動。另外發動公部門或農會的參與，像大甲地區各公所與農會長期出動花車，參與大甲媽祖回鑾在大甲市區的遶境。

（二）全台資源的運用

　　而1998年後，台中縣政府舉辦大甲媽祖文化節，新任董事長當時擔任台中縣議會議長，而引進公部門資源，從大甲社區拓展至縣級資源，在管理成員參與「中央政治」之後，也引進中央部會與國營事業的資源，像列入台灣國際觀光的重要宣傳、觀光局贊助活動經費，國營事業台電、中油、台鹽、中華電信等，都投入資源贊助各項活動，雖然不是直接投入於宗教儀式上，但對於鎮瀾宮推動各項活動，擴大進香的參與有其助益。

在大甲媽祖遶境進香受到高度重視之後，吸引全台性的大公司參與或贊助大甲媽祖的相關活動，例如福特汽車提供經費贊助團隊制服，並提供十餘部車輛供進香使用、中華、福斯汽車也提供相關車輛服務，各家電信公司也提供服務，資源的運用，從大甲社區邁入全台灣。

第四節　遶境的空間與時間

　　大甲媽祖進香隨著規模的擴展，其遶境的路線也越來越擴大，除了廟宇與地方的主動邀請之外，大甲媽祖也透過遶境路線的拓展，擴大其影響的區域，當然也改變與增加遶境的時間，而遶境的時間隨著進香規模增長而改變，而遶境路線與時間的增加，代表大甲媽祖影響區域的拓展；而遶境所經的區域，也透過大甲媽祖遶境來整合社區，而大甲鎮瀾宮也透過遶境，來整合與擴大其在台灣宗教界的影響力。

一、路線的增加與變化

　　大甲媽祖遶境路線的增加與變化，可以從時間天數、遶境路線的變化，與沿途所經廟宇數量，看出大甲媽祖遶境的拓展。

（一）進香天數變化

　　在民國51年（1962）之前，大甲鎮瀾宮的遶境進香活動，只有七天六夜，大致上的行程如下：第一天：彰化，第二天：西螺，第三天：北港，第四天晚上從北港出發，第五天：西螺，第六天：彰化，第七天回到大甲，在民國51年之後才改為八天七夜。

　　1.七天六夜到八天七夜

　　大甲媽祖遶境，從原本的七天六夜變成八天七夜，起因於民國50年左右與西螺地方的一場誤會，這個故事大甲與西螺地區的地方人士眾說紛紜，但故事大致上是說西螺一位地

方人士騎車到大甲地區，因機車損壞或沒油，在大甲地區求助無門，回到西螺大肆宣揚，並揚言要讓大甲進香團「好看」。所以當年大甲進香團到達西螺時，西螺地區都準備「葷食」接待，但大甲進香團到達北港前都吃素，所以當晚沒有用餐，熬到隔天離開才用餐，另外在祭典與演戲上，也發生細故，所以當年爐主怕回程在西螺又發生事情，先前往北斗地區，拜託北斗安排食宿，回程到達西螺後，參拜完西螺福興宮後，就直接出發到北斗休息，由北斗負責招待食宿。

　　當年發生本事件之後，該名人士意外頻傳，且地方也不平靜，地方人士皆認為因為對大甲進香團如此對待，而產生狀況，所以隔年西螺地方人士即前往鎮瀾宮道歉，並再積極邀請大甲進香團的蒞臨，但北斗的地方人士也積極邀請，為不破壞與西螺的感情，與報答北斗的恩情，所以在該年（民國51年）增加一天休息北斗[94]，原本預計只走三年，但是北斗極力邀請，所以就一直前往至今，而改成八天七夜後行程大致如下：第一天彰化、第二天西螺、第三天北港、第四天晚上從北港出發、第五天到西螺、第六天北斗、第七天彰化，第八天回到大甲，變成目前八天七夜的行程，而進香路線與時間，也在此時大致確定下來。

　　2.改為九天八夜的嘗試

　　民國72年（1983），嘗試將行程增加一日。主要的原因是因為歷年從彰化天后宮出發後，經過彰化地區，受到各角頭

【94】採訪多人，主要口述人員，大甲地區：董振雄、黃敦厚、洪定雄、蔡茂雄，西螺地區：廖木定、黃立華，採訪人背景與時間詳見附錄。

燃放大量鞭炮熱烈「送駕」，常常耽誤行程，為怕影響回到廟內的時間，所以增加一天行程，改為第八天早上從彰化出發，下午抵達清水紫雲巖駐駕，第九天早上才從清水出發，回到大甲街上遶境【95】。

行程大致如下：第一天彰化、第二天西螺、第三天北港、第四天晚上從北港出發、第五天到西螺、第六天北斗、第七天彰化、第八天清水、第九天回到大甲市區遶境，原本嘗試將行程改為九天八夜，以抒解在彰化地區所耽誤的時間，但是因為進香團隊覺得太過勞累，而且效果不彰，所以又改回八天七夜【96】。

民國99年（2010），大甲鎮瀾宮再度因為遶境延遲問題，增加進香日期一天，前面行程大致不變，第八天駐駕清水朝興宮，隔天各香獻香後返回大甲遶境，未來是否持續，有待觀察。

3.豐原遶境

民國56年，進香最後一天回程不經台中海線回大甲，而是經烏日、南屯、大雅到豐原後，當日停駕豐原慈濟宮，這個行程主要目的為遶境豐原地區，隔天經后里回來大甲，故本年進香增加一天行程，本次遶境為九天八夜，報紙登載是在當時

【95】黃美英，《台灣媽祖的香火與儀式》，頁143。

【96】採訪董振雄先生2004年9月30日。2010年報載今年將改為九天七夜，其改變的原因，與此次相同。

鎮長黃子建的大力鼓吹下成行【97】。

（二）遶境路線的幾次較大變化

戰後大甲媽祖的遶境路線，大致路線與行程不變，但會因為交通變化與繞經廟宇的增加，而有部分路線調整。所經鄉鎮路線，大致固定，但路線因不同原因，有過幾次重大的調整。

1.增加北斗

民國51年（1962）因故增加駐駕北斗一夜，時間也從七天改為八天，是戰後進香路線的重要變化之一，在此之前只有途經北斗，增加駐駕北斗之後，新增駐駕北斗奠安宮，並增加北斗市區的遶境。

2.臨時行程：豐原遶境

民國56年進香回程不經台中海線回大甲，而是經烏日、南屯、大雅到豐原，當天駐駕豐原慈濟宮，隔天經后里回來大甲，當年行程為九天八夜，這個行程的主要目的是遶境豐原地區，其主要原因為當時大甲鎮長黃子建先生有意參選縣長，極力促成遶境豐原地區，以而且當時鎮瀾宮一個副管理人由后里人擔任，回程遶境經過后里，所以也希望促成此事，於是當年就改變遶境路線【98】。

在宋龍飛的文章中提到這次改道豐原的事情，並且引述

【97】宋龍飛，〈台灣地區媽祖廟進香的兩個實例〉，《民族研究所集刊》，31期，頁65-134。

【98】黃敦厚提供相關資料。

當時的報導，記錄當時遶境豐原的盛大情形，連當時的縣長林鶴年都趕來接駕，其中並提到本次進香，最主要是與豐原媽祖（慈濟宮）「姊妹會」進行交流，同時報載也提到鎮長黃子建在豐原為進香團的事情奔波，他說明：「他如果不管這些事，馬上就會被大甲鎮民罷免」【99】。雖然這些記載並不能直接證明此行的「政治目的」，但是可以證明這次的改道，黃子建出力良多，這樣也證明大甲地區人士所說的可能性。

3.改道新港

民國77年（1988）取消北港進香，改道新港進香，這項重大的變化，引起諸多效應，而遶境路線也從雲林土庫之後，改往嘉義新港方向前進，取消土庫到北港之間的路程。

4.增加埤頭路段

民國88年（1999），在第五天行程中，增加前往彰化埤頭遶境路線，之前為凌晨六點從西螺福興宮出發，中午在北斗市郊的壽安宮用餐，之後進入北斗市區遶境，下午三、四點即駐駕北斗奠安宮。民國88年（1999）增加埤頭遶境路線之後，必須在西螺提前到凌晨兩點出發，中午在埤頭福興宮用餐，下午回到北斗市區遶境，晚間駐駕北斗奠安宮。

5.增加沙鹿北勢頭路段

民國89年（2000），在第一天行程中，本來經沙鹿玉皇殿後，直行省道到大肚，但當年董事長因為官司問題，所以廟方特別安排繞經董事長住家祈福，以求順利度過這些風波，也

【99】宋龍飛，〈台灣地區媽祖廟進香的兩個實例〉，《民族研究所集刊》，31期，頁65-134。

因此增加近兩小時之路程，之後因為所經沙鹿相關區域反應熱烈，要求媽祖繼續繞經該區域，所以隔年繼續辦理，本路程除停駕董事長住宅外，並增加停駕沙鹿青山宮。

6.增加虎尾路段

民國92年（2003），在第三天行程中，凌晨從西螺出發後，經吳厝後，應該遶境虎尾鄉下，經擇元堂等停駕點，前往土庫市區，後因虎尾天后宮的邀請，改成多繞經虎尾市區，停駕虎尾天后宮後，繼續前往土庫市區進行行程。而原本行經的路程，則在第五天凌晨由新港出發經土庫後繼續。

7.民國99年（2010）年，大甲鎮瀾宮宣布遶境增為九天八夜，儀式與行程皆有變動，後續情況，值得觀注。

8.非「表定」的意外行程

而在遶境途中常會有非「表定」的意外行程，有時是董監事的私人安排，或是透過私人關係，與鎮瀾宮董監事溝通，而產生的「私人」行程，通常都是在遶境路線上或是附近，「順便」前往停駕，一般都只有神轎前往「停駕」，其他隊伍則依原訂路線遶境，停駕地點多是私人民宅與公司行號，如彰化某議員與西螺鎮長都曾因新居落成，而請求神轎前往「停駕」【100】。

【100】但也有一些例外，例如到埤頭遶境，其鄉立幼稚園小朋友要倰轎底，但是廟方考量小朋友的安全因素，特別改道進入幼稚園內，以及2009年明道大學辦理迎媽祖活動，特別要求進香隊伍遶境校區，祈求平安。

（三）駐駕地點的改變

　　媽祖神轎晚上駐駕的地點，因鄰近鄉鎮民眾會來祭拜大甲媽祖，加上進香團的龐大陣容，所以會帶來大量的人潮。另外是媽祖休息停駕較久的地點，也會聚集大量的人潮，像是中午休息的溪洲后天宮與埤頭合興宮，也匯聚大量信徒，由於大量的信徒會為寺廟帶來豐富的「香油錢」收入，所以媽祖停駕地點常成為爭取的對象。

　　像彰化的駐駕地點，在戰前與戰後的前幾年是駐駕彰化南瑤宮，後來因為國民政府從大陸撤退，撤退的士兵佔住該廟，進香團不方便停駕，而改駐駕在彰化關帝廟，在民國50年左右，因為彰化天后宮要重建廟宇，所以就邀請大甲媽祖前來停駕，增加香油收入，便改到天后宮駐駕，一直到民國90年（2001）因為彰化南瑤宮認為兩次都停駕天后宮，對於也負擔進香團信徒食宿的南瑤宮不公平，所以之後就改去程駐駕南瑤宮，回程在天后宮駐駕【101】。

　　溪州后天宮也是在民國50年代左右，因為要將神明會的神明「落公」建廟，但經費不夠，所以請求當時鎮瀾宮的主委郭金焜先生協助，後來大甲鎮瀾宮連續多年，將祝壽大典的「豬羊份」的費用提高成為兩倍，而多出的費用提供溪州后天宮建廟之用，當年的午餐本由溪洲三千宮提供，為了讓溪州后天宮有更多的建廟經費，也改到當地用午餐休息，希望帶來大

【101】採訪彰化市公所寺廟室組長（負責管理彰化南瑤宮）陳泆佐先生，2000/4/14。

量的信徒與各項的香油收入，能夠協助興建費用。

　　埤頭福興宮，在民國88年（1999）增加中午前往停駕用餐，其主要目的是因為大甲媽祖神威顯赫，地方人士要求福興宮前往鎮瀾宮邀請媽祖來遶境，但受訪者私下也表示想利用大甲媽祖停駕，積極宣傳該廟，並且吸引更多的香客前來【102】。

（四）沿途所經廟宇的增長

　　戰後因為沿途各廟宇的邀請，而增加遶境的區域，從表3-4：民國68年－94年大甲媽祖進香行程表排定經過廟宇數量表，就可以看出大甲媽祖遶境進香所經過廟宇數量的成長，從民國68年（1979）的37家到94（2005）年的79家，成長一倍，可以看出這將近26年的變化與成長。詳細的統計表請參見附錄三。

表3-4　民國68年－94年大甲媽祖進香行程表排定經過廟宇數量表

年度	68	69	70	71	72	73	74	75	76	77	78	79	80	81	82
廟宇數量	37	38	—	37	43	—	—	—	48	51	—	—	52	—	—

年度	83	84	85	86	87	88	89	90	91	92	93	94			
廟宇數量	52	—	52	—	—	60	60	66	67	66	75	79			

資料來源：各年度進香行程表。

資料說明：一、本資料為透過行程表統計之量表，不一定代表媽祖真實經過的廟宇數量。原因如下，第一為部分市區遶境所經廟宇，行程表會省略不提，第二是筆者發現有時行程表會漏記某些行經的廟宇，第三有些地區為神明會組織，行程表記載為該社區，後來社區建廟才改為廟名，其實一直有經過該區域，以上原因都會造成統計的誤差。二、空白部分為未取得該年行程表資料。

【102】訪問和興宮管理委員許先生，20003/4/11。

表3-5　部分年度大甲媽祖進香主要廟宇駐駕、起駕時間表

地點 ＼ 時間 ＼ 年度	68	71	76	77	80	85	88	91	94
鎮瀾宮	0:05	0:00	0:05	0:00	0:00	0:00	0:00	0:00	1:00
彰化天后宮/南瑤宮	—	16:20	19:00	19:00	19:00	19:00	19:00	20:00	21:30
	1:10	0:10	0:00	0:00	0:00	0:00	0:00	1:00	1:00
溪洲后天宮	14:00	13:00	14:20	14:20	14:20	13:30	13:30	13:30	13:30
西螺福興宮	19:00	18:30	19:30	19:30	19:30	19:30	19:30	20:00	20:00
	0:00	0:10	0:00	0:00	0:00	0:00	0:00	0:00	0:00
吳厝朝興宮	3:20	3:20	3:50	3:50	3:50	3:50	3:50	3:50	3:50
北港朝天宮	16:00	16:00	17:00	改往新港奉天宮					
	0:00	0:30	0:30						
新港奉天宮	北港進香時期			16:00	16:00	17:00	17:00	16:00	16:00
				0:00	0:00	0:00	0:00	0:00	0:00

(續)表3-5 部分年度大甲媽祖進香主要廟宇駐駕、起駕時間表

地點 \ 時間 \ 年度	68	71	76	77	80	85	88	91	94
吳厝朝興宮	13:30	13:30	14:00	14:00	14:00	13:30	13:00	13:00	13:00
西螺福興宮	19:30	20:00	20:00	20:00	20:00	20:00	20:00	20:00	20:00
	5:30	5:00	5:00	5:00	5:00	5:00	2:00	2:00	2:00
北斗奠安宮	16:30	16:00	16:00	16:00	16:00	16:00	18:00	18:00	18:00
	4:00	4:00	4:00	4:00	3:00	3:00	3:00	3:00	3:00
員林福寧宮	10:00	10:10	10:20	10:30	10:30	12:00	12:00	12:00	12:00
彰化天后宮	18:40	—	19:30	19:30	19:30	19:30	19:30	20:00	20:00
	11:30	0:00	0:00	0:00	0:00	0:00	23:30	23:30	23:30
沙鹿到達	6:30	—	8:00	8:00	8:00	8:30	8:30	8:00	8:00
鎮瀾宮	15:40	16:00	16:00	16:00	16:00	18:00	18:00	20:00	20:00

資料來源：各年度進香行程表。

資料說明：所選年度間格大約為3-4年，地點均為重要駐駕地點。本表為表定時間，
　　　　　非媽祖到達之時間，只顯現表定時間部分之變化。

表3-6 民國68年－94年大甲媽祖進香起駕、回駕時間表

年度	起駕時間	祝壽大典時間	回駕時間	天數
68	4/07(農3/11) 星期六	4/10(農3/14) 星期二	4/14(農3/18) 星期六	8
69	4/17(農3/03) 星期四	4/20(農3/06) 星期日	4/24(農3/10) 星期四	8
70	4/09(農3/05) 星期四	4/12(農3/08) 星期日	4/16(農3/12) 星期四	8
71	3/28(農3/04) 星期日	3/31(農3/07) 星期三	4/04(農3/11) 星期日	8
72	4/15(農3/03) 星期五	4/18(農3/06) 星期一	4/23(農3/11) 星期六	9
73	4/6(農3/06) 星期五	4/09(農3/13) 星期一	4/13(農3/11) 星期五	8
74	4/28(農3/09) 星期日	5/01(農3/12) 星期三	5/05(農3/16) 星期日	8
75	4/13(農3/05) 星期日	4/16(農3/08) 星期三	4/20(農3/16) 星期日	8
76	4/06(農3/09) 星期一	4/09(農3/12) 星期四	4/13(農3/16) 星期一	8
77	4/21(農3/06) 星期四	4/24(農3/09) 星期日	4/28(農3/13) 星期四	8
78	4/9(農3/04) 星期日	4/12(農3/07) 星期三	4/16(農3/11) 星期日	8
79	3/27(農3/01) 星期二	3/30(農3/04) 星期五	4/03(農3/08) 星期二	8
80	4/15(農3/01) 星期一	4/18(農3/04) 星期四	4/22(農3/08) 星期一	8
81	4/07(農3/05) 星期二	4/10(農3/08) 星期五	4/14(農3/12) 星期二	8
82	3/23(農3/01) 星期二	3/26(農3/04) 星期五	3/30(農3/08) 星期二	8
83	4/12(農3/02) 星期二	4/15(農3/05) 星期五	4/19(農3/09) 星期二	8
84	4/07(農3/08) 星期五	4/10(農3/11) 星期一	4/14農3/15) 星期五	8

(續)表3-6 民國68年－94年大甲媽祖進香起駕、回駕時間表

年度	起駕時間	祝壽大典時間	回駕時間	天數
85	4/20(農3/03) 星期六	4/23(農3/06) 星期二	4/27(農3/10) 星期六	8
86	4/13(農3/07) 星期日	4/16(農3/10) 星期三	4/20(農3/14) 星期日	8
87	3/28(農3/01) 星期六	3/31(農3/04) 星期二	4/04(農3/08) 星期六	8
88	4/18(農3/03) 星期日	4/21(農3/06) 星期三	4/25(農3/10) 星期日	8
89	4/09(農3/05) 星期日	4/12(農3/08) 星期三	4/16(農3/12) 星期日	8
90	3/25(農3/01) 星期日	3/28(農3/04) 星期三	4/01(農3/08) 星期日	8
91	4/14(農3/02) 星期日	4/17(農3/05) 星期三	4/21(農3/09) 星期日	8
92	4/06(農3/05) 星期日	4/09(農3/08) 星期三	4/13(農3/12) 星期日	8
93	4/18(農閏2/29) 星期日	4/21(農3/03) 星期三	4/25(農3/07) 星期日	8
94	4/10(農3/02) 星期日	4/13(農3/05) 星期三	4/17(農3/09) 星期日	8
95	3/26(農2/27) 星期日	3/29(農3/01) 星期三	4/02(農3/05) 星期日	8
96	4/22(農3/6) 星期日	4/25(農3/09) 星期三	4/29(農3/13) 星期日	8
97	4/06(農3/1) 星期日	4/09(農3/4) 星期三	4/13(農3/08) 星期日	8
98	3/22(農2/26) 星期日	3/25(農2/29) 星期三	3/29(農3/03) 星期日	8

資料來源：各年度進香行程表。

資料說明：其他未標明年度，為未取得該年行程表資料。

二、遶境的時間

遶境的時間因為遶境路線的擴展，從七天六夜增加為八天七夜，並嘗試增加為九天八夜，但因團隊認為太過勞累而取消，但隨著遶境路線的增長，每一站停駕的時間也越來越短，而為了吸引更多人前來參與進香活動，進香日期也「悄悄」向假日「靠攏」。

（一）各廟的停駕時間的縮短

從表3-5部分年度大甲媽祖進香主要廟宇駐駕、起駕時間表，可以發現隨著遶境路線的擴展，部分廟宇停駕的時間明顯縮短，雖然本表是利用「表定」的時間而成，並不代表媽祖真實停駕的時間，但是可以從表定的時間發現，慢慢減少各廟的停駕時間，像表定彰化停駕的時間從下午四點改到後來的八、九點，西螺、北斗、員林駐駕的時間都明顯縮短，而縮短的原因，除了因為遶境路線的擴展之外，也是因為沿途來迎接的陣頭增加，與越來越多民眾「僌轎腳」，延遲神轎行進的速度有關。

（二）出發與回駕的假日化

大甲媽祖進香的出發與回駕日期，是在元宵節當天向媽祖「擲杯」請示決定，鎮瀾宮在宣稱日期為媽祖所「決定」，但是比對歷年媽祖起駕與回駕的時間（表3-7民國68年－94年大甲媽祖進香起駕、回駕時間表），在民國85年之後，就會發現皆為假日，雖然鎮瀾宮廟方面對外界的質疑，也都以媽祖也愛「熱鬧」為理由帶過，但是多位曾參與廟務的受訪者表示，

其實進香時間早從爐主時代就先由「人定」，再由「神選」，因為當時要避開掃墓的時間，所基本上由爐主或後來的廟方主事者先選定一個時間，再請媽祖「決定」，而媽祖通常都會「同意」。

　　而部份受訪者表示，假日化是為因應社會變化，因以前大甲地區的機關與公司行號，在媽祖回駕當天都會放假，但邁入工商社會之後，機關與公司行號並不一定放假，為配合迎送媽祖，所以選定假日，當然也是因為假日，可以吸引更多外地信徒前來參與。

（三）二二八事件的暫停進香

　　戰後大甲媽祖在何時恢復北港進香，目前並沒有相關資料可以證明，但根據葉金鑾表示應該在戰後就開始恢復進香，只是當時只由頭家爐主等少數幾個人，請媽祖前往北港進香【103】，民國36年（1947）發生二二八事件，當時禁止各項大型社會活動，所以該年即取消進香【104】。

（四）民國64年因「國喪」進香延後舉行

　　大甲媽祖進香大致都在農曆三月舉行，而且會在農曆三月二十三日媽祖聖誕前舉行，但民國64年因蔣介石過世，舉行「國喪」典禮，大甲媽祖進香延後一個月舉行，在農曆三月

【103】葉金鑾，2004.3.14採訪。

【104】但根據黃敦厚與張慶宗表示，依據他們採訪者老口述當年應該有去進香，只是只有頭家爐主去而已，並沒有請媽祖。

二十三日媽祖聖誕後舉行，也是大甲鎮瀾宮戰後唯一不在媽祖聖誕前舉行的遶境活動。

三、遶境路線增加的意義

上述討論大甲媽祖進香因路線的增加，而改變時間與空間的一些現象，但是遶境路線為何而改變，筆者透過幾個方向來思考這樣的問題。

（一）從「拜託」到「被拜託」：鎮瀾宮勢力的擴展

早期大甲媽祖進香要停駕或是用餐的地點，爐主或廟方須事先到當地廟宇或社區請託，但是隨著大甲媽祖的「神威」廣大，與進香隊伍的成長，轉變成當地社區與廟宇，前來拜託大甲媽祖前往停駕，與要求繞經社區，皆因為大甲媽祖的「靈力」，希望透過遶境，祈求平安，而廟宇多數是因為大甲媽祖所帶來的龐大資源，透過從「拜託」到「被拜託」的改變，代表大甲媽祖進香團角色與地位的轉變，從要求資源提供，變成資源的提供者。

而隨著從「拜託」到「被拜託」的過程中，大甲媽祖進香團從資源的要求者，轉變成資源提供者，同樣也代表大甲鎮瀾宮勢力的拓展，而當鎮瀾宮成為資源提供者時，同樣該廟也成為鎮瀾宮所能整合資源的一部份，像鎮瀾宮為擴大其影響能力，組成「台灣媽祖聯誼會」，就是以沿途所經的廟宇為主體，再逐步向其他廟宇擴展，而沿途部分大型的廟宇，也被動員前來進香出發當天參與送駕，以壯聲勢，或是像其他廟宇進行大型活動時，也會透過鎮瀾宮動員其他廟宇前來參加，像

2004年西螺福興宮舉辦擴大遶境活動時，就透過鎮瀾宮的關係動員各廟宇參加與進行媒體轉播規劃等事宜。

（二）遶境：另一種交換與交誼

從「被拜託」的過程中，除了鎮瀾宮可以獲得相當的「資源」之外，鎮瀾宮的董監事們也可獲得相關的「資源」，以增加遶境埤頭合興宮為例，在正式繞經埤頭合興宮的前三年，埤頭合興宮就動員鄉長、議員、立委等連續前往拜訪，並參加大甲媽祖遶境的送駕儀式，三年後鎮瀾宮因為其「誠意」，增加行程繞經埤頭合興宮，而後續埤頭地區的其他廟宇，在透過合興宮與鎮瀾宮「溝通」，增加該廟的遶境行程[105]。

透過這些例子，可以發現在過程中，鎮瀾宮亦獲得不少資源，除了增加遶境的廟宇，與帶來更多香油錢的收入[106]，另外該地廟宇透過政治人物前來拜託，也建立鎮瀾宮董監事與這些政治人物的「交情」；而該地廟宇也因為如此，可以變成被其他廟宇「拜託」的對象，亦成為地區資源的提供者。

透過遶境地點的增加，其實也是一種資源交換，鎮瀾宮繞經的廟宇，該廟宇也必須對鎮瀾宮有所「回饋」，像組成台灣媽祖聯誼會、或是舉辦各項活動的支持，當然鎮瀾宮也相對

---

[105] 訪問和興宮管理委員許先生，20003/4/11。

[106] 不單指遶經該地所收的香油，筆者採訪多位新增地點的報導者，都說明
鎮瀾宮增加遶經該廟，該廟都會捐給鎮瀾宮「一定數額」的香油錢。

支持該廟所舉辦的活動，而有些廟宇也會因為鎮瀾宮的關係，成為區域的資源整合者，因此形成資源網絡。這樣資源網絡的形成，也出現類似台南地區廟宇「交陪境」的關係，形成「直接」交陪與「間接」交陪的情形，所謂「交陪境」、「直接」交陪與「間接」交陪是指：

> …「交陪境」又叫「聯境」或「聯鄉社」，所指的是一種角頭與角頭之間建立的特殊友好關係的聯盟。而這樣的交陪，又可以細分成兩個層次：「直接」與「間接」。所謂「直接」交陪，就是指兩個角頭間沒有透過中界者所建立的關係，而「間接」交陪的關係為中界者所建立的他層串聯【107】…

雖然台南地區「交陪境」的例子不能等同於大甲媽祖遶境的部分，但是卻可透過這些例子說明，大甲媽祖沿途遶境的廟宇等於是鎮瀾宮的「直接」交陪，而透過沿途遶境廟宇與鎮瀾宮建立關係的等於「間接」交陪，從台灣媽祖聯誼會的組成看出此發展脈絡，剛開始只是沿途遶境廟宇的加入，後來這些廟宇的友好宮廟或分香子廟，也透過介紹加入。透過這樣「直接」與「間接」的關係，形成以鎮瀾宮為首的龐大資源網絡。

【107】梅慧玉、〈「交陪境」與禮數：以台南市安平區的兩次醮儀為例〉，《台灣與福建社會文化研究論文集（三）》，頁155，台北：中央研究院，1996。

（三）為什麼來「拜託」？：沿途寺廟邀請的思考

這些廟宇為什麼前來邀請鎮瀾宮前往停駕，或是一直要與鎮瀾宮維持良好的關係，除了因為大甲媽祖「神威顯赫」的宗教因素之外，更有其社區整合以及帶來豐沛資源的考量。

1.社區的整合與動員

社區或廟宇為了迎接大甲媽祖，或是招待大甲媽祖進香團的香客，社區因此被動員或整合。以西螺新社地區為例，社區整體動員迎接媽祖，大辦流水席，提供香客使用。有時遶境經過社區時，居民因為大甲媽祖對於該社區靈驗神蹟，所以比平常更容易動員。或者大甲媽祖遶境當日，因為相當熱鬧，也就成為當地廟宇「熱鬧」的日子，舉行祭典以及宴客，例如西螺的吳厝。或者是像彰化地區的例子：

> 據說這些簇擁而來的人潮，都是來自彰化幾個角頭人士，……經過夜市場、公園下、車路口、市仔尾、台化工廠、山仔下（中庄子）、國聖里幾個地盤，這些地方人士為了歡送大甲媽祖，便請當地各攤販及商店捐款【108】……

彰化迎媽祖，根據受訪者的說明【109】，彰化市區迎媽祖，大概都是以「角頭」為區分，由「角頭」向各店家「募款」鞭炮費用，施放大量鞭炮迎接媽祖，當然「募款」除了鞭炮錢，當然還包括一些「茶水費」。或是像西螺福興宮，以前

【108】黃媵竹，〈大甲媽祖進香記〉，《民俗曲藝》25期，頁24-36，1983。

【109】受訪者大甲遶經彰化地區某五金商店的老闆娘，2004/4/24。

並沒有固定的大型活動，所以透過一年一度迎接大甲媽祖的機會，來動員與維持社區寺廟的網絡，作為維持其西螺地區大廟的方式之一【110】。

不管是西螺或彰化的例子，大甲媽祖遶境進香，都成為社區或廟宇整合與動員的理由，除了宗教上的虔誠與禮儀之外，更是透過這樣的活動來整合與動員社區資源，來完成動員者的相關目的。

2.資源的增加

而廟宇會邀請鎮瀾宮前往停駕，或是一直要與鎮瀾宮維持良好的關係，其實最主要原因是會帶來豐富的「資源」，第一個資源是「信徒」，因為大甲媽祖遶境所經的地區，都會聚集大量的信徒，除了進香團本身為數眾多龐大的隨香客之外，更會吸引鄰近地區的信徒前來參拜，而大量的人潮也帶來販賣金紙與香油錢的收入，有時還會有一些「周邊利益【111】」。所以很多廟宇，因為蓋廟經費缺乏，而積極爭取，如溪洲后天宮、彰化天后宮。

而另一項進香團所帶來的「資源」，即是「知名度」，如前段所述，大量聚集的信徒，增加該廟知名度，鎮瀾宮運用

【110】受訪者西螺福興宮某董事。因為西螺地區有另一間媽祖廟積極辦理辦理活動，挑戰西螺福興宮之地位，所以西螺福興宮在93.10.16--10.31舉行西螺太平媽遶境大會香，一方面宣示其原有的信仰區域，一方面鞏固其勢力，而該活動得助鎮瀾宮頗多。

【111】因為人潮聚集，所以也很多攤販前來聚集，部分廟宇向攤商收取相關的費用，這也是廟宇一項收入的來源。

媒體大量進行電視轉播之後，媒體也成為一項重要因素。因為鎮瀾宮會安排媒體到各廟進行轉播，這樣的「轉播」，增加該廟的知名度，這些轉播也是維繫各廟關係與吸引新廟宇的一個重要因素。

小 結―
進香儀式在大甲媽祖信仰中的角色

在進香這個複雜的儀式網絡，對於大甲媽祖信仰有四個重要的意義，第一是信仰上的體現與實踐，第二是透過儀式建構信仰的內涵與地位，第三是透過活動進行資源整合，結合人群與展現力量，第四是透過這些活動傳播信仰。

一、信仰上的體現與實踐

進香是大甲媽祖信仰最重要的信仰活動，因為透過這個活動，可以達成許多的目的，在宗教儀式上，從早期的「添火」（補充靈力）到現在的「遶境」（展示靈力），對於信徒也是重要的實踐儀式，不管是祈願、還願，或是建立屬於自己跟大甲媽祖重要的「聯繫」，尤其是外地的信徒，在平常並沒太多的機會，來達成信仰上的某些目的，這樣的活動，提供一個重要的參與機會，因為大甲媽祖進香，不同的人可以參與不同的儀式，雖然部分儀式有一定的「階層性【112】」，但是其他

【112】關於相關論述請參見第二章，張珣教授所寫的部份。

的部份儀式，卻是提供大家參與，甚至是自我創造各種儀式，實踐自己在信仰上的各種認知，所以進香儀式成為大甲媽祖信仰體現與實踐的重要平台。

二、建構信仰的內涵與地位

　　民間信仰無經典【113】建構信仰的內涵，所以透過儀式建構，形成重要的方式。在大甲媽祖進香中，透過進香儀式的轉變【114】，可以看見不同的大甲媽祖形象與地位被建構。大甲媽祖進香是展現大甲媽祖「形象」建構的重要場域，例如以透過改變進香地點，作為大甲媽祖從區域保護神到全台的保護神的形象建構，雖然改變進香地點有其人為因素，但是透過進香地點的改變，在意義上斷絕了過去與北港的傳統關係，重新開啟以大甲為中心的信仰儀式，從北港進香到遶境進香，大甲媽祖從接引香火、需要補充靈力的地方女神，轉變成可以輸出靈力，保佑所經區域的保護女神。

　　而進香過程也建構大甲媽祖其他的「形象」，如「雨水媽」、「蔭外鄉」的形象，在進香過程中，信徒傳播著媽祖的「神蹟」與「靈驗」，傳播著不同的感應故事，類似的故事不斷在流傳與重複著，塑造大甲媽祖「靈驗」的形象。在進香過程中信徒不斷出現的「虔誠」行為，跪拜、「俊轎腳」等行

【113】當然有唸誦用的經典，但是與制度化宗教用來闡述教義的經典並不一樣。

【114】從早期的「添火」（補充靈力）到現在的「遶境」（展示靈力）。

為，都是大甲媽祖「靈驗」的展現，也建構起媽祖的形象。

而進香的儀式，透過不斷被精緻化的儀式，顯示大甲媽祖的莊嚴與尊崇，仿古的儀式與服裝也象徵著信仰的古老與神秘，不同政治人物的前來，更代表大甲媽祖的面子十足，像2000年總統大選，四組候選人齊聚大甲鎮瀾宮出發當天，更加凸顯大甲媽祖的影響力。另外透過回程大甲媽祖轎上所展示著「金牌匾」，說明今年大甲媽祖發揮神力，又幫助了許多人，以奉獻金牌作為「還願」；而鎮瀾宮董監事則是進香後對著媒體展示著所收入的金牌，與宣稱收到節節增加的香油錢，代表大甲媽祖的神威顯赫，董監事這幾年也取消部分儀式管制，讓儀式現場充滿著信眾，透過這些信眾的熱情，爭先恐後想觸摸神像與神轎，都營造大甲媽祖「神威顯赫」的情境。

三、資源整合，結合人群與展現力量

大甲媽祖進香活動，成為其信徒組織的重要理由與活動的主要場域，所有的信徒組織都因為參與進香，而開始成立，並漸漸地組織化以及成長，透過進香活動信徒得已被組織，也可作為信組織聚集資源的方式，而透過信徒的拓展，也成為拓展大甲媽祖信仰的重要推力。透過儀式，鎮瀾宮可以聚集信徒，整合各界資源資源[115]；香會利用儀式階層化的作用來募集經費，聚集信徒的方式，進香儀式成為鎮瀾宮與各種信徒組織資源整合的重要機會。

---

[115] 信徒捐獻、政府經費補助、廠商的廣告贊助等。

而這些信徒組織的組成與發展，又與大甲媽祖信仰的推展與鎮瀾宮勢力的拓展有很大的關係，透過這些組織得以支撐大甲媽祖信仰的活動，也可以透過這些組織來傳播，而鎮瀾宮也透過這些信徒組織，開始組織「台灣媽祖聯誼會」，企圖透過成立跨公廟的組織，進一步擴大自己的勢力。

四、傳播信仰

　　大甲媽祖進香活動是信徒主要信仰的體現方式，而且參與進香有著高度的開放性，讓信徒可透過不同的方式，來表達其信仰虔誠。而其進香活動中，信徒的苦行其也成為大甲媽祖信仰重要的傳播途徑，沿途經過的民眾，看見這麼多的進香參與人員，多數民眾均會認為：「大甲媽祖一定很興（靈驗），才能有這麼多的信徒參加進香」，這種滾雪球效應不但鞏固原有的進香人口，而且吸引更多外地人口的自動加入[116]。

　　民間信仰沒有明確的傳教儀式，其儀式活動就變成重要的信仰傳播方式。大甲媽祖主要也是透過進香活動來傳播其信仰，而進香活動讓這些靈驗經驗，不限制在大甲這個社區之內，得以傳播。進香活動跨越社區，讓靈驗經驗在進香沿途傳播，沿途的民眾，可以聽說這些靈驗經驗，進而發展出自己的靈驗經驗。而當參與進香的香客，也開始不限於大甲地區與沿途社區時，大甲媽祖的靈驗經驗，又得以再次跨越社區，將靈驗經驗傳播出去，透過這樣的方式，靈驗經驗變成制度化宗

【116】張珣，《文化媽祖：台灣媽祖信仰研究論文集》，頁124。

教中的經典或教條，靈驗經驗的傳播過程成了傳教儀式，而宣教人員就是這些擁有靈驗經驗的信徒，雖然沒有制度化宗教的傳教方式，大甲媽祖透過在進香中靈驗經驗的傳播，擴大其信仰。

　　綜合上述進香儀式對於大甲媽祖信仰的角色，說明大甲媽祖進香的儀式對於大甲媽祖進香的重要性，做為未高度制度化的宗教信仰，進香是大甲媽祖信仰主要傳播方式與重要載體，希望透過這樣的研究，來思考台灣民間信仰如何去傳播與建構自己的信仰內涵。

第四章 信 徒：

大甲媽祖信仰的推手

　　大甲媽祖信仰的傳播，除了透過其「神威顯赫」與進香活動的推展之外，信徒組織也是一個重要的傳播因素，這些信徒組織是負責進香活動的主要成員，肩負起支援鎮瀾宮各項活動的任務，同時也扮演大甲媽祖信仰傳播的重要角色。一般的研究者認為中國民間宗教缺乏團體、缺乏獨立組織、信徒採用雙重認屬，因此顯得宗教祭祀行為有如一盤散沙，無法予以分類；但學者張珣不禁懷疑，如果沒有組織，一個龐大的進香團體，如何能完成每年的進香活動？正如張珣在其〈大甲鎮瀾宮進香團內部的神明會團體〉一文中前言所述，大甲媽祖進香每年都有將近數萬人的參與，而且過程之中有繁複的儀式行為，如何沒有組織地去完成？[1]

---

[1] 張珣，〈大甲鎮鎮瀾宮進香團內部的神明會團體〉，頁47-64，《民間曲藝》：53。

信徒組織的組成與發展，與大甲媽祖信仰的推展及鎮瀾宮勢力的拓展有很大的關係，透過這些組織得以支撐與傳播大甲媽祖信仰，而鎮瀾宮也透過這些信徒組織與沿途所經過的廟宇為基礎成員，開始組織「台灣媽祖聯誼會」，企圖透過成立跨公廟的組織，進一步擴大自己的勢力。

第一節　在地信徒組織的組成與發展[2]

　　「在地」是指以大甲地區為主要的組成與活動區域，不管有無組成神明會，其組成與大甲媽祖進香有關，其組織大致上分成三種組織類型，第一種為進香儀仗團隊，例如大轎班、莊儀團、太子團等，成員都以其工作人員與贊助人員為主，第二種是相關的進香服務與隨香團隊，例如交通隊、收付組、炮竹團、自行車團等，第三種則是依產業所組成的神明會，例如由大甲地區水電同業所組成的水電業媽祖會，或是機車相關產業所組成的機車團媽祖會，其成員都是以從事該相關產業人員為主，並會在進香期間擔任不同的服務工作。當然除了上述的分類，進香團隊中還有其他組織，如祭祀組、總務組等，其組織大部分還是由鎮瀾宮職員所組成，或是相關單位支援，所以在此部分不討論。

---

[2] 本節調查的成果，有賴與吳嘉瑜小姐合作，並共同發表成果〈大甲媽祖在地信徒組織的組成與發展〉，《民俗與文化》，第一輯 台中縣大甲媽祖文化節專刊，頁87-107。

一、進香儀仗團隊

　　進香儀仗團隊是指進香中負責各種進香儀仗的成員，包含報馬仔、頭旗組（頭旗、頭燈、三仙旗）、開路鼓、大鼓陣、繡旗隊、彌勒團、太子團、神童團、哨角隊、莊儀團、卅六執士、轎前吹【3】、涼傘組（涼傘、馬頭鑼、令旗）、神轎班等，但是報馬仔屬於個人擔任，並無組織，所以不將其列入討論，而大鼓陣、開路鼓、轎前吹等，平常即為職業性的陣頭組織，雖然在媽祖進香時，收取較低的費用，但是仍屬於「僱用」的團體，非專為鎮瀾宮服務，所以也不列入討論，本部份只討論頭旗班等十一個專為進香所組成的團體。

（一）頭旗班

　　頭旗班為進香隊伍的前導，包含頭旗一支、頭燈一對、三仙旗三支，在民國50年之前，本班只有頭旗一支，後來增設

【3】轎前吹與開路鼓其成員並不固定，但是都由大甲地區的子弟戲班與曲館擔任，擔任與輪流方式每年都有不同的變化，近十年由鎮瀾宮聘請大安鄉的錦樂團擔任召集，因本地樂手已多數年老凋零，必須大量外聘擔任。

頭燈，在民國50年（1961）前後增設「三仙旗」【4】，形成現
在頭旗、頭燈、三仙旗的規模；頭旗班、大轎班、香擔組等團
隊【5】的關係密切，五十年代之前，大甲媽祖進香工作，都由
大甲地區的溪州與橫圳兩庄的人來負責，五十年代之後，兩庄
參與人數漸增，協議分成溪洲班與橫圳班兩班，工作分成頭旗
班與香擔組為一組，大轎班的工作一組，兩班一年各負責一組
工作，兩年對輪工作一次，後來民國70年左右，因橫圳參與人
數較少，無法負擔頭旗工作，而改由溪洲班主要負責，部分橫
圳班的人加入而固定成員為頭旗班，不再由溪州與橫圳對輪，
而頭旗班與溪洲的大轎班屬於同一組織，共同進行相關進香工
作，並於民國81年（1992）共組大轎班神明會，後來因故於民
國93年（2004）與溪洲大轎班「拆開」，各自獨立行政作業，
並不再參與溪洲大轎班的神明會，獨立成為頭旗班【6】，目前
進香相關費用，都由成員自行收費支應，未接受任何團體之補

【4】「三仙旗」為頭旗副手，中間黃旗代表媽祖，旗面書上「大甲鎮瀾宮天上
　　聖母」，兩旁藍旗為護駕，旗面書上「大甲鎮瀾宮（謁祖）遶境進香」，
　　這組三仙旗為民國五十年前後才設置，三仙旗的產生來自於：進香沿線接
　　駕的團體增加以後，原先頭旗的工作除了帶領隊伍前進之外，尚負有接待
　　迎駕團體的任務，當迎駕團體與頭旗對拜之後，頭旗使必須引導該團體至
　　媽祖大轎前行禮，結果因此而造成進香隊伍停頓，為了解決此一問題，設
　　置三仙旗代替頭旗率領整個進香團隊向前方邁進，如此一來整個隊伍才不
　　致於缺乏旗幟帶路而停頓了下來。
【5】北港進香時設有香擔組，後來往新港遶境進香時取消，香擔組成員就改為
　　負責娘傘組，在2000年湄州進香時，又恢復組成一次。
【6】訪問頭旗班長陳啟章、成員洪定雄等人。

助。

（二）繡旗隊

繡旗隊約在民國45年左右產生，規模約十餘支，當時由男性擔任，但並不固定【7】，民國52年（1963）左右由大安鄉林同和先生正式成立，當初設置目的在於充實進香隊伍的陣容，此後逐年擴充，曾經到達三百六十餘支，近年在廟方人員、車輛的考量之下，加以控制，避免人數過於龐大，近年多以二百八十人到三百二十人的範圍內，提供參加名額。繡旗隊無固定成員，設立數年後，鎮瀾宮就委託給卅六執士團管理，因此在成員安排上，將走在最前方四方形的雙龍彩牌旗、龍鳳旗給男性負責，其餘均由女性執旗【8】，繡旗均為還願的信徒製作捐贈給廟方。

繡旗隊的成員，因要考慮開放讓信徒還願的因素【9】，所以人員一直都採不固定制度，其成員多為許願、還願的中年婦女，目前繡旗隊仍由三十六執士團負責管理，目前由執士團的鄭金助先生為主要負責人，繡旗隊成員雖不固定，但開放參與三十六執士團的神明會【10】。

【7】訪問蔡茂雄先生。

【8】參考黃敦厚，〈2005大甲媽祖教師研習團行前手冊〉，頁24。與訪問繡旗隊主要負責人鄭金助先生。

【9】欲參與之成員，先向媽祖請示，同意後於元宵節當天早上向鎮瀾宮登記。

【10】訪問三十六執士團團長陳文忠先生。

（三）三十六執士團

　　三十六執士團為媽祖駕前的護駕儀杖隊伍，執士隊共有一對龍鳳旗，十二面彩牌和十八般武器。龍鳳旗為三角形的旗幟，上繡龍鳳圖案；彩牌包括「肅靜」「迴避」「鎮瀾宮天上聖母」「遶境進香」「風調雨順」「國泰民安」每種字樣各兩支；十八般武器的內容包括：龍頭拐、月牙鏟、槍鉤、三叉槊、方天戟、蛇矛槍、青龍刀、乾坤環、金瓜錘、鳳頭刀、九齒釘耙 、日月鏟、竹節鞭、宣花斧、金鐗等。行進途中如遇喪家，執士散開，將媽祖大轎護衛在中間，避免邪魔犯駕或冤魂攔路告狀【11】。儀式器具由信徒捐贈，鎮瀾宮收齊後，委託廠商製作。

　　執士隊在光復以前並未護媽祖鑾駕南下進香，只有媽祖進香回到大甲市郊，才前往迎接，並進行市區遶境遊行，約在民國40餘年以後才跟隨南下進香。人員除了幾位主要負責的人外，都來自還願男性信徒所組成【12】，民國85年組成「大甲鎮瀾宮三十六執士團媽祖會」，之後班底漸漸固定，但仍考慮讓信徒還願因素，故進香時的成員仍開放登記，提供各地信徒還願，目前組成的成員，大甲地區四鄉鎮的成員約佔二分之一，其餘成員為全台各地的善男信女【13】。

　　三十六執士團正式跟隨南下進香後，由大安鄉林同和先

【11】參考黃敦厚，〈2005大甲媽祖教師研習團行前手冊〉，頁16。

【12】參考黃敦厚，〈2005大甲媽祖教師研習團行前手冊〉，頁16。

【13】訪問三十六執士團團長陳文忠先生。

生負責，民國84年後由大安鄉陳文忠先生負責，目前「大甲鎮瀾宮三十六執士團媽祖會」成員約三百七十多人，含顧問約一百人，其餘為執士團、繡旗隊成員與家屬，每年會費為顧問五千元、會員兩千元，作為神行會相關費用支出，與補助部分進香費用，進香費用由團員收費以及顧問捐助支付。平常聯誼活動為農曆正月十五吃春酒，農曆三月二十五日為「過爐」的活動，平常並將每年結餘之經費，作為對外急難救助以及濟貧活動之用【14】。

（四）哨角隊

自日治時期時，便有人吹奏哨角跟隨大甲媽祖南下進香，當時只有兩隻哨角，由大甲橫圳黃清、黃景炎負責，一人吹哨角，另一人吹號頭；民國50年（1960）傳給郭來、陳水池先生，而於民國56年（1967）正式成立哨角隊。尚未成隊前，長期以來僅兩人為媽祖服務；正式成隊後，成員逐年增加，目前已有約一百二十支哨角，八支號頭，可分兩班輪替，在大甲與新港遊街時，所有的團員會一起出現，其餘則按分組輪班。現今哨角隊陣容包括隊旗、龍鳳旗、馬頭鑼兩面、號頭與哨角若干支，行進時兩人一組前進，沿途吹奏必待馬頭鑼決定，只要馬頭鑼敲了十三下（前十一響緩慢敲打，最後兩下為連續敲打的快節奏）或擊亂鑼，均要吹奏。鑼敲十三下時，哨角為正常吹奏；亂鑼則途經橋面、墓地或喪家時，為驅趕邪魔之

【14】訪問三十六執士團團長陳文忠先生。

意【15】。

　　為避免成員流動過大，吹奏人數難以控制，哨角隊於民國62年（1973）成立媽祖會，其媽祖會所屬媽祖稱為「哨角媽」，分正爐媽、副爐媽兩尊媽祖，各配祀有一組金精、水精將軍；正爐媽限大甲、大安、外埔的會員請祀。「哨角媽」為鎮瀾宮眾神明會當中，傳說及靈驗故事最多，故其擁有專屬大轎、涼傘、芭蕉扇、頭旗、頭燈、三仙旗、千里眼、順風耳神偶等儀仗器具，皆為信眾答謝哨角媽所專製，並於2009年新建一棟會館，做為聯誼與存放物品之用。

　　本隊組織每四年改選一次。哨角隊媽祖會會員資格不限，每年需繳交一千三百元予爐主舉辦過爐事宜。此外，每年農曆五月一日需繳「炮仔錢」至少一千元以上，作為本團媽祖誦經、演戲、請陣頭等經費。目前會員約百餘人，大甲、大安、外埔人約佔八十多人，其餘會員則來自外地，而其中又以中部人或大甲外移子民較多。哨角媽每半年過爐一次，時間為農曆五月一日與農曆的十一月初一。

　　大甲媽南下遶境進香時，本隊每位參與進香的成員須繳交一千元以上的「路費」；人員分作兩班，輪流吹奏哨角。此外，哨角隊正爐媽亦會安座於哨角車內，隨大甲媽南下至新港進香。進香期八天，鎮瀾宮共補助本團六萬元油錢。除了隨大甲媽祖南下遶境進香外，平日鎮瀾宮若有請求出隊協助接待前來鎮瀾宮的進香團，哨角隊亦會出陣，由鎮瀾宮補助當日車

【15】黃敦厚，〈2005大甲媽祖教師研習團行前手冊〉，頁16。董振雄，《心靈原鄉－大甲媽祖進香行》，頁54。

錢，約六千元；本團亦接受其他廟宇的邀約。此外，本團亦曾
對外教授其他團體，目前有豐原鎮清宮及基隆聖安宮等曾向本
團學習。【16】

（五）福德彌勒團

　　福德彌勒團於民國68年（1979）成立，為神偶團體，成
立之初僅有三尊羅漢神偶，分別為彌勒羅漢、達摩羅漢、古佛
羅漢，原先有意自北港分靈，但後來自行請人雕刻【17】。後於
民國69年（1980）再由彰化市的彰山宮分靈玉女和土地公兩尊
神偶【18】。本團最初成立時，原只想送大甲媽出城，後鎮瀾宮
補助路費要求行南下壯大聲勢。為表示對媽祖的尊敬，故進香
出發前會替神偶換新衣，若衣服被沿途鞭炮損傷嚴重，回程時
亦會再換一套新衣服。

　　本團創團人為劉柏照，其原先參加莊儀團，後自行設計
彌勒神偶自組福德團。劉柏照去世後，為紀念他，遂不再設團
主，而以劉柏照的哥哥劉柏元為負責人【19】。進香期間，由團
長統籌團內各項事務，職務分配並設有總領隊、副總領隊，其
餘會員分作八班，其中五班為神偶班，其餘三班分別為旗手

【16】民國九十四年八月二十日訪問哨角隊前隊長紀火灶先生於大甲城隍廟。

【17】民國九十四年八月二十一日訪問福德彌樂團團長劉柏元先生於大甲鎮瀾
　　宮。

【18】黃敦厚，〈2005大甲媽祖教師研習團行前手冊〉，頁14。

【19】張珣，〈大甲鎮瀾宮進香團體內部的神明會團體〉，《民俗曲藝》，
　　五十三期，頁54。

班、鼓班、車班各一班。平日組織四年改選一次，除了團長及顧問外，設有團主、會長、總務、會計等職務。

　　本團團員人數目前約一百至一百二十人左右，無資格限制。顧問每年需贊助本團一萬元，目前顧問約有四十人，其中又以中部人較多。本團不向團員收取團費，南下進香亦不向團員收取任何費用。每年進香鎮瀾宮補助六萬元，除用於鞭炮的支出外，餘額發給每位團員五百元。平日公費除用於團內事務及團員婚喪喜慶的紅白包外，並不舉辦交誼性質的活動。

　　自民國68年（1979）本團成立時，亦於該年成立神明會。本團神明會一共輪祀三尊神明，分別為民國68年設置的正爐媽、副爐媽，及民國69年始供奉的福德正神。正爐媽從鎮瀾宮所分靈，為鎮瀾宮十三媽；副爐媽則為鎮瀾宮三十六媽。正爐媽及副爐媽由會員筊杯輪祀，福德正神則由顧問筊杯輪祀，皆一年一輪，每年於農曆三月二十六日舉辦過爐。正、副爐媽僅過爐時才請出來，不隨本團參加鎮瀾宮南下的遶境進香。本團最初雖亦供奉彌勒神像，但早期即請入鎮瀾宮內，除鎮瀾宮翻修時曾請出來外，翻修完後又再次請入鎮瀾宮，之後便由鎮瀾宮代為保管。除參與大甲媽祖進香或相關事宜外，本團亦曾對外教授舞步，對象為彰化的某間私人廟，該廟由本團分靈出彌勒神偶三尊。【20】

【20】民國九十四年八月二十一日訪問福德彌勒團團長劉柏元先生於大甲鎮瀾宮。

（六）彌勒團

彌勒團早期成員曾參與福德彌勒團。因福德彌勒團舊團主劉柏照於民國72（1983）年去世，民國73年（1984）進香時，福德彌勒團守喪不淨，不能參與進香活動【21】，由於平日早有意見相左之處，該年便推大安村葉本枝及其堂兄弟葉石城另創彌勒團以參加該年進香【22】，後來原本有意與福德彌勒團合併，但因故未成，獨立成團至今。自創團至今，已換過約四或五組神偶頭。步伐雖習自北港，但亦加入些許變化。每年隨大甲媽祖南下進香前會擇吉日為神偶修飾容面、換衣服，並開光點眼；回程時則於吳厝換另一套衣服。每尊彌勒神偶所穿著的衣服顏色皆為固定；古佛著粉紅衣，祖師著黃衣，羅漢則著青衣。三位彌勒的造型一致，手上都持葫蘆與羽扇。

民國73年（1984）本團成立之時，神明會亦於該年成立，祀有正、副爐媽祖各一尊，以及彌勒古佛、彌勒祖師、彌勒羅漢各一尊，共五尊神明。正、副爐媽由團員自行請匠師雕刻，於鎮瀾宮內接受一個月的香火薰陶後再請回團內。兩尊媽祖各配祀一組金精、水精將軍，由正、副爐主請回家奉祀，而三尊彌勒則由頭家請回奉祀；由大頭家頭請彌勒古佛，中頭家頭請彌勒祖師，小頭家頭請彌勒羅漢。由於四到五年前鎮瀾宮規定各團隊於大甲媽進香期間僅能請該團主神南下，故南下進

【21】由於當時相關物件都置於團長家中，逢喪事而未取出相關物件，故無法參與進香。

【22】張珣，〈大甲鎮瀾宮進香團體內部的神明會團體〉，《民俗曲藝》，五十三期，頁54-55。

香時，彌勒團所屬的正、副爐媽不南下新港，而請至鎮瀾宮內；而三尊彌勒的神像則置於鼓車上供奉，並請入新港奉天宮。

　　本團團員資格不限，但大多是大安、大甲、外埔等地人士。雖無年齡限制，但為避免學生影響課業，故盡量不讓學生操弄神偶。本團初創之時團員僅四十人，創團五年後大致固定為現今八十餘人的人數，顧問目前則約有二百四十人上下；進香人數亦約八十人。團員免繳團費，南下進香亦免出任何費用。此外，團員南下進香屬義務性質，本團不補助團員任何費用，僅分一條煙予團員作為酬謝。只要是團員皆可筊杯選頭家或爐主，並不限定大甲、大安、外埔三鄉鎮成員才可筊選。

　　本團常設性組織並未明定多久改選，至今已換過二至三任會長。目前組織設會長、副會長、領隊、副領隊、總務、財務、指導員等。進香時的工作分組，大致分旗班、羅漢班、祖師班、古佛班、鑼鼓班、車輛班等組別。

　　每次南下進香，鎮瀾宮補助本團六萬元。進香團服由幹部找贊助，沿途住所自理，鎮瀾宮不代理安排；因長年與某些民家互動，情感相依，故進香時多固定住在某幾戶固定民家。

　　每年自新港回來後，本團神明會會選擇於某週末為媽祖祝壽，筊杯選頭家、爐主，並於農曆三月二十四日過爐。原本與有些團隊的神明會於彼此過爐之時會互相致意、湊熱鬧，但後因人力有限，故取消。目前僅與莊儀團往來間還保有此習慣。除了隨大甲媽祖南下進香外，平日鎮瀾宮若有需要，亦會協助出陣，或接受其他廟宇的邀請，再酌收茶費補貼幫忙的人員。此外，本團亦對外教授，有日南慈德宮、基隆真輔宮、及

西螺福興宮等，此三團神偶的腳步習自本團【23】。

（七）太子團

太子團成立於民國75年，由張瑞義先生所創立，創團源自團長於進香途中，見西螺一帶的太子團表演，而興起組團的念頭。於是自行請神雕神偶，請人開光點眼，並到西螺昭安府學步伐（昭安府太子團成員後來轉移至西螺福天宮），該團神偶為三太子哪吒與濟公【24】。濟公及太子神偶每年於進香之前都會重新開光點眼，並更換新衣；此外，回程時亦會再換新衣。本團習慣於進香時為濟公神偶準備兩套衣服(黑色、黃衣)，去程與回程各換穿一套。

本團所組神明會，共祀有三尊太子爺、二尊濟公及二尊媽祖，其中一尊太子爺奉祀於總領隊家中，其餘分為兩組神明，每組有太子爺、濟公及媽祖各一尊，分別由該年的正、副爐主請回家祭祀；正、副爐主及頭家的筊選於每年正月農曆十五至二月底間擇日舉行。因本團以太子爺作為主祀神，故會員一年一度的聚會擇於農曆九月的第一個週末，即太子爺生日（農曆九月九日）前後，於鎮瀾宮舉行前後任正、副爐主及頭家的交接。

目前本團的團員人數約一百人，其中又以大甲人或大甲外移子弟較多。團員無繳交年費的限制，顧問則每年需繳交

【23】民國九十四年八月二十二日訪問彌勒團領隊葉本枝先生於葉宅。

【24】黃敦厚，〈2005大甲媽祖教師研習團行前手冊〉，頁15。及民國九十四年四月十四日訪問太子團總領隊林益鉬先生於西螺。

五千元，作為會餐及九月過爐所需費用之支出。創團團長為張瑞義，總領隊至今則經四任，前三任分別為張清煙、陳水田、邱振盛，現今則由林益鈿所擔任，並無任期的限制。除總領隊外，另設副領隊、總務、財務、祭典、指導員。進香組織分為旗班班長、太子班、濟公班、鼓班班等，前三班人數各約十八人上下，鼓班人數則約二十人。進香期間，衣服為廠商贊助，飲食則由沿途信眾及廟宇提供，居住則睡在卡車上，僅在新港奉天宮時安排住所。除隨大甲媽南下進香外，若平日鎮瀾宮需要隊伍接駕外來的進香團，本團亦會出陣。對外曾於五年前教授過彰化聖安宮的太子團，其神偶與本團一樣，皆為太子及濟公[25]。

（八）神童團

神童團有兩尊童子神偶，分別為「招財童子」與「進寶童子」，皆於民國55年（1966）分靈自北港閭山堂（北港朝天宮的神偶團體），最初為鎮瀾宮莊儀團所屬，民國68年（1979）正式獨立成團[26]。兩尊神偶的衣服及身上的背帶皆由民眾樂捐資助，其每年固定換兩套新衣：於南下進香前換一套，於新港回程前又換一套。有些資助者會索取神偶穿過衣服，以保平安。

本團神明會成立於民國60年（1971），祀有神童祖師及

---

[25] 民國九十四年四月十四日訪問太子團總領隊林益鈿先生於西螺。

[26] 黃敦厚，〈2005大甲媽祖教師研習團行前手冊〉，頁15。以及董振雄，《心靈原鄉－大甲媽祖進香行》，頁50。

正、副爐媽。南下進香時，會將神童祖師請至鼓車上，正、副爐媽則無一同南下。每年於農曆二月二日於正爐主家執筊選下屆正、副爐主及頭家十人，而於每年的農曆三月二十八日過爐，農曆四月二十六日為神童祖師聖誕，舉辦祝壽大會為祖師慶祝。

團員免繳團費，加入滿兩年即可參加正、副爐主及頭家之杯選，目前團員約八十餘人。顧問則每年需資助六千元予本團，目前約九十人上下，所收取的費用全數用於南下進香及平日過爐活動的開銷。本團平日組織，設團長、副團長總務、副總務、文書輔導、會計；幹部需對外募集贊助。進香組織設總領隊、名譽總領隊、副領隊，並分旗班、鼓班、鼓車班、車輛班、及神偶二班等六班。

每年南下進香人數，本團約有一百人，無資格限制，但該有進香禁忌者【27】不可參加；此外，為避免學生影響學業，今年特別規定不讓學生參與。進香時團員衣、褲及夾克由贊助者提供；於北斗時，固定與莊儀團、太子團歇息於某戶民家。為表示對神明的敬意，避免不乾淨的人、事、物接觸本團物品，故搭載神偶及服務員的車子不能讓女性上車，且每晚啟程前會先淨車。

除了參與大甲媽南下進香遶境外，若鎮瀾宮邀請本團接待前來參拜的進香團，神童團亦會出團。本團目前對外無教授

【27】一年內有喪事等相關進香禁忌。

團隊【28】。

（九）莊儀團

　　莊儀團成立於民國52年（1963），由大甲陳五木、陳榮勝、何文進提議組成【29】，步伐禮數學自北港朝天宮的莊儀團，團中的神偶即媽祖座前的兩位將軍，千里眼與順風耳。但張珣教授於70年代中期所作的調查指出，中介鎮瀾宮與朝天宮之間而促成鎮瀾宮莊儀團產生的為大甲鎮民陳水蕃先生，當時由朝天宮提供金精、水精兩神偶的頭部，鎮瀾宮則提供二套衣服，其餘由團員自籌【30】。由於常有信徒答謝媽祖，故本團兩位將軍的神偶一年換兩套衣服，分別於南下進香出發前及新港回程前換好。早期莊儀與神童同為一團，但扮演神童神偶的成員多較為年輕；後因人數增多且彼此年齡層有差異，而各自獨立成團。

　　本團亦有神明會，祀有媽祖兩尊，分別為正爐媽及副爐媽，據張珣教授於70年代所作的調查為由北港朝天宮所分靈【31】，但據董振雄先生的說法則為團員自行請外面師父雕

【28】民國九十四年八月二十一日訪問神童團成員洪連煌先生於洪先生家中。洪連煌先生亦為現任機車團團長。

【29】董振雄，《心靈原鄉－大甲媽祖進香行》，頁60。

【30】張珣，〈大甲鎮瀾宮進香團體內部的神明會團體〉，《民俗曲藝》，五十三期，頁56-57。

【31】張珣，〈大甲鎮瀾宮進香團體內部的神明會團體〉，《民俗曲藝》，五十三期，頁56。

刻，非分靈自北港【32】。每尊媽祖各配祀一組金精與水精將軍，但副爐媽的將軍較晚才有。最初僅限出錢成立聖母會之人才有筊杯選爐主的資格，後來才開放讓其他團員參與杯選。爐主一年一任，於每年農曆三月二十六日將兩尊莊儀媽請至鎮瀾宮內，杯選頭家及爐主。

　　本團團員不需繳團費，但需經過挑選；顧問則每年需資助本團五千元以上。團員目前為一百人左右，本團常設性組織於民國80年（1991）後固定為四年一任，之前任期則不固定。對外教授的團隊有大安鎮安宮、日南慈和宮、基隆聖安宮、台中朝聖宮等，此外豐原、月眉等地亦皆有廟宇的莊儀團前來學習本團神偶的步伐。這些前來學習的莊儀團，有些依循本團舊例，神偶頭請自北港朝天宮，再向本團學習步伐。

（十）涼傘組

　　本組原名為「火坩房」，廟方稱之為香擔組。早期香擔組與頭旗、大轎班皆屬同團性質，但按工作屬性分成兩個部分；香擔與頭旗為同一部分的工作，大轎則為另一部分，分別由溪洲及橫圳兩庄人士對輪兩部分工作。而香擔組內部的工作內容，尚可再細分為「香擔」、「涼傘」、「令旗」、「馬頭鑼」等四項。自進香改道新港後，大甲媽祖遶境進香取消「刈火」儀式，挑香擔這組人馬則分入其他三組，而「火坩房」的稱呼亦被改變，改稱為「涼傘組」【33】。雖後來大轎、頭旗、

【32】民國九十四年八月二十二日訪問董振雄先生。

【33】黃敦厚，〈2005大甲媽祖教師研習團行前手冊〉，頁16-17。

涼傘各自獨立成班、成組，但涼傘組的工作還是維持之前橫圳、溪洲兩組對輪的形式：大甲組，由張日益先生負責；另一組為大安組，由鄭清標先生所負責。兩組人數都約在二十五人左右，目前因人力需求較大，已經合作進行。

（十一）大轎班

　　大轎班為負責媽祖神轎工作。轎班初成立之時，成員只有大甲橫圳人，自大安海口人加入之後，每時段的工作人員大致保持橫圳、海口人五五分【34】（另有一說為四六分），由八人抬大轎，二人抬行囊兼拿令旗與爐丹；後增二人協助拿雨衣及斗笠，之後成員亦有再增，才分三組人馬輪流抬轎，大致以路段作為交班的分界。每次南下進香，鎮瀾宮會貼補每位轎班成員些許茶資，戰後初期約貼補十元，後曾增為五十元；現今參加全程者每人補貼兩百元。

　　如前面頭旗組的內容所述，民國五十年代之前，大甲媽祖進香的相關工作，都由大甲地區的溪州及橫圳兩庄的人士來負責；五十年代之後，兩庄參與人數漸增，協議分成溪洲班與橫圳班，兩年對輪工作一次。自橫圳與海口人有意拆班各自獨立成團，於媽祖面前筊杯確立了以民國紀元的年度作為對輪的標準，奇數年由橫圳班擔任南下進香的扛轎工作，偶數年則由海口班為媽祖服務【35】。目前橫圳班由王文城先生負責，而海口（溪洲）班由洪博義先生負責，進香工作人數皆約六十人左

【34】民國九十四年八月二十日訪問橫圳大轎班陳逢春先生於陳宅。

【35】民國九十四年八月二十日訪問橫圳大轎班陳逢春先生於陳宅。

右。

1.橫圳班

鎮瀾宮雖允許每團隊請兩尊媽祖，但橫圳班沒有自己的媽祖。原因是老班長認為橫圳離鎮瀾宮不遠，參拜媽祖至鎮瀾宮即可，且可節省過爐開銷。

由於本團未組神明會，亦沒加入海口班神明會，故平日無常態性組織，僅於進香籌備期開始動員。進香時，橫圳班成員共分三組，一組大致為十四人，每組中一人為組長，其餘一人開車、一人燒香，十人抬轎及拿芭蕉扇。本班除非舊成員有人無法南下進香，亦或有人曾承諾媽祖要抬轎還願，才對外讓有意參加者加入。進香時，每位成員需繳交一千餘元，平日則不額外收取費用。【36】

2.海口（溪洲）班

海口（溪洲）班成員於民國81年（1982）成立「大轎班媽祖會」，現今成員約七十五人，顧問約一百人左右，固定於每年農曆一月十六日吃春酒、三月二十六日過爐。原本頭旗班也加入本團神明會，並一同組織運作相關事宜，成員也相互流通。但民國93年（2004）頭旗與轎班因故分開，各自獨立行政運作，頭旗班成員亦不再參加海口（溪洲）班轎班的神明會。【37】

【36】民國九十四年八月二十日訪問橫圳大轎班陳逢春先生於陳宅。

【37】多次訪問溪洲大轎班會計洪春豐先生。

二、進香服務與隨香團隊

　　進香服務工作人員有宣傳車、交通隊、醫護組、誦經團、總務服務員、受付組、令符服務員、祭典服務員、辦事處服務員、隨駕劇團（霓聲齋）、爆竹團、水電燈光組、清溪救援隊、中安救援隊等工作人員。隨香團隊則有自行車團、機車團、教師研習團等。但是其中服務員都為個人擔任無組織，抑或由鎮瀾宮職員擔任，醫護組、隨駕劇團（霓聲齋）、清溪救援隊、中安救援隊是本來就成立的團體，僅受邀於進香中擔任服務工作，在此部分將不于討論。而服務團隊中的水電燈光組與隨香的機車團，都是由相關產業人士組成，並在進香中提供服務，將在其他部分進行討論，本部分先就誦經團、交通隊、爆竹團、自行車團、收付組、教師研習團、e世代青年會等進行說明。

（一）誦經團

　　誦經團目前鎮瀾宮為一「常設」的組織，不只有在進香或活動時才組成，而是一常態性的組織，負責鎮瀾宮初一十五以及各項節日慶典的誦經工作，在進香中也負責各項典禮的誦經，目前成員為七十五人，分數組為鎮瀾宮進行各項誦經服務工作【38】。誦經團成立於民國51年（1962），其團務由當時監委盧日先生兼任，聘易木川為老師，當時誦經團由兩人共同負

責推動，民國60年後由方英才先生負責【39】，陸續有其他相關老師與成員帶領。

（二）交通隊

交通隊成立於民國48年（1959），剛開始是駕駛鐵牛（拼裝車）或機車載送跟不上進香隊伍的徒步進香客，民國53年（1964）再募集服役退伍的後備軍人組成「後備軍人服務隊」，除負責載送信徒外，也開始負責交通指揮工作，後於民國63年（1974）改名為「交通整備隊」，後來才又改名為交通隊，目前負責進香前與董監事、頭旗等人員會勘進香路線，並於進香時，負責路線引導與交通指揮的各項工作，鎮瀾宮舉辦各項活動時，也由該團隊負責相關的支援工作【40】。

本團於民國64年成立媽祖會，該會媽祖為從鎮瀾宮分靈的七媽及七十媽，早期每年過爐兩次，為農曆三月二十九日及九月二十九日兩次，後來改為農曆三月二十九日過爐一次【41】，目前隊員人數約為六十人，神明會人數約將近一百五十人。

【39】大甲鎮瀾宮管理委員會編印，《大甲鎮瀾宮志》，1974，頁39。

【40】訪問隊長蔡心安，並參考董振雄，《心靈原鄉－大甲媽祖進香行》，頁100。

【41】張珣，〈大甲鎮瀾宮進香團體內部的神明會團體〉，《民俗曲藝》，五十三期，頁51。

（三）爆竹團

爆竹團負責大甲媽祖進香起駕時的「起馬炮【42】」、以及在鎮瀾宮、水尾橋施放的煙火，並負責祝壽大典以及新港回駕相關炮竹的施放。民國55（1966）年由吳明章先生創立，民國73年（1984）由吳明章先生之子吳文欽發起成立大甲鎮瀾宮爆竹團媽祖會，成員大約二十餘人，都為大甲地區的企業負責人，每年於農曆三月二十六日與九月二十六日舉辦兩次過爐聚會【43】。

（四）自行車團

自日治時代，便已經有人騎腳踏車跟隨大甲媽祖南下進香，而今日的「特組自行車團」，則正式成立於民國47年（1958），由陳水池、梁鏡堂、陳耿章、卓波鎮等人所發起，其有鑒於當時進香車隊雜亂無章，基於整體行進的安全考量，遂邀集有共識騎腳踏車的香客，組成此支隨駕進香的隊伍。同時為考量整齊美觀，故隊員不論男女一律穿著白襯衫、卡其長褲、同顏色的領帶、戴白手套與小帽、掛臂章，因此一直都是「進香示範隊」，也被稱為「鐵馬團」。本隊伍除了為隨香團隊的一部分，並負責在駐駕廟宇前組成隔離牆，方便大轎班行禮入宮駐駕，故被稱為媽祖的「鐵衛」；但此項工作已於民國91年（2002）回駕至北斗時在正、副董事長的要求之下，退出

【42】 三響的起駕禮炮。

【43】 訪問炮竹團長陳卿文。

取消【44】。

　　本團亦有神明會，祀有正、副爐媽，現今每三個月輪祀一次【45】，分別於每年農曆一月、四月、七月、十月的十六日舉行過爐。每年農曆一月十六日後的第一個禮拜，本團會帶所屬的正、副爐媽及其各自配祀的金精、水精先行南下至新港進香，並筊杯擇日探路線。

　　本隊組織設有團長、副團長、總領隊、祭典、財務、會計等各一人，亦設有交通指揮約十人。成員資格不限且男女不拘，但首次加入進香者需向媽祖請示，且須配合全程活動，並自備腳踏車。本團不設置顧問。目前隊員總數約有一百一十餘人，南下進香時向每位會員收取一千二百元，內含一百元保險費【46】。早期南下進香時因物資缺乏，故團員身上會帶糕餅果腹，於新港時由團隊出資請人備食；現今則不自行準備食物，由沿途所經廟宇提供；住所自理，鎮瀾宮不代為安排。

（五）收付組

　　在民國64年（1975）之前大甲媽祖進香都由爐主負責，

【44】黃敦厚，〈2005大甲媽祖教師研習團行前手冊〉，頁18。

【45】訪問自行車隊團長梁鏡堂先生、副團長卓波鎮先生、會計梁景隆先生、財務吳慶仲先生、及總領隊王策先生於溪洲。而張珣教授於民國七十多年所作的調查，當時鐵馬媽會為每兩個月過爐一次；見張珣，〈大甲鎮瀾宮進香團體內部的神明會團體〉，《民俗曲藝》，五十三期，頁60。

【46】民國九十四年四月十一日由邱千芬小姐、李岳倫先生訪問自行車隊團長梁鏡堂先生、副團長卓波鎮先生、會計梁景隆先生、財務吳慶仲先生、及總領隊王策先生於溪洲。

當時由正、副爐主負責護轎與相關祭典，沿路「收付」工作則由頭家負責，「收付」是指收取信徒所添的香油錢、金牌，並抄寫姓名，發給感謝單據、香袋、符紙及爐丹，由於當時許多頭家不識字，故爐主有時請人協助抄寫，當時由許清水先生負責找人幫忙，至民國66年（1977）[47]才正式成立收付組。

民國70年因帳目失修之糾紛，未獲鎮瀾宮諒解，收付組因而欲解散，不再為鎮瀾宮服務，為紀念組員間的感情，遂於民國70年成立媽祖會，後來鎮瀾宮答應增加人手協助此團，以應付日漸增多的信徒及香油錢，故此團繼續為媽祖服務，繼續負責每年的收付工作，目前成員三十餘人，每年有兩次過爐時間，為農曆三月二十五日與九月二十五日[48]。

（六）教師研習團

教師研習團全名為「大甲媽祖教師研習團」，在民國89年（1999）由台中縣政府文化局提議成立，由台中縣各級學校教師所組成，負責進香活動中的各項記錄工作，工作持續數年，後因長期參與該活動的數位團員，有感於主動權握於政府機構之上，且無固定組織，不易聯絡與固定累積資料，故正式成立「大甲媽祖教師研習團」，由黃敦厚擔任團長，固定成員約二十人，主要為大甲地區的教師與媽祖研究者，也有其他各地媽祖研究者加入，負責每年舉辦研習與相關田野調查活動，

---

[47] 但根據張珣的調查指民國56年（1967）成立收付組。

[48] 張珣，〈大甲鎮瀾宮進香團體內部的神明會團體〉，《民俗曲藝》，五十三期，頁51-53。

並協助學術單位的研究工作，與支援鎮瀾宮的電視轉播與解說
工作【49】。

　　每年進香召集研究記錄團隊參與進香，參與成員以台中
縣各級教師、大甲地區相關文史工作者、研究人員為主要參與
成員，相關研究機構學者、研究生為輔，自2006年度起特別招
募大學以上之青年學生，深化對傳統文化之了解，並引進新
血，擴大各界的參與，培養新進參與相關研究工作。另外本團
並負責帶領國內外相關學者與研究人員參與進香活動的帶領。
本團持續數年記錄大甲相關文化活動，成果豐碩，並出版相關
《大甲媽祖遶境進香》、《文化傳承－大甲媽祖遶境進香》、
《民俗與文化：台中縣大甲媽祖文節專輯》、《大甲媽祖進香
的儀式與典禮》、《台灣瘋媽祖：圖說大甲媽祖進香》等多本
專書，並辦理研討會與大甲媽祖民俗文化營，並拍攝《信徒容
顏》、《人間媽祖》等紀錄片。

（七）大甲鎮瀾宮e世代青年會

　　民國90年（2001）由高中與大學在學生組成的青年服務
團體，早期以跟隨進香與聯誼，並無特別相關目的，近年在鎮
瀾宮輔導下，辦理各項志工服務、舉辦育樂營以及協助大甲鎮
瀾宮辦理各項活動。目前成立固定組織，進行常態運作，逐年
進行幹部改選，於民國98年（2009）成立神明會。

【49】訪問教師研習團團長黃敦厚。

三、產業所組成的神明會

大甲在地的神明會除了以上所述，其他團體也組成媽祖會，作為共同聯誼之用，在進香中負責相關的工作。

（一）水電同業聖母會

水電同業媽祖聯誼會為大甲地區水電、電器等相關行業所組成的媽祖神明會，目前負責在大甲鎮瀾宮周圍地區架上相關燈光設備，以提供夜間照明之用，之前部分成員還支援鎮瀾宮燈光組、電池組的工作。在組成固定神明會之前，大甲地區的水電同業就曾經組織搶香，（民國48年（1958）擔任頭香），民國58年（1969）台灣電力公司大甲服務所主任募集台電同仁、水電同業成立大甲鎮瀾宮水電組，同年搶頭香，後稱為大甲地區水電同業媽祖會。在77年（1988）時正式正名為「大甲鎮瀾宮水電同業聖母會」，一般民眾稱之為「水電媽」，每年固定過爐一次【50】。

（二）大甲區機車同業聖母會

大甲媽祖進香的機車團於民國50年左右，由地方士紳劉國棟、王繁洲、張天民等人與開設機車行的周隆聲、葉博敦、莊清江等提議組成，招募善男信女組成機車團前往進香，並由大甲義警隊負責交通安全維護工作，機車團招募業務一直由這些士紳負責，直到民國71年（1984）交由「大甲地區機車同業公會」的前身「大甲機車小組會」承辦至今。

【50】訪問該會陳先生。

「大甲機車小組會」於民國71年成立，為大甲地區的機車同業所組成的聯誼會，成立之後開始接手媽祖進香的「機車團」的相關工作，並開放給善男信女參加，該會並提供各項服務。民國76年成立「聖母會」，由會員參加，每年過爐一次，82年擴大舉辦過爐活動，繞經各同業商行【51】。現在還為會員舉辦自強活動、尾牙等相關聯誼活動。

　　除此之外，大甲地區還有其他的大甲媽祖神明會組織，例如由早期擔任頭家爐主所組成的五媽會、六媽會、八媽會等，以及眾多由私人所組成的私人神明會，但因為都屬私人聯誼，以及人數較少，調查也不易，所以在此部份，不予列入討論與說明。

四、在地信徒組織的發展

　　大甲媽祖的在地信徒組織，皆是戰後開始形成與逐漸擴大，從幾個面向來觀察大甲媽祖在地信徒組織的發展。

（一）以進香活動為中心的發展

　　大甲媽祖的在地信徒組織，除了誦經團之外，都是以參與進香所發展出來的，團隊的發展也都以進香為主要目的，如為凝聚成員向心力，留下固定成員參與進香活動，以利管理與傳承，而組成神明會，或是舉辦各項聯誼活動，雖然會參與支

【51】訪問民國93年會長洪連煌先生，並參考大甲地區機車同業公會91.93年《會議手冊》。

援鎮瀾宮的其他工作，但各信徒組織幾乎都是以參與大甲媽祖
進香為發展的中心。

（二）從非組織到組織化

在地信徒組織一開始可能只是個人的參與，連團隊名都
還沒有，像早期參與拿繡旗的蔡茂雄[52]先生就說當時民國
四十幾年時，他們只被稱做「拿繡旗ㄟ」，還沒有正式的名
稱，參與進香四十幾年的洪定雄[53]也回憶當時「拿頭旗」、
「吹哨角」的，因為參與人數，幾乎都只有用工作名稱來代
替，沒有正式的團隊名稱，在民國50年後，團隊才漸漸成形，
開始有固定團隊名稱，成員也才漸漸固定下來，進行各項組織
分工，設各項義務幹部，開始組織化管理。

（三）神明會的組成

在地信徒組織從非組織到組織化，通常透過組織神明會
的方式，來穩固成員，例如筆者訪談三十六執士團、哨角隊、
交通隊等都有這樣的想法，才成立媽祖會，我們透過表4-1的
大甲媽祖在地信徒組織一覽表，就可以看出團隊成立一段時間
後，就會成立神明會，作為主要組織運作的方式，其成立神明
會的原因有幾點：第一，透過神明會，固定參與成員，透過組
織與活動參與，避免人員的流失；第二，透過聯誼活動凝聚成

---

[52] 蔡茂雄，民國48、49、50年參與繡旗的工作，後來斷斷續續參與進香活
動，現在參與三十六執士的工作。

[53] 洪定雄，從民國50年參與大轎班工作至今，現參與頭旗的工作。

員向心力，目前團隊除過爐之外，也會舉辦吃春酒、自強活動等，除可加強彼此互動之外，負責人對成員也可有較深的瞭解，可以「篩選」成員，避免居心不良的人士加入；第三，團隊對外募集資源，通常都是請人擔任「顧問」，顧問也可加入神明會，並邀請顧問參與各項聯誼活動，作聯誼公關之用。

（四）成員的多元化

在地信徒組織的成員，從民國50年代的少數幾個庄頭與大甲街上的居民開始，至民國60年代逐步拓展大甲五十三庄區域內，民國70年代後則是擴大到鄰近鄉鎮與中部地區，而後到全台灣，參與的成員，隨著大甲媽祖進香規模的擴展，參與的信徒區域，也逐漸擴大，成員呈現多元化的發展[54]。

【54】詳細請見第三章第三節的論述。

表4-1 大甲媽祖在地信徒組織一覽表【55】

組織名稱	組織性質	正式成立	神明會成立	備註
頭旗班	儀式隊伍	五十年左右	以前與溪洲大轎班一起組成，民國九十三年起不再參與	以前與溪洲大轎班一起運作，民國九十三年起獨立運作
繡旗隊	儀式隊伍	五十二年	參與三十六執士團媽祖會	由三十六執士團管理，開放信徒登記參與
三十六執士團	儀式隊伍	五十年左右	八十五年	開放信徒登記參與
哨角隊	儀式隊伍	五十六年	六十二年	
福德彌勒團	儀式隊伍	六十八年	六十八年	
彌勒團	儀式隊伍	七十三年	七十三年	
太子團	儀式隊伍	七十五年	七十六年	
神童團	儀式隊伍	六十八年	六十年	民國五十五年成立，初期附屬於莊儀團，民國六十八年獨立成團。
莊儀團	儀式隊伍	五十二年	五十二年	分靈北港媽祖

【55】民國四十八年搶過頭香。

(續)表4-1 大甲媽祖在地信徒組織一覽表

組織名稱	組織性質	正式成立	神明會成立	備註
涼傘組	儀式隊伍	七十七年	無	分兩班 （大甲、大安）
大轎班	儀式隊伍	五十年 左右	溪洲班 八十一年成立 海口班則無神明會	分兩班 （海口、橫圳）
誦經團	服務隊伍	五十一年	無	
交通隊	服務隊伍	四十八年	六十四年	
爆竹團	服務隊伍	五十五年	七十三年	
教師 研習團	服務隊伍	八十九年	無	
e世代 青年會	服務隊伍	九十年	九十八年	
收付組	服務隊伍	六十六年	七十年	
自行車團	隨香隊伍	四十七年	五十八年	
水電同業 媽祖會	產業 神明會	七十七年[55]	七十七年	提供進香照明服務
機車同業 媽祖會	產業 神明會	七十一年	七十六年	負責組織機車團

資料來源：依各項訪談資料製作而成。

（五）經費支持的變化

初期在地信徒組織規模都不大，參與進香者多為大甲地區民眾，故各進香所花費的開銷與現今相較亦較少，經費多為自籌，向團員收進香費用作為進香開銷之支出。但隨著大甲媽祖進香陣仗的擴大，及團隊內部重要物件的汰舊換新，開銷日益龐雜，故向外募集資金及資源，使得尋求團隊經費之支持的方式，由早期的對內尋求支持，改變為對外募得資源，如此不僅為團隊累積基金，甚至有足夠的金錢購買土地，興建倉庫存放團隊的重要物件；而各團隊的進制服及帽子，亦大多由還願的贊助者提供，該衣物有時亦會打上贊助團體的名稱，贊助者可以獲得宣傳機會。

（六）鎮瀾宮龐大的人力資源

在地信徒組織的成立，最初目的為維繫成員之固定，但也因此內部建立有效的聯絡網絡，使鎮瀾宮平日需要人力資源時，得以方便取得各團的協助；如某些進香團前來鎮瀾宮參訪時，鎮瀾宮若需要儀式團體或人力資源前往接駕或接待，亦或是需出陣參與友廟之活動時，僅需聯絡各團隊的負責人或頭人，再由各團隊的負責人向下聯絡，尋求更多的人力資源協助，對鎮瀾宮而言，在尋求人力資源時，不僅省時又省力。

相關團隊成立是為大甲媽祖服務，不像職業陣頭以營利為目的，故對鎮瀾宮而言，於人力資源的經費，可以大大減低。組織除有利於鎮瀾宮的內部經營外，透過這些組織得以支撐大甲媽祖信仰的活動，亦打響了「鎮瀾宮」之名號，使鎮瀾宮以這些信徒組織與沿途所經過的廟宇為基礎成員，挾著擁有

眾多信徒的高名氣，開始組織「台灣媽祖聯誼會」，企圖透過成立跨公廟的組織，進一步擴大自己的勢力。此外，這些在地信徒組織，除了成為鎮瀾宮重大的人力資源外，甚至有助於鎮瀾宮勢力的政治動員。

第二節　外地神明會與分香廟宇的發展

　　在地信徒組織的成立與發展，代表大甲媽祖信仰在其「轄區」【56】內的穩固與發展，而外地神明會與分香子廟的發展，則代表轄區之外，大甲媽祖信仰的傳播與勢力的拓展。而本節所提的是指大甲媽祖「重要的」神明會或分香子廟，「重要的」是指與鎮瀾宮的勢力發展有關係的廟宇，鎮瀾宮的分香廟宇或神明會，筆者企圖透過鎮瀾宮取得相關資料【57】，但鎮瀾宮除近幾年的登記之外，卻沒有任何相關資料，所以數字上的統計有難度，不過仍卻可以透過調查，說明大甲媽祖在轄區外發展情形。

一、曾來搶香的神明會與分香廟宇

　　此部分討論曾回來「搶香」的大甲媽祖的神明會或分香廟宇。曾回來「搶香」的團體，一般是經濟力較佳，以及信徒組織規模較大，對於大甲媽祖信仰的拓展有較大影響。

（一）基隆聖安宮

　　早期因大甲地區不易謀生，所以部分人移民到基隆地區

【56】「轄區」一詞引用自張珣在《文化媽祖：台灣媽祖信仰研究論文集》中的說法，利用「轄區」一詞來說明大甲鎮瀾宮信徒的主要分佈範圍，詳見該書頁108-125。

【57】但筆者透過鎮瀾宮的前總幹事李火塗，取得民國70年到80年左右的鎮瀾宮的分靈登記簿，筆者將在下一部分有一些說明。

碼頭作苦力，並且召集一些人到此聚居，而後因為搬運工作很辛苦，常受傷，現任主委霜進春之父霜忠當時在基隆碼頭擔任小工頭，就想回大甲祭拜大甲媽祖，尋求大甲媽祖保佑，而霜忠與當時鎮瀾宮內的委員洪朝火、郭金錕、卓福見等人熟識，於是被邀請回來搶香，於是在民國47年（1958）回來擔任頭香，後來在十月份，從鎮瀾宮分靈「六媽」前來基隆，並供奉於一間租賃的房子，後來民國56年開始在現址仙洞的山上建廟，民國63年籌組臨時管理委員會，民國66年正式成立管理委員會，民國80年後，開始進行改善廟宇與周邊各項工程，在92年完成新建廟宇主體結構【58】。

　　基隆聖安宮民國47年（1958）起擔任三次頭香，後來因為在高雄發展的移民也要回來搶頭香，所以考慮相關因素，放棄擔任頭香，而後民國82年到民國84年，曾連續三年擔任參香，後因信徒大都是上班族，能全程參與遶境八天的成員不多，所以放棄繼續搶香，但民國47年起，每年農曆三月二十日都會固定組團前往大甲鎮瀾宮「謁祖進香」，民國93年（2004）進香約一千七百多人，兩天三夜，夜宿大甲兩天，第二天遊覽車載信徒往南部各寺廟進香，每年行程差不多，但往南部各寺廟進香時，一定會到北港與新港。有時會在大甲媽祖「出城」當天組團前來「送駕」，部分信徒會組團前往全程八天參與大甲媽祖進香，目前參與基隆聖安宮的信徒，已經不限

【58】訪問基隆聖安宮主委霜進春，2004/5/9。並參閱張珣，《文化媽祖：台灣媽祖信仰研究論文集》，頁159-164，文中對於分香與建廟過程有詳細的說明。

於附近的大甲移民，不少在地的信徒參與聖安宮的活動【59】。

（二）台北大甲媽祖聯誼會（聖鳳宮）

民國62年（1973），旅居台北經商的大甲人蔡偕得、陳永麟受當時鎮瀾宮主委顏萬金、委員郭金焜的邀請回大甲擔任貳香，並在當年分靈「十二媽」回到台北，成立神明會，後來在民國63年到65年又連續擔任頭香三年，後與鎮瀾宮相約，等鎮瀾宮重修落成之後，再前來參與搶香。在鎮瀾宮重修後，台北大甲媽祖聯誼會因故缺席，民國79年才在董事長王金爐的力邀之下，連續三年擔任頭香，民國82年到84年擔任贊香，民國85年到87年擔任貳香，民國88年到90年擔任頭香，民國91年到93年擔任貳香，94年擔任頭香【60】。

民國62年分靈到台北之後，先將媽祖供奉在民生東路一位幹部家中，後來因為感到不便，民國70年移到台北北投昭明宮駐駕，方便信徒祭拜，大約在北投昭明宮駐駕三到四年，後因昭明宮被商人買下，所以大甲分靈的媽祖，又回到民生東路接受信徒的祭拜，民國83年買下三重集美街的房子，成為現在的會址，經裝修落成之後取名為「聖鳳宮」【61】，目前會中設

【59】訪問基隆聖安宮主委霜進春，2004/5/9。並參閱董振雄，《心靈原鄉－大甲媽祖進香行》，頁187。

【60】訪問95年會長薛枝增與聖鳳宮廟方人員，並參閱董振雄，《心靈原鄉－大甲媽祖進香行》，頁188。

【61】張珣，《文化媽祖：台灣媽祖信仰研究論文集》，頁164-171，文中對於分香與建廟過程有詳細的說明。

正、副會長，負責行政事務，並設正副爐主一人，頭家十六人負責參與大甲媽祖進香、回大甲謁祖進香、過爐等相關事宜，目前會員人數約五百多人，大甲移民大約只佔二分之一，每年農曆三月十五日左右會回大甲謁祖進香，之後遶境三重市區，並進行過爐活動【62】，98年（2009）年改為「台北縣大甲媽祖信眾功德會」來參與進香。

（三）台中天上聖母會（朝聖宮）

　　台中天上聖母會的前身為大甲移民與台中市工商業者，在民國67年（1978）以「台中市工商業團體」名義參與大甲媽祖進香參香的工作，在進香回來後分靈大甲媽祖，並成立神明會，後來一直以「台中市工商業團體」名義參與大甲媽祖進香的工作。在民國67年到69年擔任參香，民國70年到72年擔任貳香，民國73年正式以「台中天上聖母會」為名擔任頭香，民國73到78年共擔任頭香六年【63】，後因79年間因長期擔任頭香，引發其他搶香團體的不滿，鎮瀾宮欲請台中天上聖母會休息或擔任參香，但引發台中天上聖母會的不滿，欲長期退出進香活動，大甲鎮瀾宮增設「贊香」一團隊，讓台中天上聖母會擔任，給予安撫，台中天上聖母會就從79年擔任贊香至96年，後擔任貳香等。

　　台中天上聖母會在民國67年（1978）分靈組成媽祖會後，每年過爐兩次（農曆三月二十六、九月二十六），每年三

【62】訪問聖鳳宮廟方人員陳先生。

【63】董振雄，《心靈原鄉－大甲媽祖進香行》，頁190。

月大甲媽祖遶境後，會回大甲鎮瀾宮謁祖進香，目前參與會員
人數約八千人，是大甲媽祖神明會當中，組織最龐大，參與人
數最多的，並於民國86年（1997）成立「台中朝聖宮籌建委員
會」，並在台中市郊購置廟地，進行建廟相關事宜。

（四）豐原慈聖天上聖母會（鎮清宮）

　　民國72年（1983）由豐原、神岡地區的大甲移民與當地
廠商，分靈大甲媽祖組成「豐原廠商聖母會」或「台灣省廠商
聖母會」，但當時名稱並未固定，當年由王水車等人為代表，
參加參香兩年，民國74年（1985）將神明會定名為「慈航天上
聖母會」，民國75年到81年（1986－1992）擔任貳香七年，並
在民國78年改名為「慈聖天上聖母會」，82年到84年（1993-
1995）擔任頭香，之後歷任各香至今【64】。88年（1999）購置
豐原水源路廟地，興建「鎮清宮」，並於91年（2002）開始
動土興建，96年（2007）完成興建，入火安座。每年豐原慈聖
天上聖母會都會回大甲謁祖進香，並進行過爐，近年更以徒步
進香，在中部地區號召，吸引信徒參與，且常舉辦各式活動，
是目前鎮瀾宮分靈廟宇最具活動力的一座。

（五）豐原北龍宮大甲媽祖聯誼會

　　豐原北龍宮為一豐原地區的宮廟，主神為「九天聖
帝」，並分靈大甲媽祖，組成「豐原北龍宮大甲媽祖聯誼
會」，曾在民國88年到90年（1999－2001）擔任參香三年。

【64】董振雄，《心靈原鄉－大甲媽祖進香行》，頁194。

（六）屏東天上聖母會（慈聖宮）

屏東天上聖母會於民國78年（1989）在大甲地區當地移民的牽線之下，成立「屏東天上聖母會」，參與該年的參香，並連續擔任參香四年，民國81年購地興建媽祖廟，於83年興建完工，稱為慈聖宮，後陸續又在民國82年到84年擔任貳香，在民國85年到87年擔任頭香，現在每年仍會動員信徒參與大甲媽祖遶境的相關活動【65】。後因為廟地的問題，將原廟遷建於內埔鄉老埤，鄰近屏東科技大學路段，於民國97年（2008）年舉辦入火與謝土儀式。本廟除原本的大甲移民參與之外，也吸引大批當地的客家居民參與，故管理成員部分為客家信徒。

（七）高雄寶瀾宮

民國77年（1988）大甲鎮瀾宮舉行祈安慶成清醮，向高雄市黃秀世先生訂購建醮用彩船一艘，恭請一尊大甲媽祖前來監造彩船，後彩船監造完成後，黃秀世先生分靈該尊媽祖【66】，當時成立一私人神壇，並每年回大甲鎮瀾宮進香，在民國82年正式建廟，稱為「寶瀾宮」，民國83年（1994）完工，民國85年（1996）在鎮瀾宮的邀請下擔任參香三年，並成立「媽祖會」作為擔任搶香的工作組織【67】。

【65】董振雄，《心靈原鄉－大甲媽祖進香行》，頁198。

【66】大甲董振雄先生與黃秀世先生說明當時要請回媽祖時，請不動媽祖，經請示媽祖後，表示該尊媽祖要留在南部「濟世」，所以由黃秀世先生分靈該尊媽祖。

【67】訪問高雄寶瀾宮蘇千桃女士（黃秀世先生之妻）。

（八）中壢朝明宮

　　民國49年（1950）大甲移民王美女士分靈一尊大甲媽祖到中壢龍岡，建立「朝明宮」，自此每年都發動信徒參與大甲媽祖遶境進香，並回大甲進行謁祖，後來民國91年（2002）經鎮瀾宮邀請擔任參香，隔年民國92年（2003），朝明宮為聚集更多信徒以及將參與進香制度化，特別成立「中壢朝明宮天上聖母會」，參與擔任參香至今【68】。

二、重要的分香廟宇與神明會

　　大甲媽祖的分靈或神明會眾多，但是大甲鎮瀾宮並沒有掌握相關資料，故筆者只能從田野調查中發現，目前所調查到的相關資料，將分成重要的分香子廟、分靈大甲媽祖的廟宇、大甲媽祖神明會等三類來介紹。

（一）分香子廟

　　除上述提及廟宇外，還有一些重要的分香子廟，他們都是目前所調查到「公廟」，是某一社區的信仰中心。現有資料顯示最早分靈大甲媽祖的廟宇為埔里雙寮雙吉宮，為清末大甲地區平埔族移民到埔里地區時，分靈大甲媽祖到此，目前每年都會回大甲進香【69】；另外還有漢寶鎮安宮、大安鎮安宮、月

【68】訪問中壢朝明宮王美女士。

【69】訪問埔里雙寮潘姓與巧姓家族多人，這些家族成員皆知道自己為「大甲來的」，神主牌上的堂號寫著「德化」，為大甲西社（德化社）的漢人地名，附近有一間雙寮天后宮，筆者懷疑也應該為大甲分靈廟宇，因為該地區也都是大甲平埔移民後代，但廟方人員並不知道該廟神明從何而來。

眉慈賢宮、中寮慈后宮等廟宇【70】，這些分香子廟，幾乎每年都會回大甲進香，該地信徒也會組團參加大甲媽祖進香，對於大甲媽祖信仰的傳播，具有一定的重要性。就目前所知，鎮瀾宮主要的分香子廟【71】集中於大甲地區，約十餘間左右公廟，次之為中部地區，數量近十間，其他散佈於台灣各地。

（二）有分靈大甲媽祖的廟宇

除分香子廟外，部分廟宇也會分靈大甲媽祖，其寺廟已有主神，但還是分靈大甲媽祖，作為同祀神或配祀神，在鎮瀾宮民國73年（1984）宮志記載：基隆聖安宮、溪洲后天宮、台北福佑宮、花蓮慈天宮、花蓮港天宮、彰化漢寶鎮安宮、台中天水宮等廟前來分香【72】，但其中溪洲后天宮、花蓮港天宮等廟，主祀媽祖，其主神雖不是大甲分靈，不過仍來大甲分靈媽祖，也因此與鎮瀾宮建立良好關係，另外進香沿途寺廟也會分靈大甲媽祖，如育善寺、西螺慈惠堂、溪洲武元宮等，或是台灣其他廟宇，如馬祖天后宮等，以及中國地區澳門、天津、上海、莆田等地的媽祖廟，雖非分香子廟，但透過分靈，建立與鎮瀾宮的關係。在進香時，沿途分靈廟，會特別熱烈歡迎大甲的進香團，而其他地區的廟宇，也會動員參與進香活動，或是在其進香過程中，特意安排參拜鎮瀾宮，對於大甲媽祖信仰的

傳播有一定的影響。

（三）神明會

　　另一個分靈大甲媽祖的方式，為組成「神明會」，但因神明會多採私人性質，不易統計，目前所知在大甲媽祖進香的沿途地區，有不少分靈大甲媽祖組織神明會，如大肚王田神明會、彰化大甲媽祖會、台中龍井、彰化和美、員林、西螺社子等，大部分皆因遶境途中，感受大甲媽祖的「靈驗」，而發起組織，每年遶境也都會組織起來，提供信徒各項飲食服務。另外也調查到「艋舺媽祖會」，信徒分靈大甲媽祖，在台北地區組成媽祖會，該會每年會到雲林土庫地區，提供信徒餐點服務，以上這些神明會，規模雖然沒有幾個曾來搶香的神明會勢力龐大，但對於信仰的傳播有一定的效果。

三、外地神明會與分香廟宇的發展

　　大甲媽祖的信仰透過外地神明會與分香廟宇的影響，可以擴展大甲媽祖的影響，而其又是如何組成與運作，與鎮瀾宮又如何互動，將在此部分說明。

（一）透過擔任各「香」來擴大組織

　　大甲媽祖的神明會或分香廟宇，當具有一定規模之後，就會回來搶香，擔任各香，除宗教上透過參與進香可得媽祖的賜福的意義之外，更可以透過參與進香活動，擴大組織、累積相關資源。如台中天上聖母會、豐原慈聖天上聖母會、台北天上聖母會，都長期透過參與進香，擔任各香，擴大組織累積資

源。每年各香參與進香活動都會剩餘不少的經費，有些廟宇利用這些經費進行建廟的籌備，如朝聖宮、聖鳳宮；或是像屏東慈聖宮與高雄寶瀾宮的例子，因為建廟經費較缺乏，所以透過參與進香，累積經費。

而參與進香的另一好處，就是增加知名度，因為鎮瀾宮在全台有高知名度，進香時，媒體會大量報導以中壢朝明宮為例，其負責人王美也說明，以前中壢朝明宮在中壢地區知名度還好，但是擔任參香之後，知名度大增、香客也漸漸增多，連中壢市長都主動要擔任顧問【73】。知名度的增加，可以吸引更多人前來參與，也有利於組織的拓展。

（二）鎮瀾宮的刻意培植

鎮瀾宮對於這些神明會與分香子廟也會刻意培植，例如參與進香團隊財力較不足的，鎮瀾宮會動員企業給予資源或合作，像規模較小的寶瀾宮與朝明宮，鎮瀾宮都動員大甲地區的餅店給予支持，另外對於分香團體要建廟，鎮瀾宮都捐贈兩百萬予以補助，在辦理各項活動時，也會動員團隊協助。這樣的培植，可以擴大鎮瀾宮對分香子廟的影響力，而分香子廟組織的拓展，也有利於鎮瀾宮勢力的拓展。

（三）傳播的兩種途徑：移民與遶境

分靈大甲媽祖的神明會或廟宇，就目前的資料來分析，大致透過兩種途徑－大甲移民與進香沿途信徒的分靈為最多。

【73】訪問中壢朝明宮王美女士。

大甲移民分靈大甲媽祖，將在故鄉所得的宗教經驗帶至移居地，擴展大甲媽祖的信仰範圍，如基隆聖安宮、中壢朝明宮等；而沿途遶境地區，都是因在遶境該地，感受大甲媽祖的「靈驗」，而發起組織的，就以西螺社子的大甲媽祖會為例，就因為大甲媽祖早期為常常乾旱的農田帶來豐沛的雨量，所以分靈大甲媽祖成立神明會[74]，後來自己建立媽祖廟（新天宮）。

（四）兩種並行的方式：會務與爐主

在目前規模較大的媽祖會（不論建廟與否），都可以看見兩種的「主導」的方式，即會務組織與爐主制度，這兩種並行的方式，會務組織因為是「人」選的，可以發揮人的「意志」經營管理該會，組織成員可以累積經驗與資源，而爐主是「神」選的，透過開放的參與管道，提供每年參與進香人力與經費上的資源。透過這樣雙重的方式，讓這些神明會得以茁壯。

（五）不同的發展脈絡：建廟與組織神明會

信徒組織有兩個發展的脈絡：一個是先有廟，為了參與搶香，組織神明會擴大參與，如中壢朝明宮、高雄寶瀾宮等；第二種是先組織神明會，後來才準備建廟。從這兩種模式，我們可用上述的兩種經營模式來說明，因為這些分香子廟，透過組織神明會參加搶香，累積知名度與資源，故組織神明會可以

---

[74] 訪問西螺社子新天宮主委黃立華。

提供他們穩定參與人員與經費的來源。

　　先組織神明會，後來才準備建廟的方式，則是透露另一種思考，會建廟的主因是為讓信徒有固定的聚會地點，也方便放置相關物品【75】。可以建廟，表示該組織的規模有一定的程度，資源也夠豐富，這些神明會的廟宇，漸漸建廟完成，後續是否能夠結合社區「落地生根」，開拓新的信徒，等待後續觀察。

【75】訪問台北天上聖母會會長薛先生、台中天上聖母會顧問卓三夫先生、豐原鎮清宮李先生都得到類似的答案。

第三節　信徒組織運作與鎮瀾宮的發展

　　鎮瀾宮的發展，除靠廟方的經營管理之外，信徒組織也扮演重要的角色，在信仰轄區內扮演資源整合與團結的功用，開拓資源，發動信徒前來參與，也負擔鎮瀾宮各樣活動的支援任務，對外進行各廟的結合時，信徒組織也扮演重要角色，所以信徒組織對鎮瀾宮發展有著重要影響。

一、信徒組織在進香中的作用

　　在地信徒組織，大部分是為大甲媽祖進香組成，而外地信徒組織的組成，也與大甲媽祖進香有密切關係。信徒組織對於進香又相當重要，以下將試論不同信徒組織在進香中的作用。

（一）在地信徒組織在進香中的角色與功能

　　1.支撐進香活動

　　在地信徒組織構成進香的基本團隊，成為基礎的儀仗隊伍，幫助進香隊伍壯大聲勢，而各項儀式工作，也有在地信徒組織的執行與協助，另外還有各項團隊提供各項服務工作，與召集隨香人員，而這些為數眾多的工作人員，也形成進香團的基礎成員，支撐起進香活動的各項工作。

　　2.參與成員的拓展

　　在地信徒組織在戰後參與進香的成員，從大甲部分社區拓展到四鄉鎮內的民眾，又進一步的拓展到信仰範圍外的民眾

參與【76】，這都讓參與進香的成員多元化，也讓參與進香的人數增加，在大甲媽祖信仰「轄區」【77】內部有團結與加強信仰的作用，對信仰轄區之外，則是帶入更多信徒參與進香。

3.節省鎮瀾宮資源

所有儀式隊伍，除了開路鼓與轎前吹有較高的經費補助之外【78】，其餘團隊都是義務職，鎮瀾宮只給予象徵性的補助，一般團隊一人八天兩百元，神偶團隊一隊八天六萬元，所有工作人員都是義務工作，其他車輛、生活、儀式相關費用，都還要向團員收費支應，另外進香中所見各式儀仗、神偶、車輛、服裝，除「號掛」【79】之外，都由各工作團隊自行出資與募集，所以相關團隊常說明：「從頭旗到大轎，沒一樣是廟內的【80】」，這些為鎮瀾宮省下大量的經費。

所以在地信徒為鎮瀾宮節省龐大的資源，人員是義務工作，相關的物品、車輛，都由他們自行準備，為鎮瀾宮解決龐大的經費壓力，如果像其他廟宇要付費僱請工作人員，那八天

【76】改變的過程請詳見第三章第三節的討論。

【77】「轄區」一詞引用自張珣在《文化媽祖：台灣媽祖信仰研究論文集》中的說法，利用「轄區」一詞來說明大甲鎮瀾宮信徒的主要分佈範圍，詳見該書頁108-125。

【78】一人全程進香八天，一次補助八千元相關費用。

【79】指儀式人員所穿的服裝，樣式類似清朝士兵服裝，上面書有大甲鎮瀾宮與天上聖母。

【80】採訪大轎班與頭旗班實有相同的說法。

的工作經費，相當驚人【81】。所以義務工作人員為進香活動解決龐大的經費壓力，也為鎮瀾宮聚集相關資源。

　　4.提供還願的方式

　　向大甲媽祖還願的方式，大都透過參與進香活動與「捐獻」的方式來還願。一種是信徒許願成功後，將參與某個進香團隊，幫媽祖婆「服務」或「鬥手腳」，另一種是捐贈金錢與物品，或是認捐製作相關儀式用品【82】。提供信徒，除了捐贈廟方的還願方式之外【83】，多了的一個新選擇。

（二）外地信徒組織在進香中的角色與功能

　　規模較大的外地信徒組織透過搶香，擔任各香參與進香，規模較小的則是號召信徒參與進香活動，或沿途提供相關的資源與服務。

　　1.帶入外地資源

　　外地信徒組織在參與進香活動時，帶入外地的龐大資源挹注進香，如擔任各香、發動信徒參與進香活動、或是沿途提供飲食或相關服務，帶來大量人力與經費，讓大甲媽祖進香日

【81】以筆者參與田調的佳里香為例，一般儀式與相關工作人員，一天平均為一千元，以鎮瀾宮兩千位工作人員，八天的工作經費，如果要付費的話，八天人事費用就高達一千六百萬。

【82】如大轎、神偶、各種旗幟與工作人員住宿與交通等經費。

【83】筆者在田野調查過程中，部分信徒說明因為鎮瀾宮2000年遭到檢調調查，所以對於廟方的運作有些擔心，，對廟方「信心不足」，所以原本直接捐助廟方的經費，改資助各團隊。而部分團隊也說明捐贈的確這幾年較多，但是原因多數避而不答。

漸擴大。

2.擴大參與成員

外地的信徒組織，透過各種宣傳，吸引當地的信徒加入進香活動，因為外地信徒，不一定有機會接近「大甲媽祖信仰」，透過大甲移民或分香者的介紹，他們有機會前來參與，也有機會發展出自己的「靈驗」經驗，進一步擴展大甲媽祖信仰的傳播，進而組織與動員信徒，前來參與進香。外地的信徒組織，擴大參與成員多元性，也增加不同區域的信徒。

3.贊助相關經費

外地的信徒組織來擔任搶香團體時，雖然不用直接捐贈大甲鎮瀾宮經費，但鎮瀾宮早期進行媒體運用時，擔任各香的媽祖會，變成是重要經費的支持者，早期是各香出資請傳播公司拍攝該年進香實況，並製作成影帶與購買「第四台【84】」時段播放【85】，後來透過頭香、貳香、參香等團體，在全國的電視頻道上，買下時段，播放進香全部過程【86】，在有線電視開放之後，也仍然還是贊助與媒體「合作」的相關經費。

（三）進香對信徒組織的功能

信徒組織為進香帶來豐富的資源，而進香儀式對於信徒

【84】早期台灣還未有有線電視與系統，都是地區性業者播放錄影帶節目或接收國外衛星訊號，因為當時只有三台，所以將這些業者稱為「第四台」，當時鎮瀾宮就透過這些系統播放大甲媽祖進香的相關節目。

【85】訪問董振雄先生。

【86】張珣，《文化媽祖：台灣媽祖信仰研究論文集》，頁124。

組織也具有各種功能，最重要的有下列兩種：

　　1.進香「特權」儀式的作用

　　張珣的研究指出某些進香儀式是「特權」，只能由少數人參與，這些儀式讓進香隊伍產生「階層」的差別。這些「特權」儀式，讓參與者可以擁有大甲媽祖較多的保佑，有別於一般的進香客【87】。信徒組織的幹部可以參與「特權」儀式，包括北港進香時代，擁有參與香火儀式的權力，並且可以分到香火，另外各「香」進行「獻香」的儀式，也可以在媽祖請上轎與出轎的儀式舉行時，派會內成員參與，這些都是香客無法參與的，透過「特權」儀式，讓組織成員產生與一般信徒的差別，讓成員樂於參與組織。

　　「特權」儀式成為團隊內募集經費的重要方式，如進香回程的「獻香」儀式，由各香爐主「獻香」，其他人做「獻花」、「獻果」等儀式，都是由組織內重要成員擔任，而成員必須對團體有所「貢獻」【88】。這些成員願意擔任，主因認為可以直接獲得媽祖賜福，對於媽祖祈求，媽祖也會盡力協助。

　　2.資源的聚集與累積

　　信徒組織透過進香活動，聚集與累積資源，如在地的信徒組織，透過參與進香活動，大量信徒贊助經費，減低相關支出，而且通常有餘款，可以提供過爐活動的使用。外地神明會，也透過參與進香活動，來增加知名度與擴大信徒的參與，

【87】張珣，《文化媽祖：台灣媽祖信仰研究論文集》，頁45-61。

【88】一般來說，看不同的組織有不同的「價碼」，擔任獻香的爐主一般都在三十到五十萬之間，擔任其他獻禮的頭家約在十萬左右。

並累積相關資源【89】。

二、信徒組織對於鎮瀾宮勢力拓展的作用

　　信徒組織除了對於大甲媽祖進香活動有重要的影響力之外，在鎮瀾宮董監事企圖擴大影響力之時，也扮演相當重要的角色。

（一）在地信徒組織

　　在地信徒組織多數是儀式組織，對於鎮瀾宮勢力的推展，可以分成兩個方面來說，第一個是出陣支援相關活動，像鎮瀾宮對外參與其他廟宇的活動，相關團隊都會義務支援，甚至要求鎮瀾宮協助活動時，團隊也會在鎮瀾宮的邀請下，義務支援其他廟宇活動，當然於分香廟宇，鎮瀾宮更是大力支援。這些隊伍可以讓鎮瀾宮「展現實力」，表示鎮瀾宮壯大的隊伍，除台灣之外，大陸澳門、天津等地區，也曾邀請鎮瀾宮這些信徒組織前往參與活動，這些廟宇就表示因為鎮瀾宮進香隊伍的龐大，才會想邀請參加，以壯大該活動的聲勢【90】。

　　另外對其他的廟宇也會進行相關的儀式傳授工作，尤其是神偶團體，很多分香子廟都向其學習演出方法，如神童團教授溪洲天后宮、太子團教授彰化聖安宮等，被教授的團體，也都會支援大甲媽祖的進香活動，所以這些義務性的在地信徒組

【89】此部分在本章第二節有詳細討論。

【90】訪問澳門媽祖文化村副主任梁文星、天津天后宮蔡長奎館長。

織，對於鎮瀾宮勢力拓展，提供與其他廟宇交誼上的「資源」
與「支援」。

（二）外地信徒組織

　　外地信徒組織，對於鎮瀾宮勢力的擴展，最重要的是傳
播大甲媽祖的信仰，吸引信徒參與鎮瀾宮各項活動，也可將影
響力延伸到轄區外。而開始建廟的神明會與分香子廟，就成為
鎮瀾宮組織「台灣媽祖聯會」的基礎成員，幫助鎮瀾宮舉辦相
關聯誼活動與對外的捐助，如鎮瀾宮對大陸湄洲祖廟與賢良港
天后祖祠的相關活動與捐助，也成為當然的捐助者之一，這些
外地信徒組織，對於鎮瀾宮勢力拓展，也提供相關的「資源」
與「支援」。

三、鎮瀾宮與信徒組織的變化

　　在經過戰後漫長近六十年的信徒組織變化過程，從組織
到壯大，與鎮瀾宮的各項關係也呈現不同的變化。

（一）從「隱形組織」到「政治動員」

　　在地信徒組織是在進香時才組織，而外地的神明會，
也以參與進香為目的組織起來，所以將其稱之為「隱形組
織」【91】，但是隨著鎮瀾宮的成長與執事者的變化，「隱形組
織」開始變得不隱形。

【91】張珣，《文化媽祖－台灣媽祖信仰研究論文集》，頁152。張珣，〈大甲
　　鎮瀾宮進香團體內部的神明會團體〉，《民俗曲藝》，五十三期。

在地信徒組織紛紛成立神明會，參與成員開始固定化，也舉辦相關聯誼活動，比以前更密切的來往。另外隨著鎮瀾宮拓展勢力的企圖漸漸增大，這些團隊被動員參與各項活動的機會，越來越多。也隨著執事人員參與政治活動【92】，開始動員團隊參與政治造勢活動，不少受訪團隊表示，以前鎮瀾宮在競選活動時，董監事都是透過私人關係前來「拜託」，而現在則是「邀請」各團隊到造勢現場參與，並透過組織成員名冊，寄發相關的資料。

　　在2004年顏董事長特別「召開會議」表揚該年進香有功人員，所有各組織幹部與資深成員都有受到「表揚」，這是在鎮瀾宮罕見的舉動，以往並沒有這樣的例子，後續也未再舉辦過，就有不少報導人指出這是為該年立委選舉所特別舉辦的活動，而該年立委選舉前，也趁迎接蒲田文峰宮媽祖的機會，動員遶境大甲市區，而許多陣頭的車上就插上競選旗幟，在遶境隊伍後面，更是接連競選造勢隊伍。

　　而外地的組織，也紛紛開始建廟，平時即有活動與動員，也應該不可稱為隱形，最近這些組織，在「政治力」的影響之下，更常被動員，不論說是參與廟方執事選舉的動員，或是被廟方動員到參與該區域候選人的活動，都出現「政治動員」的痕跡【93】。

　　另外為拉攏這些組織成員，鎮瀾宮也於第七屆董事會

【92】董事長曾任縣議長、現任立委，副董事長則是家中都在參與地方政治。

【93】這樣的動員方式，有效嗎？在第五章第四節有說明。

時，由董監事會認定部分信徒組織的成員，加入信徒代表大會，參與鎮瀾宮的運作，而部分組織成員，還被聘為大家媽祖社會福利基金會的董監事，鎮瀾宮如此運作，一方面拉攏信徒組織，一方面鞏固自己的影響力。

（二）成員從區域到跨界

　　早期鎮瀾宮的祭祀活動，負責相關祭祀活動，都是由大甲街上【94】的居民負責，例如拜天公、中元普渡、謝平安、初一十五的「犒軍」，都是由居民參與負責，而在廢爐主制度前，進香活動也由街上選出的頭家爐主主導，雖然鎮瀾宮的管理成員是分佈於四個鄉鎮內，但是早期參與祭祀活動與進香活動的人，還是侷限在大甲街。

　　隨著戰後在地信徒組織的組成，讓參與祭祀活動與進香活動的人，擴展到「五十三庄」【95】，讓信仰轄區內的人都可以參與，而外地的信徒組織的成立，則是讓信徒從「五十三庄」的參與擴大到全台。目前有些台商將大甲媽祖分靈到中國與東南亞，泰國甚至組成「泰國台商媽祖會」，在2005年回來參與大甲媽祖進香的送駕，代表信徒組織進一步向「世界」的拓展，從信徒組織的成立地點與參與成員，從少數人到「五十三庄」擴至「全台」，甚至最近跨越國界的發展方向，除說明信徒的多元化之外，更說明大甲媽祖信仰對外拓展的情

【94】大概是以目前行政區域上的朝陽、孔門、大甲、順天四里。

【95】指大甲、大安、外埔、后里等四個鄉鎮內的村莊，並通常以「大甲五十三莊」來指稱大甲媽祖的主要信仰範圍。

形。

（三）「謁祖進香」與儀式學習

　　外地的神明會，已經建廟或將建廟者，在回大甲進香時，都會特別強調「謁祖進香」，強調香火儀式，像基隆聖安宮、台北聖鳳宮、台中朝聖宮都會在旗幟與衣服上強調「謁祖進香」，筆者以基隆聖安宮為例，該廟主委在接受訪談時，強調來大甲是「謁祖」，不是一般的進香，強調這是「謁祖進香」，是來將大甲媽祖的神力分靈回去基隆【96】，筆者觀察該廟的相關進香隊伍與儀式程序，幾乎都是學習自大甲（當然，其他廟宇也都如此），透過「謁祖進香」香火儀式與相關儀式的模仿，都在強調與大甲媽祖的「分靈」關係，在當地的看板與說明上強調「大甲媽祖」分靈【97】，因為透過這樣的模式，可以讓當地的信徒「相信」大甲媽的神力可以到達於此，來這裡，同樣可以得到大甲媽祖的保佑。而除此之外鎮瀾宮經營手法，更是各廟的學習方式，例如鎮清宮將進香的儀式與活動造勢方式，加以學習與發揮，在中部地區引起很大的注意。

【96】訪問基隆聖安宮主委霜進春，主委並強調「大甲媽」在基隆已經開始在地化，開始變成「基隆媽」，信徒也開始並非限於大甲移民，廟方開始強調在地化的過程，例如有在地一些「靈驗」傳說故事，這些企圖在地化與強調大甲分靈的現象，也值得進一步探索。

【97】高雄寶瀾宮與台北聖鳳宮都在招牌與宣傳旗幟上也強調是大甲媽祖的分靈。

（四）以鎮瀾宮為中心的交誼網絡

　　信徒組織也以鎮瀾宮為中心，建立交誼網絡，網絡約分三種，第一種是在地信徒組織的交誼，通常透過過爐儀式的相互支援而產生，第二種是在地信徒組織與外地信徒組織，因為儀式學習而彼此交誼來往，如豐原鎮清宮的大轎班向溪洲大轎班委託製作神轎，並學習相關的儀式方法，溪洲大轎班在學習初期也支援豐原鎮清宮其過爐的活動，後來豐原鎮清宮在溪洲大轎班過爐時，也派出其哨角隊與相關儀式隊伍前來助陣【98】。

　　第三種是外地信徒組織彼此之間，會彼此拜訪與交誼，有時在「謁祖進香」時，也都會安排到其他的分香廟宇前去會香，例如台北聖鳳宮來大甲進香時就排定往中壢朝明宮與豐原鎮清宮會香，中壢朝明宮與台中朝聖宮也都排定到豐原鎮清宮會香，形成彼此的交誼網絡，透過不同的模式建立關係，支援彼此的活動。

【98】訪問溪洲大轎班洪春豐。

第四節　跨廟宇間的整合

　　鎮瀾宮除了透過信徒組織與分香子廟積極擴大自己的勢力範圍，在民國89年（2000）湄洲祖廟與賢良港天后祖祠的大陸謁祖進香之後，因規模盛大，引發海峽兩岸的高度注意，海峽兩岸各廟都積極與鎮瀾宮聯絡，希望鎮瀾宮代為聯絡相關事宜，興起鎮瀾宮想整合各廟宇的力量，組成一跨廟宇的組織，做為聯絡與交誼之用，所以於民國90年（2001），成立「台灣媽祖聯誼會」【99】。

一、台灣媽祖聯誼會的組成

　　民國90年（2001）鎮瀾宮受大陸賢良港天后祖祠之邀，協助在台募集興建「媽祖故居」【100】的相關經費，並由大甲鎮瀾宮邀請台灣各媽祖廟前來參與。當時鎮瀾宮欲整合台灣媽祖廟的力量，進行海峽兩岸的交誼，並互相聯誼，所以興起籌組「台灣媽祖聯誼會」的想法【101】。在民國90年鎮瀾宮邀請台灣二十間的媽祖廟【102】，在鎮瀾宮文化大樓開會，商議

【99】訪問台灣媽祖聯誼會會長鄭銘坤（大甲鎮瀾宮副董事長）。

【100】為一仿宋代南方建築，作為展覽媽祖相關事蹟的展覽館，相傳建築附近為媽祖住家的附近，所以仿一宋代南方建築，作為新建的「媽祖故居」。

【101】訪問董振雄先生。

【102】參與的廟宇為首次加入台灣媽祖聯誼會的十八家廟宇，以及台南大天后宮、西螺壽安宮，後來因故未加入。

共同提供重建大陸福建省莆田縣賢良港的「媽祖故居」基金，
會議中並提起在同年六月創立台灣媽祖聯誼會，計畫從事兩岸
宗教文化交流工作，並決定與會的每間媽祖捐獻新台幣四十萬
元，合計八百萬元，提供作為重建大陸莆田縣賢良港天后祠的
「媽祖故居」的興建經費。

　　民國90年（2001）當年七月十五日就以當初捐贈大陸莆
田縣賢良港天后祠「媽祖故居」興建經費的十八間媽祖廟為創
會會員，成立台灣媽祖聯誼會。會中並決定由大甲鎮瀾宮副董
事長擔任會長，副會長由蘇澳南天宮主委林源吉與花蓮港天宮
主委羅玉雨擔任【103】，十八間參與的廟宇共有基隆聖安宮、
松山慈祐宮、竹南慈裕宮、大甲鎮瀾宮、鹿港天后宮、台中朝
聖宮、豐原鎮清宮、員林福寧宮、埤頭合興宮、溪州后天宮、
西螺福興宮、吳厝朝興宮、新港奉天宮、高雄寶瀾宮、內埔慈
聖宮、台東天后宮、花蓮港天宮、蘇澳南天宮，每年三月、
六月、九月、十二月各召開一次聯誼會，各間媽祖廟每三個
月輪流主持聯誼會，且做東會餐，研討議案【104】。隔年民國
九十一年大陸賢良港天后祖祠的媽祖故居興建完成，重建動工
典禮訂於該年六月十六日，這十八間廟宇聯合以台灣媽祖聯誼
會名義參與落成典禮，並且十八間廟宇個別與賢良港天后祖祠
簽訂成為「至親廟」。

【103】其實在六月份相關人員聚會時，就已決定正副會長人選，七月只是追
　　　認。

【104】後來修正為四個月聚會一次，在2004年時又修正為半年。

二、台灣媽祖聯誼會的組織與運作

　　台灣媽祖聯誼會以當初捐贈大陸莆田縣賢良港天后祠的「媽祖故居」的十八間媽祖廟為創會會員，設會長一人，副會長數人，會址設在大甲鎮瀾宮的文化大樓，各項會務人員也都由大甲鎮瀾宮的相關工作人員兼任，當初的創會會員都是以大甲鎮瀾宮的分香子廟與遶境沿途的廟宇為主，創會當時除了鎮瀾宮外的十七間廟宇，鎮瀾宮分香子廟就有五間（基隆聖安宮、台中朝聖宮、豐原鎮清宮、高雄寶瀾宮、內埔慈聖宮），大甲媽祖進香遶境所經過的廟宇就有六間（員林福寧宮、埤頭合興宮、溪州后天宮、西螺福興宮、吳厝朝興宮、新港奉天宮），而其他廟宇也都與鎮瀾宮有良好的交情，初期組成的會員幾乎是以鎮瀾宮的交誼網絡而成立的。

　　後來經過鎮瀾宮與創會成員的積極邀請下，目前成員在民國94年（2005）共有三十五間媽祖廟參加【105】，詳細成員請見表4-2，其中分香子廟就有七間（基隆聖安宮、台北聖鳳宮、台中朝聖宮、豐原鎮清宮、高雄寶瀾宮、內埔慈聖宮、澳門天后宮），大甲媽祖進香遶境所經的廟宇就有七間（員林福寧宮、埤頭合興宮、溪州后天宮、西螺福興宮、吳厝朝興宮、虎尾天后宮、新港奉天宮），經過鎮瀾宮積極努力，想降低台灣媽祖聯誼會都是鎮瀾宮的相關廟宇之說法，以及增加台灣媽祖聯誼會的影響力，成員跟鎮瀾宮明顯相關（分香子廟與遶境

【105】創會會員台東天后宮於2004年退出，中壢仁海宮、新竹內天后宮加入後又退出。

所經廟與）的比例，已經從創會初期的三分之二以上，降低到二分之一以下，而成員也有增減，近年成員請參見表4-3。

表4-2　台灣媽祖聯誼會九十五年會員一覽表

廟　名	加入時間	與鎮瀾宮關係	備　註
基隆聖安宮	民國91（2001）	分香子廟	創會會員
松山慈佑宮			
台北聖鳳宮	民國91（2001）	分香子廟	創會會員
新莊慈佑宮	民國94（2005）		
三峽紫微天后宮		虎尾天后宮 分香子廟	
桃園慈護宮			
中壢朝明宮	民國91（2001）	分香子廟	創會會員
竹南慈裕宮	民國91（2001）		創會會員
豐原鎮清宮	民國91（2001）	分香子廟	創會會員
台中萬和宮			
大甲鎮瀾宮	民國91（2001）		創會會長
台中朝聖宮	民國91（2001）	分香子廟	創會會員
南投慈善宮			
中寮南天宮			
鹿港天后宮			
員林福寧宮	民國91（2001）	遶境進香所 經廟宇	創會會員
埤頭合興宮	民國91（2001）	遶境進香所 經廟宇	創會會員
溪洲后天宮	民國91（2001）	遶境進香所 經廟宇	創會會員
芳苑普天宮			

(續)表4-2　台灣媽祖聯誼會九十五年會員一覽表

廟　名	加入時間	與鎮瀾宮關係	備　註
西螺福興宮	民國91（2001）	遶境進香所經廟宇	創會會員
西螺吳厝朝興宮	民國91（2001）	遶境進香所經廟宇	創會會員
虎尾天后宮		遶境進香所經廟宇	創會會員
虎尾福天宮			
麥寮拱範宮			
嘉義朝天宮			
新港奉天宮	民國91（2001）	遶境進香所經廟宇	創會會員
鹿耳門天后宮			
高雄寶瀾宮	民國91（2001）	分香子廟	創會會員
高雄鼓壽宮			
內埔慈聖宮	民國91（2001）	分香子廟	創會會員
屏東天后宮			
鹿野福佑宮			
花蓮港天宮	民國91（2001）		創會副會長
蘇澳南天宮	民國91（2001）		創會副會長
澳門天后宮		分香子廟	

資料來源：依據台灣媽祖聯誼會各次會議所發之會議資料。

註一：台東市天后宮於95年度退出

表4-3　台灣媽祖聯誼會九十六、九十七、九十八年會員一覽表

廟　名	加入/退出時間	廟　名	加入/退出時間
基隆市聖安宮	民國91（2001）	西螺鎮福興宮	民國91（2001）
台北松山慈佑宮		西螺吳厝朝興宮	民國91（2001）
三重市聖鳳宮	民國91（2001）	虎尾鎮天后宮	
新莊市慈佑宮	民國94（2005）	虎尾鎮福安宮	
三峽紫微天后宮		麥寮鄉拱範宮	
桃園市慈護宮		斗六市新興宮	
中壢市朝明宮	民國91（2001）	斗六市受天宮	民國97（2008）
竹南中港慈裕宮	民國91（2001）	嘉義市朝天宮	
豐原市鎮清宮	民國91（2001）	新港奉天宮	民國91（2001）
大甲鎮鎮瀾宮	民國91（2001）	鹿耳門天后宮	
台中市萬和宮		高雄寶瀾宮	民國91（2001）
台中市樂成宮		高雄鼓壽宮	
台中市朝聖宮	民國91（2001）	高雄旗后天后宮	民國98(2009)
大肚鄉萬興宮		內埔慈聖宮	民國91（2001）
南投市慈善宮		內門鄉順賢宮	
鹿港鎮天后宮		屏東市天后宮	
員林鎮福寧宮	民國91（2001）	花蓮港天宮	民國91（2001）
埔頭鄉合興宮	民國91（2001）	蘇澳南天宮	民國91（2001）
溪洲鄉后天宮	民國91（2001）	馬祖天后宮	
芳苑鄉普天宮		澳門天后宮	
中寮南天宮	民國98(2009)退出	鹿野福佑宮	民國98(2009)退出

資料來源：依據各年度大甲媽祖進香手冊所附之媽祖聯誼議會資料。
註一：中寮南天宮、鹿野福佑宮於民國98(2009)退出。

台灣媽祖聯誼會的平常運作就是以每半年一次聚會為主，一開始為每三個月一次，但後來因為舉辦廟宇的各項因素，有時四個月一次，有時半年聚會一次，形成不定期聚會的情況。民國94年七月由新港奉天宮舉辦第十三次的聯誼會，每次聯誼會由主辦的廟宇出資相關費用，聯誼會象徵性的補助一萬元，每次聯誼會先進行業務報告與討論相關事情，會後進行餐會，並進行會旗交接，由本屆主辦廟宇交接給下屆主辦廟宇。平常各廟宇的相關活動，也會互相通知，亦會以台灣媽祖聯誼會的名義，贈送相關祝賀物品，各廟宇代表人紅白帖，也會以台灣媽祖聯誼會的名義，致送花籃。

　　台灣媽祖聯誼會彼此會員之間，也會相互支援各項活動，尤其是各成員對於鎮瀾宮相關活動的支援，例如每年大甲媽祖的進香，各廟成員幾乎都會來參加送駕儀式，某些與鎮瀾宮交情深厚的大廟，更會派出陣頭參與送駕儀式，除此之外，廟宇彼此的大型活動也會相互支援，如松山慈祐宮的二百五十週年遶境、西螺福興宮的太平媽祖文化祭。

　　而海峽兩岸的交誼活動也常透過台灣媽祖聯誼來邀請台灣的媽祖廟宇，湄洲祖廟的媽祖文化旅遊節、天津的媽祖文化旅遊節、澳門的媽祖文化節等，都透過台灣媽祖聯誼來邀請台灣的各媽祖廟宇，不僅限於會員，而鎮瀾宮也會發動各成員對大陸的媽祖廟宇進行各項捐贈，如募集媽祖故居的興建經費、捐贈湄洲祖廟新建築的相關經費、賢良港天后祖祠的新建牌樓等，而部分廠商也會透過台灣媽祖聯誼會來尋求協助，如拍攝「媽祖的故事」的電影公司，與出版《媽祖的故事》一書的出版社，都積極請求該會給予推廣。

於民國95年（2006）鎮瀾宮也以台灣媽祖聯誼會的成員，發起成立「社團法人台灣媽祖文化學會」，作為活動的組織，吸收一般民眾加入。並為成員廟宇出版「追隨媽祖婆的足跡」一書，配合辦理「全民尋媽祖」等活動，陸續搭配鎮瀾宮的文化節，2008年台灣媽祖國際論壇等相關活動。

　　台灣媽祖聯誼會其聲勢最大的活動，為民國95年(2006)9月24日，鎮瀾宮與台灣媽祖聯誼會整合會員與非會員，共近五十間宮廟參與，共同辦理湄洲謁祖進香活動，是目前規模最大的兩岸宗教文化交流，隨行信徒達萬人，分別以海、空兩種交通方式抵達廈門，先後到莆田文峰宮、賢良港天后祖祠、湄州祖廟、泉州天后宮謁祖進香。後續大陸各地媽祖廟有相關重大活動，台灣媽祖聯誼會成為一個重要的邀請管道。

三、台灣媽祖廟新龍頭？－台灣媽祖聯誼會

　　台灣媽祖聯誼會的成立與運作，幾乎都是以鎮瀾宮為中心，開始的成員以鎮瀾宮的分香子廟與遶境所經的廟宇為主，透過這些與鎮瀾宮友好的廟宇再積極地對外拓展成員，通常與這些廟宇的友好宮廟或分香子廟，也透過相關廟宇的介紹而加入，透過這樣「直接」與「間接」的關係，形成一個以鎮瀾宮為首的龐大資源網絡，鎮瀾宮因此影響力越來越大，這樣的影響力不只是在台灣，更擴展對岸，對岸廟宇的相關活動，幾乎都透過台灣媽祖聯誼會進行邀請，雖然台灣媽祖聯誼會的成員，佔台灣媽祖廟的少數，但好像成為台灣媽祖廟的新龍頭與代表！？

有新龍頭，相對的就有舊龍頭，舊龍頭指北港朝天宮，北港朝天宮其香火鼎盛與分香廟宇眾多，常被學者稱為台灣媽祖廟的龍頭。而台灣媽祖聯誼會如果企圖成為台灣媽祖廟的新龍頭，真正的受益者，應該是鎮瀾宮。當初台灣媽祖聯誼會，成立目的雖說是聯絡與交誼，並促進兩岸宗教文化交流，但是以鎮瀾宮為主導中心，的確是有與北港朝天宮在兩岸宗教交流上一別苗頭的味道【106】。

　　鎮瀾宮目前在海峽兩岸的宗教交流上，雖不能說取得龍頭位置，但至少可以說與北港朝天宮平起平坐，在2004年中國成立的中華媽祖交流協會，大會在安排台灣的副會長之時，即安排鎮瀾宮與朝天宮同時擔任副會長，以「尊重」台灣兩大媽祖廟【107】。而其他大陸重要的媽祖廟，也都透過鎮瀾宮安排交流事宜，鎮瀾宮的確比朝天宮更積極於海峽兩岸之間穿梭。

　　除了在兩岸宗教交流事務之上，鎮瀾宮也積極整合台灣的媽祖廟，參與台灣媽祖聯誼會，從與鎮瀾宮關係密切的十八間廟宇開始，擴展到目前四十間媽祖廟，更積極參與其他媽祖廟活動，並成立台灣媽祖文化學會，企圖吸引其他信徒的參加，整合相關信徒。鎮瀾宮積極運用台灣媽祖聯誼會的運作，在台灣及大陸兩岸與北港朝天宮分庭抗禮，並企圖成為台灣媽祖廟的新龍頭。

　　但是鎮瀾宮企圖運用台灣媽祖聯誼會，成為台灣媽祖廟

【106】鎮瀾宮與北港朝天宮在兩岸宗教交流的競爭，請見第六章的討論。

【107】湄洲祖廟籌備工作人員說明，2004.11。

的新龍頭，其實也面臨一些挑戰，台灣眾多的媽祖廟，尤其一
些香火頂鼎盛的大廟，目前加入的數量仍不多，而且有些廟宇
對於鎮瀾宮運作媽祖聯誼會的方式，也頗有微詞【108】，有些
甚至退出運作。而台灣寺廟原有金蘭會等組織運作，部分媽祖
廟宇也成立自己的運作團體【109】，鎮瀾宮想運用台灣媽祖聯
誼會成為台灣媽祖廟的新龍頭，還必須持續的觀察。

小 結

　　大甲媽祖信仰與信徒組織的發展有密切的關係，這些信
徒組織成為媽祖信仰的重要推手，與鎮瀾宮的重要資源。

（一）進香活動的支柱

　　鎮瀾宮的各項信徒組織，組成都與進香活動有關，也是
整體大甲媽祖進香的重要核心，扮演人員提供與經費資源募集
的角色。大甲媽祖的進香活動，也成為組成的理由與活動的主
要場域，所有的信徒組織幾乎都因為要參與進香活動漸漸地組
織化以及成長，透過進香活動信徒得以被組織，也可作為組織

【108】部分規模較小的廟宇，對於鎮瀾宮每次都發動很多人參與餐會，讓財力
　　　較小的廟宇吃不消，不少廟宇也因為聯誼會財務不透明，而頗有微詞，
　　　甚至退出聯誼會。

【109】嘉義配天宮、西螺廣福宮、西螺福天宮、西螺朝興宮及虎尾福安宮五座
　　　媽祖廟，於97.09.26成立「台灣道教媽祖聯合會」；嘉義天玄宮召集公廟
　　　成立「台灣媽祖文化協進會」等。

聚集資源的方式，而透過信徒的拓展，也成為拓展大甲媽祖信仰的重要推力。

（二）鎮瀾宮的豐富資源

　　張珣早期將這些神明會稱為「隱形組織[110]」，因為這些團體大部分都是進香時才被動員，但各香會紛紛建廟完成，在地信徒組織平時即有活動與動員，如何稱之為隱形組織，而近來這些組織，在「政治力」的影響之下，其實也常被動員，不論是選舉的動員，或被廟方動員參與其他活動，從隱形組織到常態動員，成為鎮瀾宮豐富的資源。

　　信徒組織的組成與發展，與大甲媽祖信仰的推展與鎮瀾宮勢力的拓展有很大的關係，透過這些組織得以支撐大甲媽祖信仰的活動，也可以透過這些組織來傳播，而鎮瀾宮也透過這些信徒組織，開始組織「台灣媽祖聯誼會」，企圖透過成立跨公廟的組織，進一步擴大自己的勢力。

---

[110] 張珣，《文化媽祖－台灣媽祖信仰研究論文集》，頁152。

第五章 政 治：

大甲媽祖信仰的邊際利益？

　　寺廟一直為華人的社區權力運作與展示的中心之一，代表國家權力的官方與民間寺廟的關係，在漢人社會一直具有微妙的關係；常將其視為迷信，卻又企圖透過寺廟或神靈達成某種統治目的，從James Watson對於中國南方沿海地區天后崇拜的研究，中國明清對於媽祖的加封與地位提昇，可以看出官方對於中國南方沿海區域權威的逐漸加強是同步的[1]，所以在華人世界寺廟與「官方」一直處於非常微妙的狀態，但是隨著時代的變化，康豹認為戰後台灣政教關係，政府對民間信仰的政策上有極大的改變，從戰後視之為迷信加以管制，到80年代之後保存發展民間信仰，民間信仰再度受到重視，重新成為凝聚地方認同的中心，也成為地方選舉爭取的民意中心[2]。本

[1] James Watson，〈神的標準化：中國南方沿海地區對崇拜天后的鼓勵〉，《中國大眾宗教》，中國：江蘇人民出版社，2006，頁57-92。

[2] Paul Katz, 2003, "Religion and the State in Postwar Taiwan." The China Quarterly, 174, pp. 395-412。

文根據這些觀點，討論戰後大甲媽祖與政治的互動，包含鎮瀾宮與地方政治的關係，政治人物如何利用大甲媽祖這個信仰符號。

第一節　鎮瀾宮與地方政治的交會

一、地方政治人物掌握廟務的開始

　　鎮瀾宮改為街庄管理之前，大甲地方人士對於廟務的參與，主要透過擔任祭典的爐主與頭家的方式。當時鎮瀾宮的祭典分成進香、中元普渡、下元謝平安三個主要的儀式，大甲街上的居民分別產生各個儀式的負責人[3]，產生方式都是由「筊杯神選」而成，當時地方人士對鎮瀾宮擁有一定的影響力，但仍不能掌握廟內的事務。

　　鎮瀾宮與地方政治錯綜複雜的交纏，開始於大正十三年（1924），改為街庄直接管理的制度[4]，成員由大甲街、大安庄、外埔庄、內埔庄等推舉。戰後即透過地方政治人物產生管理人，成為地方政治人物掌握廟務管理的開端，因為管理的成員，本身就是地方政治的參與者，而當他們成為廟務的掌控者時，鎮瀾宮的廟務管理遂成為地方政治的延伸，也成為地方

---

[3] 進香活動、下元謝平安選出正副爐主，中元普渡由廟口附近的攤商組成「四大柱」負責。

[4] 因為當時住持法師離開大甲鎮瀾宮，而改為街庄直接管理，詳細情況請參見第一章。

勢力新的競爭場域。

二、委員會時期的地方政治與廟務

　　戰後鎮瀾宮組成執行委員會管理廟務，成員組成方式，管理人由大甲鎮長擔任，副管理人由大安、外埔、內埔（現在的后里鄉）的鄉長擔任，而委員會成員由信徒代表選出，信徒代表則是由大甲、大安、外埔、內埔四鄉鎮村里長和鄉鎮民代表組成。民國57年(1968)改為管理委員會時期，組織成員名稱有所調整，但戰後管理組織由大甲、大安、外埔依2：1：1的比例組成，只給后里一席作為代表。選任的方式，除后里一席，指定鄉長或代表主席之外【5】，其他三鄉鎮，依各鄉鎮的名額，由信徒代表選舉，信徒代表由村里長與鄉鎮民代表組成。

　　委員會大部分由「地方仕紳【6】」擔任，在日治時期不但是地方望族，也常常擔任行政公職【7】，如長期擔任委員的郭元鐘即為大甲地方望族郭家的家族成員，並曾擔任街役場書記等事務；另外許雲鵬，為外埔的許家，黃炎仲、黃純為大安黃家，李城為大安李家，皆為地方的望族，同樣在日治時期擔任各項公共職務，而大部分的人，在戰後仍然繼續擔任公職，所

【5】在委員會時代為指定后里鄉長為代表，在改成財團法人制度之後，因法律限制公職人員參與，所以改成指定后里鄉鄉民代表會主席為代表。

【6】不同時代當然其所指都不一致，但可以指地方的領導階層，現在可以泛指各種地方意見領袖。

【7】參見附錄大甲鎮瀾宮管理成員背景資料一覽表。

以本時期參與鎮瀾宮事務的人，多為地方望族的家族成員。根據葉金鑾【8】先生回憶，當時參與鎮瀾宮事務的成員，應該不是為了鎮瀾宮的資源，只是自己是地方的「頭人」，所以被推出擔任管理成員。筆者也認為在民國50年前，鎮瀾宮的廟務幾乎還是由街上的委員所掌控，且當時鎮瀾宮的資源並不豐富，有時連薪水都發不出來，相關祭典的費用有時還需委員與爐主捐助支應，所以當時擔任委員，只是象徵自己的「勢力」，對於鎮瀾宮的廟務管理影響應該較小。在當時資源較缺乏的情況之下，地方領袖欲透過廟務對於地方政治產生影響也有限。

三、地方派系與廟務交纏的開端

　　戰後鎮瀾宮因為進香儀式規模的擴大，影響力大幅增加，也擁有越來越多的資源。此時管理成員，不只是身份「象徵」，而是實質擁有「影響力」與資源，所以隨著地方政治派系的發展，鎮瀾宮更是成為地方政治人物的必爭之地，這樣的轉變必須從民國五十與六十年代、台中縣地方派系的形成與鎮瀾宮勢力、資源增長談起。

　　台中縣地方派系的形成，開始於民國40年（1951）第一屆台中民選縣長選舉之後，因為支持對象的不同，在台中縣的政治上開始分成陳（黑）、林（紅）兩派，民國六十年代左

【8】葉金鑾，1923年生，曾任大甲鎮民代表、鎮瀾宮管理委員、董事等職務，詳見訪談人員資料表，筆者於2004年3月14日於大甲日南訪談。

右，黑、紅兩派地方派系也日漸成熟【9】。這與葉金欒所回憶的時間點接近，他指出在大約民國45年之後，鎮瀾宮的委員們受到台中縣地方政治派系形成的影響，開始分成紅、黑兩派，而成立董監事會後，這樣的情況更加明顯，因為鎮瀾宮管理成員的選舉，是透過地方政治人物所選出，當地方政治形成派系時，鎮瀾宮本身就無法脫離這些影響。

　　鎮瀾宮早期派系未介入太深，但隨著紅、黑兩派勢力的結盟，與進香活動規模擴大，結束爐主制後，管理成員可直接掌控進香，握有龐大資源，讓各方勢力都企圖掌控鎮瀾宮，企圖將鎮瀾宮的「資源」轉化成自己的「政治資本」。這龐大的資源分成：「錢」與「人」的兩大「資源」，第一個資源是金錢與權利，隨著香油收入的增加，讓鎮瀾宮有龐大資源可以利用，第二點是信徒與選舉，而人數越來越多的進香活動，就容易被當作「人」的資源，管理成員也想藉此，累積人脈，做為選舉的準備。

　　鎮瀾宮龐大的資源，讓地方政治人物覬覦；而其管理成員產生的制度，又與地方政治密切相關，讓地方政治人物得以介入。也讓地方政治派系運作介入鎮瀾宮成員的選舉，成為紅、黑兩派的政治角力場之一，甚至成為派系內部競爭的場域，隨著地方政治勢力的轉變與鎮瀾宮勢力的增長，地方政治與鎮瀾宮廟務錯綜複雜的交纏，成為戰後鎮瀾宮與政治糾葛不清的宿命。

【9】王靜儀，〈台中縣地方派系之形成背景與組織架構（1951－1987）〉，《台灣文獻》第五十四卷第三期，頁322-326。

四、財團法人化後的地方派系與廟務

　　葉金鑾【10】先生認為鎮瀾宮財團法人化後，地方派系開始積極介入鎮瀾宮管理人員的選舉，雖然在管理委員會時代，鎮瀾宮因政治立場已經分成紅、黑兩派【11】，但是當時派系區分並未明顯。但在財團法人化後，屢次董監事會的選舉，都會發生激烈的派系競爭，有時甚至同派系內也會相互競爭董事席位。董監事選舉常牽涉到地方選舉，地方選舉又影響鎮瀾宮的董監事選舉，可說明在民國66年（1977）鎮瀾宮財團法人化後，地方派系介入與廟務管理，而鎮瀾宮也介入地方的各項選舉，形成一個錯綜複雜的局面。

（一）地方政治與董監事選舉

　　大甲鎮瀾宮的董監事選舉，先由各鄉鎮的信徒代表【12】，選出該區域配額的董監事，董監事選出董事長，信徒代表由村里長與鄉鎮代表擔任。有意擔任董事長的人，就必須先掌控信徒代表，以選出支持自己的董監事，進而擔任董事長，或是必須尋求地方派系的支持，獲得派系內地方公職人員的支持，以獲得足夠的支持，所以地方選舉與鎮瀾宮董監事的選舉就有密

【10】 葉金鑾，1923年生，曾任大甲鎮民代表、鎮瀾宮管理委員、董事等職務，詳見訪談人員資料表，筆者於2004年3月14日於大甲日南訪談。

【11】 目前訪問到的黑（陳）派有朱進、郭金焜、曾福輝，紅（林）派有李晨鍾、許雲鵬、劉雲騰、許雲陽、葉金鑾等人。

【12】 第七屆董監事多認定信徒組織成員為信徒代表，這一部份的影響，後面會繼續說明。

切的關係，必須進行合縱聯盟，以獲取各自最佳的利益。

　　大甲鎮瀾宮董監事成員雖分成紅、黑兩派，但是長期都由黑派人士所掌控，在席次中佔大多數，而主要管理者郭金焜、曾福輝、王金爐、顏清標等都是屬於台中縣黑派的地方人士。但大甲地區以國民黨的紅派政治勢力也不弱，為何紅派人士長期在鎮瀾宮成為弱勢？這與大甲紅派主要以農會、水利會為主要的根據地有關，另外也與紅派領導人劉姓家族對於鎮瀾宮的運作沒有興趣有關，從早期的劉松藩、劉德成，到劉銓忠、楊永昌等家族成員，都對鎮瀾宮的運作沒有高度的興趣，而除了主要政治勢力範圍不一樣之外，根據何鴻明碩士論文的研究，是因為劉家長輩交代不要介入鎮瀾宮的廟務，因為擔任鎮瀾宮管理人員，處理不好會有報應，所以劉家子孫大部分不介入鎮瀾宮廟務，而長期擔任領導人的劉松藩與劉銓忠更是興趣缺缺[13]。

　　所以長期紅派領導勢力，甚少介入，只有零星派系成員參與，所以當部分派系成員想主導選舉，而主要派系成員不願介入的情況下，很難有挑戰黑派的空間。雖然部分紅派成員試圖挑戰，但是在實力不足的情況下，只能坐視黑派內部的爭奪，或是與黑派某派結盟，以換取某部分的政治支持。所以也造成鎮瀾宮成為黑派內部的角力場所，在此進行派系結盟與內部競爭，尤其在王金爐董事長的時代，因為其明顯企圖以鎮瀾宮的勢力，參與政治事務，讓王金爐幾次的董事長改選都顯得

---

[13] 何鴻明（媽祖信仰與地方政治生態互動模式之研究-以大甲鎮瀾宮人事組織與選舉方式為中心考察）。東海大學政治系碩士論文。

錯綜複雜，尤其以在第五屆董監事的改選，更可看出在鎮瀾宮與地方勢力糾葛的情形。

（二）紅黑派系的分裂與結盟：第五屆董事長的爭奪

民國83年（1994）第五屆董監事的改選，因為與王金爐同屬黑派的前大甲鎮代會主席顏榮燦有意出馬競爭，所以王金爐在該年一月份所舉辦的鄉鎮長選舉與縣市長選舉，企圖透過支持特定選人，以換取在董監事改選時的支持，透過下列兩則報導，來瞭解當時的情況。

> 元月廿八日鎮長選舉前夕，支持大甲鎮長候選人吳弘富的大甲鎮瀾宮董事長王金爐，突然有為數上萬張的名片落在大甲鎮溪北九里選民的手中，卡片後面印有編號及四號的字樣，選民表示每張可以更換一千元，亦有選民表示可以參加多達三十部汽車的摸彩，坊間說詞莫衷一是，但選舉過後，王金爐公開表示，卡片不是換錢用的，而是作為摸彩的依據[14]。
>
> 部份董監事認為，此次的鄉鎮長及縣議員選舉，大甲鎮瀾宮剛好在辦理冬令救濟，被濟助者已經接獲通知，理應到鎮瀾宮領取救濟品，但外埔鄉有十一個村，其中村長屬於黑派的村長，鎮瀾宮的救濟品卻配合村長的服務到家，且還附帶有某位候選人的宣傳單，而屬於紅派的村長則未受到如此禮遇，此舉引起有關人士的指

【14】《中國時報》1994-03-01。

摘【15】。

　　兩則報導透露鎮瀾宮與地方政治的關係，相關報導人就指出當時有意參選董事長的人，必須在地方基層選舉支持特定對象，以換取在董監事選舉的支持，當時王金爐掌握鎮瀾宮的資源，更以鎮瀾宮的資源，想達成這樣的目的。而第二則報導「配合村長服務到家」的救濟品發放方式，除讓黑派的村長做人情之外，更是支持某特定議員人選，而這些黑派的村長又可能是某特定議員的樁腳，故支持某議員，也可以換取這些信徒代表（村長）在董監事改選中的支持，而在第一則報導中，王金爐所支持的大甲鎮長候選人吳弘富，卻不是黑派，而是紅派，因為當時鎮長選舉由兩位紅派候選人競爭【16】，當時紅派內部決定由另一候選人，但王金爐卻支持另一未獲主流紅派支持的吳弘富，以換取部分紅派人士在董監事選舉時的支持，但這樣卻也引發主流紅派的反彈，讓其在董事長連任之路投下變數。

　　在第五屆董監事改選，因為大甲鎮長選舉的問題，而顯得錯綜複雜，前半段的選舉大致上是由黑派的王金爐與顏榮燦競爭，大致上黑派也分成兩派分別支持兩個人。但是因鎮長選舉的因素，紅派也分成兩派，分別支持王金爐與顏榮燦，支持王金爐的一派，是為了「答謝」；另一派，則是為了「報一箭

【15】《中國時報》，1994-03-01。

【16】當時台中縣地方的「默契」是地方首長候選人，由紅派擔任兩屆，黑派擔任兩屆，兩派「輪流執政」，該屆輪到紅派「執政」。

之仇」【17】，所以這一次的選舉，呈現複雜的情勢。

> 大甲地區的紅派人士於今年初的鎮長選舉時，由於鎮瀾
> 宮董事長王金爐主導的黑派人士全力支持未提名的紅派
> 候選人吳弘富參選，結果導致紅派出現裂痕，迄今未能
> 彌合…此外鎮瀾宮改選下屆董監事，並且產生董事長人
> 選，屬於黑派的王金爐有意爭取連任第三屆董事長，卻
> 遭到卸任董事長曾福輝與顏榮燦的全力杯葛，而屬於黑
> 派主流的顏榮燦並且在紅派的全力支持下，極力爭取董
> 事長的頭銜…由於顏榮燦與王金爐雙方人馬的明爭暗
> 鬥，已使得黑派過去的裂痕更加明顯，顏榮燦屬於黑派
> 的主流派系，而支持王金爐的人馬則較偏重於與台中縣
> 第三勢力楊氏家族有淵源，過去在多項選舉中，黑派的
> 兩股勢力即曾經出現裂痕，此次鎮瀾宮改選則更加明朗
> 化【18】。

因為錯綜複雜的情勢，使此次大甲鎮瀾宮董監事的改選
呈現多變，改選當天，現任的王金爐因為處於劣勢，而讓該
場會議流會，因為同屬黑派的卸任大甲鎮代會主席顏榮燦，
受到主要的紅派人士的全力支持，使得大甲、大安、外埔三鄉
鎮有董事配額的局勢呈現有利於顏榮燦的情形，但王金爐卻在
董事配額較少的外埔及大安掌握較多的信徒代表，雖然情況無
法扭轉董事的席位，但人數卻足於影響信徒代表大會的開會。

【17】 《中國時報》，1994-04-29、1994-05-08。

【18】 《中國時報》，1994-05-11。

由於王金爐掌握的董事人數居於劣勢，所以才會讓信徒大會流會【19】，也結束第五屆董監事改選的第一回合的競爭。

　　本次信徒大會流會後，支持現任董事長王金爐連任的一方居於下風，王金爐將董監事改選延後在八月舉行，因七月份要舉行鄉鎮民代表與村里長的改選，延後舉行即由下屆選出的村里長及代表選舉產生下屆的董監事，再產生董事長。雖然這個方式引起另一派人馬的強烈反彈【20】，但是終因王金爐控制多數的信徒代表，而無任何的作用，隨著董監事改選延後在八月舉行，八月份的鄉鎮民代表與村里長的改選也引起各方勢力的「投資」。

　　　大甲、外埔及大安三鄉鎮由於受到大甲鎮瀾宮此次選舉
　　　董監事的影響，…將下屆的董監事改為由下屆的鄉鎮
　　　民代表及村里長選舉產生，三鄉鎮內最近傳出有人「投
　　　資」大筆選舉經費推舉新人的情形，希望藉之控制未來
　　　的選情…　在鎮瀾宮董事長之爭趨於激烈之際，…使得
　　　大甲、大安及外埔三鄉鎮的基層選舉勢必較往年更加激
　　　烈【21】。

　　在八月初新選出的鄉鎮民代表與村里長就職後，鎮瀾宮決定於八月九日改選第五屆的董監事，而兩派人馬也展開第二回合，一派由尋求連任的王金爐繼續主將，另一派的顏榮燦則

【19】《中國時報》，1994/05/17。

【20】《中國時報》，1994/05/27、1994/06/01。

【21】《中國時報》，1994/05/29。

是結合另一派勢力，推出省議員郭榮振擔任候選人，一較長短，兩方實力相當，所以在改選當天，也發生眾多的情況與暴力事件，並鬧上法院，進行訴訟【22】，但是王金爐終究在強烈的競爭中，連任該屆的董事長。

而接連在年底舉辦省議員選舉，郭榮振進行參選，也引發王金爐的報復，王金爐即公開表示，將不惜與郭榮振角逐省議員【23】，雖然最後王金爐並未參選，卻轉而支持海線沙鹿的另一候選人顏清標【24】，最後郭榮振雖然仍當選，但是本次董事長的改選，已經為往後王金爐競選國大代表，與競選連任第六屆董事長投下很大的變數。

五、「廟公」與「契子」的戰爭－王金爐的從政之路

王金爐先前僅參與地方選舉事務，但並未真正出來參選，直到他參選第三屆國民代表之後，開始他的「從政之路」，但卻因他的身份，引發了「廟公」與「契子【25】」的競選話題。王金爐參選第三屆國民代表從登記國民黨黨內提名時，一開始就因為剛入黨，未取得黨證，資格不符，而遭到拒

【22】相關事件請詳見《中國時報》，1994/08/10、／　1996/12/06、1996/12/18、1997/02/27，《聯合晚報》1997/2/26的相關報導。

【23】《中國時報》，／　1994/08/30。

【24】《中時晚報》，／　1994/11/16。

【25】大甲地區民眾有將孩童認大甲媽祖做「乾媽」之習俗，認後就是「契子」，大甲媽祖會保佑其平安長大。

絕【26】，但爭取提名時，王金爐又受到數位同派系候選人之競爭，最後雖然一一勸退，國民黨也提名紅派的劉德成與黑派的王金爐，在當時應選名額兩人，其他新黨與民進黨候選人構不成威脅的情況之下，幾乎篤定當選，但是黑派部分核心人士，尤其是省議員郭榮振因為競選鎮瀾宮董事長與省議員的恩怨，推出同為黑派並為王金爐生意伙伴的黃德治出面參選與其競爭【27】。

　　當時參選國大代表的王金爐，因為其擔任大甲鎮瀾宮董事長的身份，其競選對手，幾乎都將話題圍繞在鎮瀾宮的相關議題上，與其同屬黑派的黃德治以及民進黨的候選人殷格惇都將王金爐視為主要對手，他們都自稱為大甲媽祖的「契子」，並稱王金爐作「廟公」，以鎮瀾宮的相關運作，作為攻擊的話題，而王金爐也以自己在鎮瀾宮董事長的表現，作為防禦的工具，三個人不約而同的打出「媽祖牌」，以爭取信徒的支持【28】，從下列兩則新聞報導，顯示當時激烈的場面。

> …登記三號的黃德治首先發言指出，他是大安鄉子弟，如果當選等於為該鄉多了一位民意代表，爭取地方建設機會亦增加不少。另外，他抨擊鎮瀾宮花費千萬元向大陸購買花燈展示，卻不能將這筆錢花費在地方老人基金上，結果卻讓中共拿錢買飛彈恐嚇、攻擊台灣，令信徒們不滿。

【26】《中時晚報》，1995/11/09。

【27】《中時晚報》，1996/01/17、1996/02/14。

【28】《中時晚報》，1996/03/10。

五號的候選人王金爐表示，七十六年九月份他首先率團前往大陸湄洲進香，展開兩岸宗教文化交流，而且鎮瀾宮亦每年補助大甲、大安、外埔及后里四鄉鎮的建設及公益事業，如果當選國代將以鎮瀾宮董事長服務信徒的精神來繼續服務鄉親。

四號殷格惇表示，今天是選舉國代，並不是選廟公，是要選出符合二千一百萬人口的新憲法，過去選舉「廟公」都要花錢，因此特別呼籲選民注意候選人的水準【29】。

候選人黃德治上台指出，他是最沒有政治包袱的候選人，他指摘大甲鎮瀾宮的廟公（另一位候選人）不夠盡責，日前陸續鎮瀾宮的歡迎門及香爐發生燃燒及意外事件，而且二年前發生以名片欺騙選民的風波，他曾經在「大甲媽」前卜杯，結果獲得三個允杯，如果有講話不老實，絕對無法走到台下，他並且呼籲選民擦亮眼睛，不要讓某位候選人將鎮瀾宮當作競選總部。

候選人殷格惇表示，廿三日是要選修改憲法的國大代表，並不是要選舉「廟公」，「媽祖」的職位並不需要選舉，希望選民重視選舉國代的工作…候選人王金爐表示，他在鎮瀾宮服務已經十年，七十六年開始進行宗教兩岸交流，鎮瀾宮除了提昇宗教地位外，亦針對大甲等

【29】《中時晚報》，1996/03/15。

四鄉鎮的小型建設進行補助，而警方的巡邏車、救護車亦是鎮瀾宮補助的，如果選民支持他，他一定會本著上述服務精神繼續為民眾奔走【30】。

從上兩則報導，對於候選人的政見發表會所報導的內容，可以看出這三人的話題幾乎都是以大甲鎮瀾宮為中心，也常把媽祖作為議題，而候選人殷格惇也數度前往鎮瀾宮造勢，指責王金爐的不是，另一名候選人黃德治亦指責廟方過去在新港奉天宮遶境進香時未重視隨團陣頭的福利，特別率領五個隨香陣頭前往鎮瀾宮表示抗議，車隊並遊行大甲地區【31】，此外並以「鴨霸廟主、占廟為王」，以及「媽祖婆的香火錢開不疼，媽祖婆的臉都黑了」的文宣攻擊王金爐【32】。

國民黨提名的候選人是紅派的劉德成及黑派的王金爐，依過去派系票源分配的情形，劉德成及王金爐當選應該沒有問題，但王金爐過去的結拜兄弟黃德治卻在省議員郭榮振的助勢下，亦投入選戰，…但王金爐在競選過程中，一直受到大甲、大安、外埔、后里等四鄉鎮長的全力支持，四鄉鎮的黑派及第三勢力的椿腳也一致支持…王金爐的聲勢因而與爭取連任的劉德成並駕齊驅…不過，競選期間，王金爐當董事長的鎮瀾宮，雖然香火鼎盛，收入扶搖直上，但受到鎮瀾宮董事長競選的恩怨纏

【30】《中時晚報》，1996/03/16。

【31】《中時晚報》，1996/03/10。

【32】《聯合晚報》，1996-08-16。

身，流言亦不斷傳出，以致於坊間以訛傳訛，…坊間黑
函更是滿天飛，造成王金爐的行情開始下墜，而王金爐
競選總部在投票前二天又宣佈絕不買票後，助選樁腳一
時軍心渙散，最後導致落選的命運【33】。

因為先前的選舉恩怨，與王金爐鎮瀾宮董事長的身份，
這讓這場王金爐的從政之路的選舉，變成了「廟公」與「契
子」的戰爭，而這場選舉也在這樣的氣氛之下結束，紅派的劉
德成在紅派的強力護盤，以及選舉攻擊話題都不在其身上的情
況下當選，而黑派的兩人，因為選舉恩怨，最後在黑派重量人
士支持黃德治的情況之下，贏得選舉，結束了這場「廟公」與
「契子」的政治競爭。

第二節　新管理者的地方與中央政治

　　隨著鎮瀾宮的發展，各方勢力積極介入大甲鎮瀾宮的運作，尤其長期掌控鎮瀾宮的黑派勢力，更發生多次的內部爭奪戰，在第六屆董事長選舉，為擺平各方勢力，由外來的「實力派」人士擔任董事長，隨著外來勢力的進入，也把鎮瀾宮與大甲地方派系的交錯關係，推向更複雜的政治舞台上。

一、另一場董事長爭奪戰：外部勢力的進入

　　自改為財團法人制度而來，鎮瀾宮前兩屆董事長由大甲黑派大老曾福輝擔任，第三屆開始由商人出身的王金爐擔任董事長，雖其仍屬於黑派的勢力，但是隨著鎮瀾宮勢力的擴大，及董事長本身可運用的「資源」眾多，在王金爐第四屆、第五屆的董事長選舉中，相繼都有人與其競爭[34]，尤其民國83年（1994）第五屆董監事改選與後續選舉的一連串風波，還未落幕，王金爐在民國87年第六屆選舉面對更大的挑戰。當時因為地方選舉的關係，王金爐與地方黑派的重要人士關係緊張，所以在第六屆改選董監事時，原本反對王金爐的黑派勢力再度結合挑戰，而原本上屆支持王金爐的鄭銘坤（時任鎮瀾宮董事）、鄭銘宗（時任大甲鎮代會主席）兄弟的黑派勢力，也轉向挑戰王金爐的連任。

---

[34] 邱家宜、〈一道厚厚的黑影籠罩著大甲媽祖婆〉、《新新聞》、第582期，頁67。

四年一度的台中縣大甲鎮鎮瀾宮董監事改選，由於競爭激烈，外傳有黑道介入選舉，台中地檢署檢察長陳聰指派檢察官林豐文到鎮瀾宮監控；當地台中縣警方也出動近150名警力在市區路口盤查可疑人士…上午兩派人馬協調時，董事鄭銘坤不滿董事長王金爐片面宣布開會，憤而掀桌抗議…鎮瀾宮這次改選，分別由大甲、大安、外埔三鄉鎮民代、村里鄰長計92人為代表，需有47人出席才能宣布開會。上午雙方動員後，有45人到會場，而董事長王金爐宣稱他有大甲鎮代陳源智、大甲平安里長廖陳秋兩人之委託書及身分證，人數已夠，宣布開會；但董事鄭銘坤反對，並說陳、廖日前已傳真聲明至鎮瀾宮，表示已另行申領身分證，放棄委託，今天將親自出席，目前兩人未到，因此人數不足，不能開會。雙方爭論中，鄭掀翻主席桌，一陣混亂後，三鄉鎮出席代表的簽到簿竟不翼而飛，會更開不成了。到11時55分，王金爐宣布無限期流會，並說看到今天的場面「媽祖也會流淚」；鄭銘坤則宣稱要召開董事會，決定下一步動作【35】。

在第一次改選的信徒大會時，雖然當時動員將近一百二十名警力，仍然爆發激烈衝突【36】，在會議衝突之後，兩派勢力陷入僵持，各自運作相關勢力，並爆發槍擊事

【35】《聯合晚報》，1998-10-14。

【36】《聯合晚報》，1998/10/14，《聯合報》、1998/10/15。

件【37】。發生這些事件後，王金爐怕發生危險，而避走國外，當兩派勢力僵持不下時，各方勢力仍然不斷介入協調，或是向兩方表示有意介入並擔任董事長，當時連遠在嘉義的「涼椅大王」的曾振農立委，都曾介入協調，並表示有意願擔任董事長【38】，當時黑派地方勢力不斷協調，但仍無結果，由於王金爐人在國外，所以由另一派人馬取得較多的席次，但王金爐仍不願退讓。

最後鄭家兄弟請出當時沙鹿籍的台中縣議長顏清標出面協調，因為顏清標與兩方人馬都熟識，而且在省議員、議長選舉及鎮瀾宮第五屆董事長選舉，與王金爐有「互助」的情誼【39】，而且因為與王金爐的關係良好，常來參與鎮瀾宮的活動，更透過其關係邀請省級政治人物來參與各項活動，所以請來顏清標擔任「公親」，讓王金爐答應退讓，但最後與王金爐協調的結果，決定由顏清標來擔任董事長，由鄭銘坤擔任副董事長【40】，王金爐階段的改選風波，終告一段落，而外部勢力的進入，也讓鎮瀾宮進入一個新的時代。

【37】《聯合晚報》，1998-11-24。

【38】訪問大安地區某味鎮瀾宮信徒代表（要求匿名）。

【39】邱家宜、〈一道厚厚的黑影籠罩著大甲媽祖婆〉、《新新聞》、第582期，頁68。

【40】訪談多名信徒代表，尊重受訪者隱私與意願，不公佈姓名與訪談時間。

二、全台政治影響力的初試啼聲

在顏清標入主鎮瀾宮當董事長之前，鎮瀾宮雖然透過地方政治人物邀請省級的政治人物前來參與活動，如時任省主席的連戰、宋楚瑜在其任內常參與鎮瀾宮活動，在顏清標入主之後，或許因他的政治身分影響鎮瀾宮，亦或許因為鎮瀾宮這個資源龐大的廟宇，讓大家注意到顏清標，但是他入主後的兩件事情，即讓大家注意到鎮瀾宮的全台政治影響力，也讓大家發現他與鎮瀾宮間複雜的交互影響。

第一件事情是民國89年（2000）的總統大選，在前一年（1999）的大甲媽祖進香，四位有意參選總統的候選人：連戰、宋楚瑜、陳水扁、許信良都在媽祖起駕當天，齊聚大甲鎮瀾宮，各自參與部分儀式，連戰在下午由前立法院長劉松藩陪同下，到鎮瀾宮主持媽祖入轎安座大典；晚上七時廿分，許信良到鎮瀾宮上香獻花果，同時向媽祖稟明要隨駕媽祖作八天七夜宗教之旅；晚上九時許，陳水扁在台中市長張溫鷹、台中縣長廖永來等陪同上香，趕往媽祖文化之夜晚會；

> 宋楚瑜在晚上十一時廿分，由劉松藩及立委劉銓忠叔侄陪同，在大批民眾簇擁下，進入鎮瀾宮上香獻果祈求國泰民安，點燃起馬炮，並一同護駕出城[41]。

其實當時這樣的安排，鎮瀾宮煞費苦心，有候選人表示要來參與起駕活動，為不得罪其他候選人，所以將消息告知其他競選團隊，而其他候選人表示有意參與，但有候選人要

---

[41]《聯合報》，1999-04-18。

求不要與其他候選人同台，而必須作上述的安排【42】。不管是
鎮瀾宮的有意安排，或是候選人競相參加，這一場2000年的總
統大選「四大巨頭」的出現，讓大家不得不注意到鎮瀾宮的影
響力，而全台媒體因為「四大巨頭」的出現，各家電子新聞媒
體，出動多台SNG車實況轉播，平面媒體也都加以報導，「四
大巨頭」同時出現的新聞效應，讓鎮瀾宮從地方政治人物競爭
的舞台，一躍成為總統大選的舞台。

三、 「宗教直航」的藍綠戰爭

　　另一件讓大家注意鎮瀾宮與顏清標複雜關係的事件，是
讓「大甲媽祖」上了政治的火線，成為促進兩岸直航的「媽祖
牌」，這件事讓鎮瀾宮成為全台的焦點，也讓大家注意到鎮瀾
宮的影響力。在民國88年（1999）鎮瀾宮提出想要「宗教直
航」湄洲進香的想法，從總統大選前吵到總統大選後，也從藍
色執政吵到綠色執政，選前各方政治人物，以「宗教直航」為
話題炒作新聞，甚至將開放宗教直航列為政策，企圖拉攏顏清
標【43】，選後則成為藍綠雙方爭戰的話題之一，尤其是民進黨
與親民黨的相互叫陣。

> …顏清標昨天上午十時在多位立委及大批大甲媽信眾的
> 簇擁下，在大甲媽神位前上香、獻果，然後拈香祈福，
> 慎重地擲完兩次聖筊杯，獲得大甲媽「同意」，敲定了

【42】訪問董振雄先生。

【43】《聯合報》，2000-01-09。

宗教直航的確切時間是今年七月十六日（也就是農曆六月十五日）。顏清標在擲完筊杯後表示，大家都已經很清楚看到大甲媽同意以直航的方式，於七月十六日前往福建湄州進香，這是天意【44】…。

尤其鎮瀾宮在六月決定七月十六日（農曆六月十五日）出發進香，更掀起長達一個月的政治討論，支持或反對的一方，也都把媽祖搬出來，進行相關政策的攻防。

親民黨明天上午將邀鎮瀾宮管委會董事長、台中縣議會議長顏清標，到立法院現身說法。黨團總召邱創良說，前立法院長劉松藩全力支持7月16日時進行宗教直航，親民黨團不排除屆時全體立委一起上船，支持媽祖兩岸直航，不要讓政治力介入宗教【45】。

…在野立委奇襲對政院施壓。委員會無異議通過：要求陸委會一個月內專案核准媽祖直航湄洲；三個月內完成執行辦法導正金馬地下交易活動…與會國民黨、親民黨、新黨及無黨籍立委在無異議情況下，迅速通過與陸委會既定政策明顯差異的重要決議。…第一項決議是針對大甲媽祖的直航案，要求政府應基於尊重民俗、尊重民意，對媽祖赴大陸湄洲尋根接火活動採「專案特許」方式，提供必要之協助，並於一個月內「專案核准」…

【44】《民生報》，2000-06-05。

【45】《聯合晚報》，2000-06-06。

事後包括國民黨團書記長林建榮、親民黨團總召集人邱
創良、新黨黨團副總召集人鄭龍水、無黨籍立委羅福助
等在 野立委共同舉行記者會，宣示上述決議在無異議
情況下通過，表示「兩岸媽祖信眾最多，這才是多數民
意」，希望行政院在宗教直航、小三通後，儘速實現全
面三通政策。眾人最後並牽手高呼「媽祖直航」【46】。

　　藍綠陣營對於宗教直航的不同政策態度，除了牽涉兩方
主要的政治立場不同之外，也可發現主導該法案的親民黨團，
與顏清標關係良好，雖然顏清標是屬於無黨籍，但是在總統大
選中支持宋楚瑜，與親民黨團關係良好，而與其支持的無黨籍
立委羅福助也關係良好，在顏清標的帶領下，可以看到與其政
治關係良好的黨團與立委，為宗教直航政策護航，形成對政府
的壓力。

　　…呂秀蓮昨天表示，有人以神的旨意，壓迫政府宗教直
　　航，行政部門應謹慎思考這種激情做法是否妥當。顏
　　清標對呂秀蓮的說法表示，…顏清標表示，依過去的經
　　驗，只要媽祖「聖裁」的啟駕日子，從來都沒有延誤
　　過，他有信心媽祖會保佑順利成行【47】…

　　…立委林國龍也質問「到底是媽祖大？還是蔡英文
　　大？」「要不要信徒也向蔡英文擲筊？」 蔡英文表示，

【46】《聯合報》，2000-06-09。

【47】《聯合報》，2000-06-07。

> 林國龍的問題就好像拿橘子和蘋果相比，是不能比的…
> 她相信媽祖慈悲為懷，媽祖也可以體認到陸委會促進兩
> 岸關係的用心，積極在做；如果來不及宗教直航，相信
> 媽祖會諒解的【48】…

> …到底該不該宗教直航？上午在立院院會國是論壇引發
> 立委針鋒相對。民進黨立委口徑一致反對直航，並批
> 評大甲鎮瀾宮董事長顏清標是神棍，要求顏不要綁架媽
> 祖。在野黨立委則要求陸委會在完成評估報告後，交由
> 立法院最後裁決【49】…

政策立場不同的雙方，都將媽祖搬出來，贊成宗教直航
的一方，說進香的時間與方式，是獲得大甲媽「同意」，而另
一方則是說「媽祖會體諒」，並引發「到底是媽祖大？還是蔡
英文大？」、「要不要信徒也向蔡英文擲筊？」、「神棍」、
「綁架媽祖」的口水戰。除此之外宗教直航問題，也引發民進
黨立委不同看法，部分立委指出媽祖信徒強勢要求陸委會在一
周內宣示宗教直航可行性，是置國家於險境，要求讓「媽祖歸
媽祖，政治歸政治」；而來自台中的民進黨籍立委林豐喜、邱
太三則要求外界不應以「泛政治化」角度看待此事，只要行政
單位克服技術性問題，政府就該讓信徒成行，指外界不該把宗
教問題做政治性解讀【50】。而台中出身的兩位立委為何與黨團

【48】《聯合報》，2000-06-09。

【49】《聯合晚報》，2000-06-09。

【50】《聯合報》，2000-06-08。

有不一樣的看法，因為必須顧慮到選區內眾多媽祖信徒的反應，尤其是邱太三身為大甲子弟，就必須更考量該選區內選民的反應。當時民進黨主政的台中縣政府的立場，也與民進黨中央不同調，當時民進黨廖永來縣長贊成直航，並派出人員協助顏清標。

　　最後陸委會並沒有同意鎮瀾宮直航，大甲鎮瀾宮另外透過轉機的方式前往湄洲進香，因為先前的事件，讓此次進香，備受海峽兩岸重視，但是隨後也因為這件事，發生後續搜索鎮瀾宮、羈押顏清標的相關事件。

四、立委時代的地方與中央政治

　　從上述兩件事，顯示顏清標透過本身的政治實力與鎮瀾宮強大影響力，讓顏清標當時以台中縣議長的身份，得以與中央進行政策的抗衡。但是鎮瀾宮後續卻遭檢調搜索，而顏清標也因案遭羈押，一連串的事情發生後，顏清標也投入第五屆立委的選戰，並因為其在地方的實力，而高票當選。

　　…顏清標擔任董事長後，用印及決策很少參與，外人請託的一些廟務，顏清標還是會禮貌性的推給副董事長鄭銘坤等人，而且廟方動支五萬元以上的金額，依章程必須由董事會決議，雖然每年收入約七千萬元的金額，顏清標極少過問，重要事務由鄭銘坤、董振雄等人商議【51】。

【51】《中國時報　》，2002/05/16。

顏清標在擔任大甲鎮瀾宮的董事長之後，廟務大致上都交由副董事長進行處理，而其在政治上，也形成地方與中央的分工方式，尤其經過立委選戰與擔任鎮瀾宮董事長一段時間之後，整合地方資源，便形成這樣的分工關係，顏清標大致上不過問廟務瑣碎的事情，只有在重大活動才會出席，一般廟務還是交由副董事長負責，而大甲地區的地方政治，則是交由副董事長運作，因為其家族也長期涉足地方政治活動，其兄弟皆擔任過鎮民代表主席，而副董事長也擔任顏立委競選總幹事，負責地方政治勢力的動員，形成廟務與大甲地區的地方勢力由副董事長負責，而顏清標負責自己區域的地方勢力，以及發展在「中央」的政治關係。

　　而顏清標在擔任董事長後，也為鎮瀾宮帶來龐大的「中央」資源，引進中央部會與國營事業的資源，每年捐助大量經費贊助進香時的文化活動，也吸引全國性企業贊助活動，為鎮瀾宮帶來龐大的資源，但是鎮瀾宮同時也是他龐大的政治資源，除了每年進香時的頻繁的媒體曝光與號稱「百萬信徒」的支撐，更可以藉著安排各黨派政治人物參與儀式的關係，建立起不同的關係與交情。

　　此外龐大的信徒更成為政治動員上的龐大資源，因為動員信徒組織成員來參與活動，成員可以透過廟方信徒系統動員，不用透過地方政治人物，也讓這些新的管理者，透過這樣的方式建立了龐大的動員體系，另外則是修改鎮瀾宮的組織章程，讓其他陣頭的信徒組織可以成為「信徒代表」，不再只有村里長與鄉鎮代表可以擔任，這樣的更改，一方面可以讓這些信徒組織有參與廟務的機會，另外因為廟方對這些信徒組織有

較高的影響力，所以董監事選舉，也不用受制原來地方政治人
物的這些選舉結構，透過掌握這些信徒組織，一方面可以成為
自己的政治資源，一方面又可以更加掌握鎮瀾宮的權力。

　　另外鎮瀾宮的各項儀式，也可成為「資源」，以民國93
年（2004）農曆元宵「交杯」後，宴請「各香」與重要工作人
員的晚宴為例，因為選舉將近與董事長擔任「無黨籍黨團的召
集人」的雙重因素下，大量邀請各地方椿腳與「重量級」的政
治人物，參加餐會人數較之前增加千人，宴請的場地，也從鎮
瀾宮地下室移師文化大樓的地下室與禮堂。除了宴請相關進香
人員之外，並宴請相關的椿腳，更來了許多政治人物，從一個
單純的宗教宴請活動，轉化成相關人士「展現」實力的環境，
有著雙重展現的意義。第一層讓這些「來自台北的客人們」知
道自己的「基層實力」與「全台的影響力」，第二個是讓信徒
們與椿腳們，知道自己的「政治份量」與「政治的影響力」，
成為一個「展現」政治人物「實力」的場域。而民國93年的
「起馬宴」更邀請部分民代與村里長給予一定桌數，讓其邀請
「信眾」前來「共襄盛舉」，而民國94年的「起馬宴」，主
要信仰區域內大甲各里長都有四桌的「配額」，其他鄰近的鄉
鎮配額不定。由此可見鎮瀾宮的管理階層企圖透過這些宴請活
動，擴大自己的勢力與展現自己對於這個區域的影響力[52]。

　　而鎮瀾宮遍佈全台的交誼體系，更讓各種顏色的政治人
物不敢小看，民國97年（2008）總統大選民進黨內初選，蘇貞

---

[52] 洪瑩發、〈食物與儀式：大甲媽祖進香中的飲食文化〉、2005年大甲媽祖
國際學術研討會論文。

昌即透過鎮瀾宮邀宴媽祖聯誼會所有成員，尋求支持，而2008年總統大選時，鎮瀾宮更結合媽祖聯誼會與相關廟宇組織後援會，公開力挺馬英九，這種現象透露鎮瀾宮在藍綠政治人物中的重要地位，平時綠色政治人物對於顏清標稱之「黑金」，而馬英九號稱不沾鍋與消滅黑金，但是遇到媽祖的魅力與顏清標的實力，卻不得不低頭。顏清標雖然力挺馬英九，但在總統大選期間，因為先前的搜索事件，也不敢得罪綠營政治人物，所以宗教與政治交錯成一個錯綜複雜的台灣政治圖像。

第三節　媽祖信仰與政治的關係

　　官方【53】與民間寺廟的關係，在漢人社會一直具有微妙的關係；官方企圖透過寺廟達成某種統治目的，卻又常將其視為迷信，鎮瀾宮在這種氣氛中，與政治展開一場複雜的互動。

一、「政府」對鎮瀾宮態度的轉變

（一）戰後到民國五十年代政府對民間信仰的態度

　　戰後到民國五十年代之間，雖然目前無文字紀錄可供參考當時政府對鎮瀾宮的相關態度，可能因為其知名度還不大，而且其最重的儀式活動大甲媽祖進香，當時規模還小，還引不起大眾之注意，但是卻可以從當時政府對於民間信仰的一些態度來看，戰後當時的「台灣省行政長官公署」就發布〈查禁民間不良習俗辦法〉【54】，當中規定應禁止「崇拜神權迷信」，當時將設立社壇降鸞扶乩、舉行迎神賽會者，都視為迷信，應該列為禁止之列，此辦法雖經過幾次修正，但還是將舉行迎神賽會者視為迷信，直到民國五十四年本辦法才廢止【55】，當時省政府要求各公務人員、民意代表等應該帶頭切實遵守，並製作「勵行戰時生活，配合反攻大陸」、「禁止迎神賽會，消滅

【53】 不同時代當然其定義都不一致，但都泛指統治勢力。

【54】 台灣省行政長官公署，《台灣省行政長官公署公報》春3期，頁35-36。

【55】 台灣省政府，《台灣省政府公報》五十四年秋55期，頁2-3。

神棍斂財」等標語，要求張貼在各地【56】。

另外省政府又在民國48年（1959）頒佈〈台灣省改善民間習俗辦法〉【57】，文中規定為改善民間祭典習俗暨節省婚壽喪葬浪費的相關規定，其中比較重的是要求七月普渡集中於農曆七月十五日同一天舉行，及其他祭典統一日期的相關規定，這對當時廟宇祭典的舉辦，有一定的影響，當時鎮瀾宮也在這樣的政策之下，將原本定於農曆七月二十四日的七月普渡改成七月十五日，當時政府對於鎮瀾宮的相關態度，目前筆者仍無法掌握相關資料可佐證，但是從當時政府對於民間信仰的活動政策態度，還是在戰時的思維，「勵行戰時生活，配合反攻大陸」，都將相關的活動視為迷信與浪費。

（二）民國六十到八十年代的狀況

而隨著大甲媽祖進香規模越來越擴大，大甲鎮瀾宮的相關活動，很難不引起政府機關的注意，在民國58年時，當時省主席接見「台中縣民俗改進會」時，報紙上出現關於大甲媽祖進香與南投大拜拜的新聞：「一年一度的中縣大甲進香團而言，其勞民傷財。荒□怠□的情形，可以說已達到相當嚴重的程度」，希望其「改進活動」，以當時中央日報具有「黨」與政府的雙重身分下，這篇報導可見當時社會與政府的態度。

在本時期，政府對於鎮瀾宮的影響，是在民國63年

【56】台灣省省政府，《台灣省政府公報》四十二年春30期，頁373。

【57】台灣省省政府，《台灣省政府公報》四十八年秋13期，頁187。

（1974）透過政治力量取消大甲媽祖進香的爐主制度【58】，因為有關單位覺得大甲媽祖進香規模太大，是因為爐主勸募進香經費，招引香客參加進香行列，希望以後進香不要勸募經費，以免規模太龐大【59】，並希望改為乘車進香，以免發生治安、交通和秩序等問題。當時政府對於民間信仰的習俗視為是「神權迷信」，轉為應該「改善」，加以輔導【60】，而不像戰後初期將迎神賽會列為禁止之列，另外也希望透過組織「民俗改進會【61】」，讓擔任委員的民意代表加以協助輔導，所以有關報導指出民意代表「自然不可能在那些大拜拜中担任香主、爐主，也不至於在進香團中担任領隊護隊。過去本來是民俗改進的阻力，現在一變而為助力了」【62】。這可見當時政府的態度，希望組織民俗改進會，讓地方政治人物不再參與進香活動，希望化「阻力」為「助力」。

戰後早期進香時，需要附上計畫書，將路線表、參與人員名單等，報縣政府與縣警局核可，有時還要主委與地方人士

【58】雖然當時還有其他因素，政治只是因素之一，並成為最重要的「手段」，詳見第二章的討論。

【59】台中縣立文化中心，《大甲媽祖進香》，1988年，頁41-42。

【60】台灣省政府，《台灣省政府公報》六十八年春11期，頁2。

【61】民國四十九年省政府令各縣市鄉鎮組織「民俗改進會」，進行民俗祭典的改正，由該縣市鄉鎮長擔任常務委員，並邀請各民意代表為委員，台灣省政府，《台灣省政府公報》四十九年春27期，頁290。

【62】《中央日報》58.12.29，□部分為原件不清楚部分，無法辨識，本件報紙由王見川教授提供，特此申謝。

去簽署「保證書」，當保證人【63】，也常常請鎮瀾宮改變進香方式，這些可證實當時政府的確擔心治安和秩序等問題。而當時省政府的確要求，在各種民間信仰活動之前，應由各縣市民政局邀有關團體開會，並說明對迎神賽會的核准，應與該管的警備區司令部密切聯繫【64】。

而當時參與鎮瀾宮活動的政治人物，大概也僅限於信仰轄區內的地方政治人物，雖然政府以組織「民俗改進會」企圖影響各地信仰活動，但是從此時期大甲媽祖進香規模的增長，便知道效果有限，雖然政府介入改變爐主制度，但是不如說是管理者企圖掌控進香活動，而利用政治為手段。這個時期鎮瀾宮與政治的關係，大致上僅限於大甲地區內的地方政治。

（三）八十年代後的發展

鎮瀾宮與政治的關係到八十年代後，雖然在民國80年（1991）中央發佈〈加強改善社會風氣重要措施〉與省政府再發佈〈加強改善社會風氣重要措施台灣省實施要點〉【65】，辦法中提到要統一祭典於一天舉辦，並要輔導寺廟配合祭典日或民俗節日舉辦各項優良傳統民俗活動，以及在祭典倡導舉辦生產競技與正當有益之康樂活動，以移轉民間習俗等相關事項。從相關條文來看，對於民間信仰活動的態度，已經從「迷信」轉到「改進」，現在則轉變成「輔導」，這也符合當時候台灣

【63】訪問董振雄先生於2004年3月21日。

【64】台灣省政府，《台灣省政府公報》五十二年春17期，頁2。

【65】台灣省政府，《台灣省政府公報》八十年春6期，頁4-13。

對於本土文化重視的浪潮，而且在民國77年（1988）鎮瀾宮的
祈安清醮就在文建會的「輔導」之下舉辦「民間劇場」等一連
串的活動。

　　而隨著大甲媽祖進香規模的拓展，當初在民國六十年
代，被視為「勞民傷財」的進香活動，民國88年（1999）卻搖
身一變成為「大甲媽祖國際文化節」，由台中縣政府策劃舉
辦相關活動，變成縣政府文化政策的一部份；並在民國90年
（2001）由交通部觀光局定為當年台灣的十二大節慶之一，作
為當年國際觀光宣傳重點，並納入各媽祖廟擴大舉辦成為「台
灣媽祖文化節」，該年企畫中的內容提到：

　　… 希望藉此將媽祖宗教信仰的意義，以文化的形式代代
　　傳承下去…將媽祖遶境活動的意義深化、拓寬，使之成
　　為中部地區最獨特的文化特色之一【66】…

　　大甲媽祖的進香從「勞民傷財」到「使之成為中部地區
最獨特的文化特色之一」，這樣政策態度的變化，同樣也代表
政府對於鎮瀾宮的關係變化。民國八十年代之後，當時的董事
長王金爐，積極透過當時地方的省議員關係，邀請時任省主席
的連戰、宋楚瑜等前來參與，而在民國87年（1998）電子媒體
的新聞台對鎮瀾宮活動進行全程的轉播工作之後，更是吸引各
方政治人物，不分黨派立場，前來參與進香活動，尤其2000年
總統大選，四位候選人的到來，更讓鎮瀾宮聲勢大漲，另外宗

【66】台中縣政府，《台灣媽祖文化節－2001年台中縣大甲媽祖文化實施計畫
　　書》，頁2。

教直航問題，鎮瀾宮廟方與中央政府折衝的過程，也顯示鎮瀾宮在政治上的影響力。

二、進香儀式與政治人物

　　大甲媽祖進香有眾多的信徒參與之外，更吸引許多觀光客，而且進香活動開始受到媒體的重視，電子媒體進行現場連線，或製作相關專題報導，或平面媒體也對活動的重視，這樣高曝光率，當然也吸引眾多政治人物，形成政治人物的曝光場合。

（一）政治人物的新秀場

　　在眾多的進香儀式中，有幾個儀式是政治人物的「表演空間」，甚至在近期還變成「專屬」的活動，以下舉出幾個政治人物常出現的「秀場」。

　　1.上轎典禮

　　請政治人物擔任請媽祖上轎的工作，電視會現場轉播，請完媽祖後，會請政治人物說幾句話，參與過儀式的有連戰、王金平、呂秀蓮、蘇貞昌等，近年王金平每年都出席這個儀式。

　　2.起馬炮

　　媽祖起駕前會施放三門禮炮，稱之為起馬炮。以前由大甲鎮瀾宮爆竹團成員施放，現在則改成兩門由鎮瀾宮所安排的政治人物施放。以前王金爐時代，就請顏清標施放過，而顏清標進入鎮瀾宮的初期，一門由他施放，一門由宋楚瑜施放。而現在則是一門由廟方或縣長施放，另一門則還是宋楚瑜的「權

力」，不然由他的政治伙伴施放【67】，國親和後，則由國民黨籍政治人物擔任。

3.護駕送出城

董事長在轎前，護駕媽祖，送大甲媽祖到市區外，但是顏清標擔任董事長後，轎前都會多出一個人，即由宋楚瑜前來護駕，而這個儀式有一段時間成為他「個人專屬」的儀式，直到2006年後親民黨勢力弱化，宋楚瑜淡出台灣政壇之前，其他政治人物幾乎都無法參與。

4.祝壽大典

祝壽典禮是指在新港奉天宮前舉辦為媽祖祝壽的祭典，祝壽大典後會請政治人物發言，台中縣長與嘉義縣長固定參加，民國92年（2003），陳水扁總統與呂秀蓮副總統一起出席過，之後呂副總統、蕭萬長副總統等政治人物也參與過好幾次。

5.回駕典禮

回駕典禮是指大甲媽祖在回駕時所舉辦的儀式，儀式結束後，一樣會請政治人物發言，有時因為大甲媽祖回駕的時間不一定，所以就先跟政治人物向媽祖上香，之後發表「談話」，陳水扁、呂秀蓮、謝長廷、馬英九等都曾出席過此儀式。

6.接駕儀式

「接駕儀式」一般常見於沿途各寺廟迎接大甲媽祖的儀

【67】現在幾乎都是親民黨籍的立委在施放。

式，但是政治人物也會安排機會來舉行「接駕儀式」，尤其以各縣市政府安排為最大，在出發當天，台中縣政府即在大甲市郊搭起「國際觀禮台」，另外大甲媽祖一路，經過縣市交界時，縣長或重要地方政治人物都會前來接駕。

（二）轎前的「政治空間」

政治人物最重要的「秀場」是在轎前「護駕」，這原本是董監事的工作，現在則是讓政治人物擔任，因為轎前「護駕」，信徒會注意，而某些路段，媒體更會來拍攝，而某些政治人物也認為在轎前可以獲得媽祖較多的保佑。

但是並非每個政治人物都有機會，必須要有相當的「交情」，像與鎮瀾宮董事長顏清標關係良好的宋楚瑜，就有專屬的時段，因該時段，全台新聞媒體都會現場直播。當然也不是每個路段都有政治人物，願意前來擔任此任務，人多的地方，政治人物人物才會踴躍出席。轎前的 護駕空間變成「政治空間」，提供政治人物曝光的機會，安排這些事務，也成為鎮瀾宮管理人員的「資源」之一。

（三）儀式的政治關係

鎮瀾宮安排政治人物參加進香的儀式，其實也代表著鎮瀾宮與該政治人物的關係，與該政治人物的政治地位。如2000年總統大選時，四位總統候選人在送駕當天出席，但是與董事長屬於同一政治立場的兩位總統候選人，一位被安排請媽祖上轎，一位被安排與董事長一起護駕媽祖出城，另兩位屬性不同的候選人，鎮瀾宮只安排簡單的上香儀式後就結束，這例子說

明政治人物參與儀式的重要性與曝光機會，象徵著與廟方的關係，尤其是主要管理者在政治上的關係，透過儀式的重要性，反映出主要管理者在政治上的互動。

　　而主要管理者也可透過安排儀式的參與，與各政治人物建立關係，張家麟就認為顏清標除擁有公職之外，更因大甲鎮瀾宮董事長的身份，可以運用媽祖的祭典與各項宗教儀式，在媽祖信徒聚集之時，在不同時段露臉，為選民做政治演說與宣傳，在選票考量之下，都會接受安排【68】，這樣的安排，除了與參與的政治人物建立關係，更可以讓參與的政治人物知道主要管理者的「實力」，而且不只是進香的儀式，進香路線與停駕地點，都可以透過決定過程中的互動，建立彼此的關係。

圖 5-1 2003 陳水扁與
呂秀蓮參加祝壽大典

圖 5-2 2006 游錫堃、蘇貞昌、
宋楚瑜、王金平參與請媽祖上轎

【68】張家麟，〈政教關係與兩岸宗教交流：以兩岸媽祖廟團體為焦點〉，
　　《新世紀宗教研究》，1卷1期，頁52。

三、政治的新資源－大甲媽祖

除了現實資源外，「大甲媽祖」這個符號或相關儀式，都成為相關政治人物的資源。

（1）大甲媽祖文化節的政治利益

台中縣政府於民國88年（1999）開始舉辦大甲媽祖文化節，大甲媽祖也變成縣政府的一項「新資源」，原本被縣政府視為浪費與影響治安的活動，並企圖將其「革除」的進香活動，搖身一變成為台中縣政府重視的民俗活動，並花費大量經費舉辦文化節。其實台中縣政府的轉變，除了政府對於台灣民間信仰活動的觀念，從「神權迷信」改變成「重要的文化資源【69】」與「文化瑰寶」【70】，也因大甲媽祖進香成為台中縣政府舉辦文化節，宣傳政績的重要資源。

台中縣政府為什麼會選擇大甲媽祖進香規劃成媽祖文化節，且在後來黃仲生縣長時代擴大成為大甲媽祖「國際」文化觀光節，並納入台中縣的重要施政計畫，成為台中縣政府的重要施政的「旗艦計畫」【71】呢？。根據當時一手策劃大甲媽祖文化節舉辦的洪慶峰【72】表示會選擇大甲媽祖進香規劃文

【69】民國87年起文建會舉辦藝文資源調查，就將民間信仰調查視為「藝文資源」的一部份，進行相關的調查。

【70】台中縣文化局，《2004台中縣大甲媽祖文化節成果專輯》，頁5。

【71】為台中縣政府在2002年所提出的重要施政計畫，總共有十二項重要施政計畫，包括各項硬體建設與開發計畫，大甲媽祖文化節為其中一項。

【72】洪慶峰為前台中縣文化局長，現任文建會副主委，於2002大甲媽祖教師研習團行前會議上的說明。

化節，最重要是因其知名度與規模盛大，且評估台中各項活動，也只有這個活動能夠引起全國媒體的注意，而台中縣副縣長張壯熙【73】也表示，這是台中縣政府目前唯一可以「快速」擴大規模的文化活動，因為其他活動都還需要一段時間的「培養」，而且筆者追問這樣算不算是搭「大甲媽祖」的便車，張壯熙直接表示「的確不否認」，並進一步說明，這是台中縣政府目前舉辦的「文化節」，可以有較高的「回收」的活動，並舉出相關的觀光效益作為佐證。

　　從這些規劃活動的政府官員的說明可知，除了展現台中縣府對於大甲媽祖進香活動態度的轉變，更可以說明大甲媽祖進香變成台中縣政府的一項重要資源，大甲媽祖文化節成為台中縣的旗艦計畫，除了有政績之外，也因為大甲媽祖的高知名度，讓相關的文化節活動高度的曝光，縣長也可以在全國媒體密集的亮相曝光，而縣長等政治人物，也可以隨著大甲媽祖跨越到別的縣市，像與其他縣市長交接「文化陣頭【74】」，或是派出台中縣的「文化列車」【75】，都可以跨越縣市，另外也容易聚集各項活動資源，因為大甲媽祖的高知名度，可以吸引知名廠商來贊助活動經費，擴大活動規模。

【73】採訪台中縣副縣長於台中縣政府，2004/12/22。

【74】在2000-2003年台中縣政府企圖整合媽祖遶境各縣市，都派出藝術團對來迎接大甲媽祖，稱之為「文化陣頭」，並由各縣市長在縣市交接處交接，電視台幾乎都會實況轉播。

【75】文化列車是指台中縣文化局規劃大甲媽祖與台中縣相關文化簡介展覽，將其不置在一台流動貨櫃車上，稱之為文化列車。

當然文化節也不會成為台中縣政府的「專屬」利益，中央政府也曾配合舉辦過台灣媽祖文化節，雖然後來因各地媽祖廟的紛爭，而無法持續下去，嘉義縣政府也因為大甲媽祖遶境配合新港奉天宮的相關活動，舉辦嘉義縣媽祖文化節，讓大甲媽祖開始成為各級政府所運用的文化資源。

　　（2）政治人物的「媽祖牌」

　　大甲媽祖大概是全台灣最常被「請」出來的神明，政治人物不管是做「擋箭牌」或是「請示」與「加持」的對象。從地方到中央的各式政治人物都會到鎮瀾宮拜拜，尤其是選舉期間，常見的是到鎮瀾宮拜拜，請媽祖保佑，或是說明自己也是大甲媽祖的信徒，希望信徒們能夠支持他，有些政治人物利用大甲媽祖製作文宣用品，像圖5-1到圖5-4就是不同政治人物的文宣，利用信徒注意媽祖的圖像，或不會將其輕易丟棄，而達到宣傳效果，並且以我是媽祖的信徒，企圖與媽祖拉近距離，產生「我群」的效果，來獲得信徒的支持。

　　當然握有鎮瀾宮資源的管理者，同樣也擁有大甲媽祖在政治上的主要宣傳權力，像第三到第五屆的王金爐就透過印製有大甲鎮瀾宮標誌與字樣的宣傳「摸彩卡」【76】，為特定候選人宣傳，而王金爐在競選國大期間也表示，他在鎮瀾宮服務已經十年，民國76年開始進行宗教兩岸交流，鎮瀾宮除了提昇宗教地位外，亦針對大甲等四鄉鎮的小型建設進行補助，而警方的巡邏車、救護車亦是鎮瀾宮補助，如果選民支持他，他一定

【76】《中國時報》，1994/03/01。

會本著上述服務精神繼續為民眾奔走【77】，也是希望透過他在
鎮瀾宮為媽祖服務的情況，尋求信徒對於他的支持。而現在的
董事長顏清標的文宣也是透過媽祖來作為宣傳（見圖5-5），
其文宣除了附上他在鎮瀾宮的一些活動照片，更是在文宣中就
指出：

> …信仰媽祖至誠的他，更是在第一時間尋聲救苦，租借
> 直昇機前往災區…顏清標對於災民適時伸出援手溫暖淒
> 苦的心，您的一票正是對媽祖精神無私的致意【78】…

分析這些競選的文宣，大致上都希望信徒把對於媽祖的
崇拜，轉化為自己的選票，管理者也會以自己在鎮瀾宮內的表
現，爭取信徒的認同。而到顏清標的時代更是將這樣的文宣炒
作推向另一高峰，文宣中的「信仰媽祖至誠的他，更是在第一
時間尋聲救苦，租借直昇機前往災區…」，這一句話讓選民將
媽祖慈悲的形象與其連結，另一句話：「顏清標對於災民適時
伸出援手溫暖淒苦的心，您的一票正是對媽祖精神無私的致
意」，更是點名支持顏清標，就是支持大甲媽祖的宣傳重點，
企圖將大甲媽祖的信徒轉化成支持者。

而當競選對象都拿媽祖來作為宣傳時，就會像王金爐競
選國代，發生「廟公」與「契子」的戰爭一般。而2008年顏清
標競選立委連任時，顏清標動員鎮瀾宮到另一位候選人李順涼

【77】《中國時報》，1996/03/16。

【78】《中國時報》，93/12/10，頭版廣告。

圖 5-7　2005年顏清標競選立法委員的報紙文宣廣告

資料來源：中國時報2004/12/10頭版廣告。

的居住地大肚山地區（龍井與大肚的大肚台地）遶境【79】，李
順涼也以大甲媽祖圖像做出相關影射的文宣（見圖5-2），並
同樣製作海報與布條歡迎大甲媽祖遶境。

　　而政治人物在政策不同時，有時也會將媽祖搬出來，如
在「兩岸宗教直航」中，藍綠立場不同的人，變成「一個媽
祖，各自表述」，而有時政治人物也可以託付神意，表達政治
立場，像顏清標在2000年總統大選時，就表示他向媽祖擲杯，
媽祖指示他支持某人，來作為自己政治立場表達的方式。當
然不同的政治人物也可以透過媽祖，來表達自己想說的話，像
呂秀蓮就在參拜大甲媽祖時說：「媽祖二千年前一介女兒身，

【79】鎮瀾宮說明這是因為寺廟力邀，但是從現場情況觀察，宣傳車前後跟隨，
　　名為遶境，實應為為搶攻選票，特別答應為邀多年的廟宇前來遶境，有趣
　　的是另一位候選人為該廟委員，這樣的互動，耐人尋味。

圖 5-3 2005年民進黨台中
縣長黨內初選候選
人林豐喜的文宣

圖 5-4 2008年李順涼立委
競選文宣

圖 5-5 2008年顏清標立委競選
文宣

圖 5-6 2005年姚應龍議
員競選文宣

就擁有獨立思想、慈悲和智慧，堪稱是古典的新女性、現代海洋女神；她藉此呼籲政治人物，做人是永遠，做官是一時，要做良心人、良心事、說良心話，賺良心錢，學媽祖的大愛精神」【80】。她透過這項的方式來闡述自己的女性意識，後面一段話，則是透露當時他在政界所遭遇的一些挑戰【81】。

　　所以大甲媽祖成為政治人物的「新」資源，除了可以拉攏信徒，又可以作為自己政治立場的「指示」對象，也可以催促信徒投票，亦可以透過自己所理解的媽祖，來表達自己的立場，對於政治人物爭相大打媽祖牌，媽祖一樣沈默不語，讓各個政治人物去進行「一個媽祖，各自表述」。

【80】《聯合報》，2002-04-14。

【81】當時他與陳水扁與民進黨內部關係緊張。

第四節 信徒vs選票：政治與信仰的再思考

信徒等於選票嗎？當鎮瀾宮的董事長常在媒體「發揮」他的「影響力」時，媽祖的信徒等於鎮瀾宮主導者的選票嗎？就從下列幾個部分來重新思索。

一、什麼！大家都想當董事長？

台灣很難找到一間寺廟的管理者，擁有全台的高知名度與媒體上的高曝光率，鎮瀾宮大概也是台灣寺廟管理者競爭最激烈的一間廟宇，雖然競選者皆稱：「要為媽祖婆服務」，但是各方勢力錯綜複雜的結盟，就是為了替媽祖婆服務？從幾個方向來思考，為什麼大家都想當董事長？鎮瀾宮的董事長有何魅力？讓大家極力爭取董事長的寶座。其實最重要的目的是為掌握鎮瀾宮龐大資源，而來競爭鎮瀾宮董事長，大都是政治人物，而政治人物介入，也是為了將鎮瀾宮所擁有龐大資源轉化成自己的資源，而這些資源我們可以分成物質、人脈、儀式、媒體等四個部分來談。

（一）物質資源

鎮瀾宮擁有豐富的實質資源，作為與信仰圈內的建立關係或助選的工具，像王金爐透過發放救濟物資或是鎮瀾宮的摸彩券，為某特定對象助選，或是透過鎮瀾宮對於地方社團的各項補助，來爭取支持，而鎮瀾宮龐大的資源，也可以成為管理者曝光的機會，像某幾次中部大水災，鎮瀾宮都僱請直昇機飛往災區，運送各項物資，由董事長「親自送達」，並邀請各媒

體隨行「採訪」，都是鎮瀾宮可用的龐大資源，而鎮瀾宮對外面廟宇龐大的資助，也成為與某些廟宇建立關係的方式，像鎮瀾宮在台灣曾為溪洲后天宮與分香子廟等廟宇興建捐助不少經費，在中國也對湄洲等廟宇捐助大量經費，而現在捐助的對象，除了分香廟宇與遶境所經的廟宇，也擴大到其他廟宇，像顏清標在前往馬祖馬港天后宮上香時，承諾將提供新台幣二百萬元，做為廟宇整建使用。

> …顏清標十六日在連江縣長劉立群、立委曹爾忠及縣議長陳振清的陪同下，前往馬港天后宮上香，並聽取該廟管會有關整建廟宇規劃情形。也是台中鎮瀾宮理事長的台中縣議會議長顏清標表示，在台灣的時候，就聽說過有關馬祖和馬祖婆的故事，這次馬祖天后宮要整建，一向熱心宗教活動的他，一定要「力挺」，並適時的協助。在聽完籌建委員對整建案的計劃後，顏清標當場決定慨捐二百萬元，做為廟宇整建使用，他強調，整建過程中，將會繼續給予協助，並邀請廟管會委員到台中鎮瀾宮訪問。對於顏清標對馬祖天后宮的慷慨解囊，廟管會主委曾林官表示非常的感激[82]。

這樣大手筆的捐助，還包括其他中國廟宇的部分，鎮瀾宮大額捐助，很難不讓大家注意到鎮瀾宮龐大財力，也很難不注意鎮瀾宮管理者的「實力」。

---

[82]　《中國時報》，2000/09/17。

（二）人際資源

　　人際資源分成「實」與「虛」。「實」的部分，是指鎮瀾宮的信徒組織、分香子廟、遶境所經廟宇、台灣媽祖聯會等組織性的人脈，除了在地方選舉可以成為動員的對象，也可以與其他廟宇的政治勢力作一結合推動相關案件；「虛」的是指這些信仰大甲媽祖龐大的信徒數量，尤其媒體動輒報導十多萬信徒參與進香活動，或是報導沿途朝拜大甲媽祖的信徒共百萬人次，這些不管是真實或是媒體所想像出來的信徒人數，也是廟方管理者重要的資源，因為這些不確定人數的信徒，讓人不敢忽視鎮瀾宮的影響力，在近兩次的總統大選，鎮瀾宮管理者的支持立場，因此成為各界關注的焦點。

（三）儀式資源

　　儀式也是鎮瀾宮管理者重要的資源，除了在第三章談過利用進香停駕的相關安排，來作為交誼與交換的方式，前一節也提到各地政治人物都想在大甲媽祖的進香儀式中出現，而不分黨派的政治人物，都會爭取出現在各項儀式的機會，尤其是想要擁有全台知名度的政治人士，所以儀式也是鎮瀾宮管理者一項重要的資源。而媒體的曝光，也是管理者的一項重要資源，雖然部分媒體的報導是透過鎮瀾宮的安排[83]，但是在進香期間與前後會有大量的新聞曝光機會，而鎮瀾宮管理者擁有這樣龐大的影響力，當然也成為媒體的焦點，筆者採訪某幾位資深媒體人，他們都表示因為鎮瀾宮管理者擁有這樣龐大的

【83】詳見第六章第三節的說明。

「影響力」，所以管理者的相關新聞，當然會比其他人在新聞中容易曝光。

　　除進香之外，也可以為自己安排特別的儀式行程，如民國93年（2004）趁迎接莆田媽祖與台南大天后宮，進行遶境，順便進行市區造勢；97年（2008）顏清標競選立委連任時，2007年12月16日顏清標動員鎮瀾宮各團隊到大肚台地（龍井與大肚鄉的一部份），是另一位候選人李順涼居住地，雖然鎮瀾宮強調是廟方邀請，但是當地民眾表示，的確是與選舉有關，而且廟方在其迎駕晚上，拒絕李順涼上台【84】，更加深這樣的說法。除一年一度的新港遶境進香外，更可以特意安排各項儀式，讓儀式成為鎮瀾宮管理者重要的資源。

　　鎮瀾宮的主要管理者－董事長，因為擁有龐大的資源，所以成為人人想競爭的對象，而舉筆者採訪現任董事長顏清標的例子，讓大家知道鎮瀾宮董事長與「大甲媽祖」的魅力有多大。筆者在2002年採訪澳門媽祖廟的訪問團來台行程【85】，也同時採訪顏清標相關問題，訪問當初顏董事長為什麼想來擔任大甲鎮瀾宮的董事長，顏清標表示當初來大甲鎮瀾宮擔任董事長，最初是為了當「公親」，因為原本爭議的兩方都是他的好朋友，一開始預計只當「一陣子」，就要「交棒」，結果沒想到就一直當下來，而後來筆者追問擔任董事長有什麼感覺，當

【84】 2007/12/16當晚晚會，拒絕李順涼上台，並引發衝突，形成系列新聞事件，請參見各媒體當時報導，或參見http://www.nownews.com/2007/12/17/123-2203161.htm。

【85】 採訪顏清標於2002、4、13於台中永豐棧飯店。

時一同在場的曾振農立委插話說：「當然有，不然現在顏立委只不過是個陽春立委，就像我一樣，當鎮瀾宮董事長確實較有利……」，而顏立委也笑著接著說明：「當初在接董事長時，只是台中縣議長，出了台中縣沒幾個人認識，但是當董事長之後，大家就認識我「阿標」了【86】。

　　從上面對於現任鎮瀾宮董事長顏清標的訪談，就可以說明擔任鎮瀾宮的董事長魅力有多大，除了可以利用這些資源，來作為競選的政治資源，更是擴大自己影響力與政治資本的重要影響。而不同時期的董事長著眼於鎮瀾宮的資源，以王金爐、顏清標來比較，從報紙報導王金爐的相關報導，可見當時王金爐都透過運用物質、人脈等資源，來成為自己的政治資本，而隨著鎮瀾宮的媒體曝光率的大增，顏清標可用的資源，也從上述兩項，多加上儀式與媒體兩項資源，王金爐的政治活動都集中於大甲地區，而顏清標卻輕鬆「跨界」，並躍上中央的政治舞台，而這樣的轉變，也代表鎮瀾宮資源的日益龐大，當然也代表擔任鎮瀾宮董事長的魅力漸漸增加。

【86】採訪顏清標於2002、4、13於台中永豐棧飯店。

圖 5-8 97年龍井遶境

圖 5-9 93年迎莆田媽祖

二、選票與媽祖信徒

　　部分政治人物可能認為掌握鎮瀾宮就掌握信徒，掌握信徒就掌握選民與選票，就會得出信徒＝選民＝選票的想法，只是真的那麼簡單嗎？以幾個例子說明。

　　第一個例子為王金爐選國大代表的例子，王金爐當時掌握鎮瀾宮的各項資源，並已經進行長期的佈署，還是在派系圍攻之下敗北，第二個例子是鎮瀾宮副董事長的弟弟鄭銘宗參選第14屆大甲鎮長，當時透過地方派系與鎮瀾宮信徒組織系統，強力進行宣傳與動員，但是卻沒有當選，而且得票率最低（見表5-1），還輸當時只登記不參選的民進黨的候選人。

表5-1　第14屆大甲鎮長選舉候選人得票概況

姓　名	黨　籍	得票數	得票率	備　註
劉家賓	中國國民黨	21693	69.13%	當選人
陳秀男	民主進步黨	4889	15.58%	
鄭銘宗	無黨籍及其它	4798	15.29%	

資料來源：中央選舉委員會選舉資料庫網站（http://210.69.23.140/，下載日期2005/4/18）。
投票日期：中華民國91年01月26日。

從以上兩例子可見，當時除透過個人政治資源進行競選之外，更利用在鎮瀾宮內信徒組織的人脈進行動員，但是都未能當選。大甲鎮瀾宮在區域內眾多的信徒，民國78年（1988）鎮瀾宮建醮，當時參與的大甲、大安、外埔三鄉鎮，大約百分之八十以上的居民都繳交建醮的丁口錢來衡量【87】，那區域內的民眾百分之八十都應該算是鎮瀾宮的信徒，以這樣的比例，上述兩個例子的候選人，應該會「高票當選」，掌握信徒真的掌握選票嗎？從上面兩例來看，信徒好像不能與選票劃上等號，傳統的地方選舉還是透過地方派系與人脈等資源來運作掌握鎮瀾宮，不一定能夠掌握信徒，更何況是選票，從下面的例子，也能證明這樣的說法，但是也可以說明另一項事實。

　　以現任董事長顏清標競選第5.6屆立法委員為例子，從表5-2可以看出兩次競選其當選主要票源來自於其所居住的沙鹿、龍井一帶， 但從表5-3與大甲地區出身的候選人劉銓忠相比【88】，劉銓忠於第五屆立委選舉在大甲地區的得票率，除因為該次有前大安鄉長吳鶴鵬的參選，在大安鄉得票率略低之外，約為20％左右，第六屆立委選舉在大甲地區的得票率都約在30％左右，而顏清標在第五屆立委選舉，約在4％左右，第六屆約在12％左右，可以說明出身大甲地區的劉銓忠，在派系與人脈的長期經營之下，得票率都高出顏清標數倍，可見派系與地方經營在地方選舉還是佔有一定的重要性，可是顏清

【87】訪問董振雄先生。

【88】在第五屆立法委員選舉，大甲地區出身的候選人還有邱太三、吳鶴鵬，但第六屆都未再競選，所以不放入比較。

標在第五屆立委選舉，得票率約在4％左右，第六屆約在12％
左右，雖然選舉因素涉及複雜，但是也可以說明顏清標透過擔
任董事長期間，對於大甲地區政治資源的累積，有一定程度的
「用心」，可以看出得票率呈倍數成長。

　　而第七屆立法委員選舉，選舉制度改成單一選區兩票
制，選區進行重劃縮小，顏清標主要票倉的大肚沙鹿地區，與
大甲等鄉鎮，分別成為不同的選區，顏清標經選擇後，還是
在沙鹿選區，大甲選區由劉銓忠出馬，這涉及複雜的政治運
作【89】，但可以看出大甲地方派系多元運作方式，顏清標不敢
大意。

　　綜合以上所述，信徒不等於選票，因為信徒信仰媽祖，
但是可能有其自己的政治立場、人脈、派系等相關因素，所以
對於媽祖的崇拜，不一定可以轉化成對鎮瀾宮管理者的政治支
持，掌握鎮瀾宮的管理權，並不一定能夠掌握信徒的動向，畢
竟媽祖信仰自由，鎮瀾宮對於信徒並無任何的強制性，所以管
理者的政治立場，也真能影響所有信徒嗎？是值得再思考的。
但是顏清標兩次立委在大甲地區得票率的增加，或許因為個人
政治的經營或因為大甲出身的候選人變少，但是其拜託鎮瀾宮
的董監事或信徒組織協助競選，卻也是不爭的事實，雖然掌握
信徒，不一定掌握選票，不過鎮瀾宮龐大的各項資源，的確有
利鎮瀾宮管理者經營自己的政治勢力。

【89】當時報載這是紅黑兩派的交換，換取不同派系在自己選區的支持。事實上
　　黑派的鄭副董事長曾陪劉銓忠掃街拜票，而紅派的縣議員也在顏清標選區
　　幫忙造勢。

表5-2 第5、6屆立法委員選舉顏清標各鄉鎮得票概況

鄉鎮地區	第5屆立法委員選舉		第6屆立法委員選舉	
	得票數	該區得票率	得票數	該區得票率
臺中縣大甲鎮	1484	4.3%	3853	11.5%
臺中縣外埔鄉	678	4.65%	2006	14.7%
臺中縣大安鄉	285	2.66%	1102	11.44%
臺中縣后里鄉	978	3.64%	2158	8.56%
臺中縣豐原市	1692	2.34%	1815	2.76%
臺中縣東勢鎮	882	3.27%	1109	4.52%
臺中縣清水鎮	2457	6.49%	2943	7.75%
臺中縣沙鹿鎮	8884	26.57%	9526	29.82%
臺中縣梧棲鎮	1862	7.81%	1997	9.56%
臺中縣神岡鄉	439	1.52%	708	2.6%
臺中縣潭子鄉	916	2.42%	1340	3.63%
臺中縣大雅鄉	1193	3.58%	1241	3.85%
臺中縣新社鄉	442	3.32%	835	6.78%
臺中縣石岡鄉	136	1.78%	160	2.21%
臺中縣烏日鄉	897	3.04%	1524	5.36%
臺中縣大肚鄉	1292	5.11%	2548	10.43%
臺中縣龍井鄉	3989	13.57%	5084	17.87%
臺中縣霧峰鄉	805	2.67%	1493	5.19%
臺中縣太平市	2612	3.75%	2223	3.14%
臺中縣大里市	1888	2.61%	2004	2.89%
臺中縣和平鄉	192	5.63%	442	14.27%

資料來源：中央選舉委員會選舉資料庫網站（http://210.69.23.140/，下載日期2005/4/18）。
投票日期：第5屆立委選舉民國90年12月01日、第6屆立委選舉民國93年12月11日。

表5-3 第5.6屆立法委員選舉顏清標、劉銓忠大甲地區【90】
得票概況

屆　數	第5屆立法委員選舉			
候選人	顏清標		劉銓忠	
鄉鎮地區	得票數	得票率	得票數	得票率
臺中縣大甲鎮	1484	4.3%	6931	20.08%
臺中縣外埔鄉	678	4.65%	2860	19.62%
臺中縣大安鄉	285	2.66%	1531	14.26%

屆數	第6屆立法委員選舉			
候選人	顏清標		劉銓忠	
鄉鎮地區	得票數	得票率	得票數	得票率
臺中縣大甲鎮	3853	11.5%	10592	31.6%
臺中縣外埔鄉	2006	14.7%	3959	29.01%
臺中縣大安鄉	1102	11.44%	3053	31.68%

資料來源：中央選舉委員會選舉資料庫網站（http://210.69.23.140/，下載日期2005/4/18）。
投票日期：第5屆立委選舉民國90年12月01日、第6屆立委選舉民國93年12月11日。

三、沉默的抵抗：從信徒傳播「破壞百年傳統」的例子說起

　　甲申年（2004）大甲媽祖遶境起駕，顏董事長母喪出殯後兩日，在上轎典禮碰觸神像與神轎，並在進香途中不斷碰觸神轎。在八天的進香途中，與信徒訪談間，一種不滿或覺得不

【90】不將后里放入比較，因為后里地方派系與大豐原地區的運作較相關，與其他三鄉鎮較無關連。

妥的「破壞百年傳統」說法，成為談論的重要話題，甚至不少媒體記者、文史工作者、研究者都在討論相關的議題。

「不守規矩的人，不會比較好。」一位參與進香十幾年的工作人員說。

「媽祖一定會給伊修理。」一位參與進香二十幾年的老婆婆說。

「媽祖是真慈悲，不然就給電加金係係。」一位員林看熱鬧的香客說。

「伊是董事長，又不是「平常人」，你可以怎樣。」一位研究者說。

透過訪談取得數個說法，或許不能夠成為多數信徒對這件事情的看法，但是進香最後一天回駕時，透過電視轉播，顏董事長在參加媽祖安座儀式時，突然鼻血流出來，而離開典禮現場，進香後數天在大甲當地進行田調時，「破壞百年傳統說」報應的說法迅速在大甲蔓延開來，雖然不同的報導人有著不同的說法，但是卻都共同指出：「這是媽祖婆在給他懲罰」，更有位擔任進香工作的人員說：「在回程就看見他在流了，聽說回來大甲時，伊車子還翻車，安座時又流鼻血，媽祖不願給伊拜，給他責罰」，另外一位轎班的工作人員說：「很多事情，我們拿他沒有辦法，所以叫神明自己去處理，媽祖較慈悲，所以求將軍【91】去處理，這是將軍去打的」，先不管此種「傳言」或「說法」的真實性，其實這一件事情，可以去分

【91】 所指的將軍為千里眼、順風耳兩位將軍。

析這個有趣的現象。

　　這件「破壞百年傳統」的事，對於信徒的人可能認為是巧合或者是信徒所創造出來的「神話」，但對於信徒而言，這卻是一個「神蹟」。這一件事的真實性為何？其實並不是筆者所要討論的，只是信徒為何將此視為媽祖的靈驗事蹟，並且信徒加以傳播，其實所謂的神蹟、神話本來就是支持信徒信仰的一項重要動力來源，透過這些神蹟，心中才能有所期盼，也支持自己的信仰。這件事會在大甲地區產生街頭巷議，或許就如同某位報導者所言：「很多事情，我們拿他沒有辦法，所以叫神明自己去處理」，因為對於某些事的無力感，當發生這些事時，不管是「巧合」或是「神蹟」，都被信徒視為媽祖顯靈，並迅速的傳播開來，透過這件「媽祖顯靈」的事蹟，來傳達一種對主事者的不滿，一方面也可支持自己的信仰。

　　當然除了上述的部分之外，大甲地區也傳說著一個關於鎮瀾宮某位「管理者」的傳說故事，因為不同的報導人，有著不同的說法【92】，但差異不大，都傳說該管理者，因為處理廟產不當，所以被媽祖「懲罰」，發生意外往生，當然筆者也採訪到關於其他管理者或工作人員對於媽祖「不敬」或是處理廟務不當，而遭到媽祖「懲罰」的例子。

　　透過這些例子可以理解，信徒對於某些事不滿，卻沒有力量去改變，當發生某件事時，而隨後處理這些事情的人發生一些「意外」，卻被信徒當作媽祖的「懲罰」，因為可以

【92】有說到此故事的報導人，共有洪定雄、董振雄、黃敦厚等人。

宣洩自己的情緒，有時實質上鎮瀾宮的管理人並未受到多少的傷害，但是信徒卻將他視為是一種「顯靈」、「神蹟」或「懲罰」，透過這樣的連結來宣洩不滿的情緒，而另一方面支持自己的信仰，因為「破壞百年傳統」的人，得到「懲罰」，媽祖還是靈驗的，可以「重建」對媽祖的「信心」。媽祖是靈驗，而且存在的，這樣的說法透過不斷的傳播，一方面宣洩情緒，一方面又繼續支持自己的信仰。

小 結

戰後大甲媽祖與政治的互動，剛好可以用來說明戰後台灣民間信仰與政治的互動的重要案例之一，但是大甲鎮瀾宮也絕非唯一案例，在眾多的研究中，都可證實地方宗教資源與地方政治複雜的互動，只是鎮瀾宮擁有當代最大的徒步進香儀式，集各方關切眼神於一身，成為全台注目的寺廟。而從鎮瀾宮的例子可以初步得出戰後台灣民間信仰與政治的互動的一些趨勢。

一、地方派系與廟務管理的交錯

戰後隨著地方民主政治的發展，在社區中具有重要地位的寺廟，就形成地方政治人物的必爭之地，就算不是親自參與，也會推出相關的人員參與，因為廟宇在地方上擁有的人脈與資源，在地方選舉時，都可變成被動員的能量，尤其具有高知名度、擁有龐大信徒與資產的廟宇，更會成為地方勢力競逐的場域，成為台灣寺廟管理與地方派系密不可分的現象。

二、政治與寺廟的角色變動

　　鎮瀾宮與政治之間的關係，對於宗教儀式，戰後初期政府都視為「迷信」，後期政府卻為此舉辦文化活動，變成自己的政績，相關中央政治人物到廟宇拜訪，強調為親民或是宣揚中華文化，而現在卻是選票考量，滿口的「神蹟顯赫」、「神明保佑」。把民間信仰從「迷信」到「民俗活動」到「文化資產」，隨著不同的時代，從「禁止」到「輔導」，到現在的「節慶化」，政府對於民間信仰的態度有很大的轉變。

　　促成這些改變的一個重要因素是「民主政治」【93】，因為民主政治正的產生，威權不再，部分的政府首長由人民產生，所以「人脈」形成一個重要的關係，人群聚集的寺廟就形成地方選舉的運作中心之一，而另一種民主時代的產物「民意代表」，一種處於官方與民間的中介人物，他可以爭取經費來支援寺廟活動，來獲取地方的支持，而其又監督政府，影響政府政策與態度。當民主的機制越來越重要，「民意」就越來越重要，任何人群聚集的組織，都會成為各級政治人物重視的地方，所以廟方成為一個重要的政治展現場域。

三、從權力展示運作到實際資源中心

　　以前寺廟是權力展示以及運作的中心，但隨著台灣經濟的發展，以及對於本土文化的重視，寺廟擁有龐大的資源，這

【93】當然另一個重要因素是對於本土文化的重視，這涉及相當多的複雜因素，篇幅限制，有機會將另文再論。

些資源有物質、人脈、儀式、媒體等幾種，物質是每年寺廟的香油收入，對外的補助與舉辦活動，人脈是指各種信徒組織，儀式是指各項慶典活動，媒體是指新聞報導。讓寺廟管理者擁有各種實際的資源，所以四項都有豐富資源的廟宇，常常是地方勢力競逐的場域【94】。

四、「與你同在」的儀式展示

　　寺廟為爭取地方支持的重要場域，參與儀式就是重要的過程，戰後初期中央級政治人物鮮少參與儀式活動，可是現在參加儀式卻是政治人物重要的活動，前面已經分析過大甲媽祖進香中儀式政治的部份，而政治人物為什麼來參與儀式活動，重要的是「被看見」，儀式因為群眾的聚集、媒體的報導，所以可以被看見，一種是「與你同在」的認同建立，我跟你一樣是拜某某神明，見一種以神為關係的認同，所以不少難得一見的政治人物，在媽祖進香時，跟著媽祖走上一段路，就成為媽祖進香常見的現象。

　　當然民間信仰與政治的關係，隨著時代而有所變化，但是有些東西卻是不變的，就是「官方【95】」或是「仕紳【96】」等政治人物，依然想透過民間信仰來達到其統治的目的，寺廟

【94】這部分可以參見媒體報導北港朝天宮、南鯤鯓代天府、高雄三鳳宮等寺廟都有這樣的例子。

【95】不同時代當然其定義都不一致，但都泛指統治勢力。

【96】不同時代當然其所指都不一致，但可以指地方的領導階層，現在可以再指各種民意代表。

一樣是社區權力展示與運作的核心之一，也會「假託神意」，來說明自己的立場，也想透過參與寺廟活動，來與地方建立關係，獲得各種的支持，只要民間信仰的寺廟依然可以聚集人群（或許說是任何宗教），想要『讓凱撒的歸凱撒，上帝的歸上帝』；或是『政治的歸政治,信仰的歸信仰』，我想這是一個難解的習題。

第六章 新舞台：
兩岸、媒體、商業與媽祖信仰

　　不同的時代，神明可能被賦予不同的功能，媽祖當然也是，在張珣的研究中，媽祖從助戰、海上救難到驅除蟲害、消除旱災，到現在擔任環保運動的「領袖」、成為反核媽等，都代表不同時代媽祖的角色轉變[1]。大甲媽祖不同角色的轉變，從解決社區乾旱的「雨水媽」，信徒心中有求必應的「媽祖婆」，到政治人物所依靠的「媽祖牌」，在新的社會環境之下，會產生不同的互動，以下從兩岸、媒體、商業三個面向，談大甲媽祖所扮演的角色與相關影響。

---

[1] 張珣，《文化媽祖－台灣媽祖信仰研究論文集》，頁180-207。

第一節　大甲媽祖湄洲進香的在台影響

　　大甲鎮瀾宮於民國76年（1987）前往湄洲進香，雖然不是台灣戰後第一個到湄洲進香的團隊【2】，卻是當時第一個「公開」到湄洲進香的廟宇，在台引起相當大的震撼與影響，而之後年年舉辦的湄洲進香或參訪，更是帶動海峽兩岸的宗教交流，也影響中國內部的宗教政策，鎮瀾宮的湄洲進香對海峽兩岸的媽祖信仰有重要的影響，本節先探討在台灣地區所造成的影響，下節談論對中國的影響。

一、1987年湄洲行之後的影響

　　民國76年（1987），大甲鎮瀾宮董監事會秘密決議，將於媽祖升天一千週年紀念日組團回湄洲謁祖進香，農曆九月三日（10/25）出發，迎請「三媽」回湄洲謁祖進香，並分靈一尊媽祖與相關信物【3】回台，且於回程時到賢良港湄洲祖祠參觀，以及利用停留時間在大陸進行觀光，於農曆九月三日（11/7）搭機返台，並由國大代表陳川、立法委員劉松藩在國際機場接駕，一同返回大甲鎮瀾宮【4】，返台後舉辦隆重的媽祖安座三獻典禮。

【2】因為當時台灣已經有漁民透過漁船到湄洲進香過。

【3】信物有石雕龍紋印一枚、香爐一只、天上聖母香火、神杯、墨寶、錦旗等。

【4】董振雄，《心靈原鄉：大甲媽湄洲行》，頁8-10。

這次湄洲行都在鎮瀾宮的縝密計畫下進行，因為當年
（1987年）七月份剛好宣布解嚴，所以鎮瀾宮經評估認為不會
有「大狀況」，何況憑藉在中央擔任要職的民代護駕【5】，應
可過關，而且在該年十一月政府將開放大路探親，鎮瀾宮評估
有人會以探親名義到大陸進香，加上當時鎮瀾宮受到各方壓力
下，認為只有到湄洲進香，才可以改善這些情況，而且一定要
搶「第一」才有「意義」，所以安排湄洲之行，並巧妙透過媒
體曝光時間的安排，創造極高的新聞價值。

　　鎮瀾宮的湄洲行，由多方原因促成，一方面想藉由到湄
洲進香擺脫與北港「分靈說」的糾纏，一方面創造鎮瀾宮新地
位與吸引大眾目光的注意。而鎮瀾宮也成功透過這次湄洲行，
擺脫與北港「分靈說」的糾纏，並有了放棄北港進香，而改道
新港進香的理由【6】，也成功創造極高的新聞價值，吸引全台
目光，也就因為鎮瀾宮的「成功」，所以在此次湄洲行之後，
便引發一陣子的「湄洲熱」與「尋根熱」。

　　在鎮瀾宮的湄洲行之後，剛好宣布解嚴，開放大陸探
親，台灣各地的媽祖廟，紛紛到湄洲進香，引發「湄洲熱」，
除媽祖之外，其他的神明也都到大陸各神明的祖廟尋根，掀起
一波神明「尋根熱」，所以鎮瀾宮開頭的成功經驗，以及政策
上的開放，引起台灣各宮廟的大陸尋根熱。

【5】當時有劉松藩（立法院長）與陳川（國大副秘書長）等中央民意代表。

【6】說已經可以直接由湄洲接引香火，不用透過北港進香間接接引，詳細說明
　　請見第三章。

有大甲鎮瀾宮自大陸湄洲祖廟迎回媽祖金身後，全省各地媽祖信徒蜂湧至大甲進香，瞻仰湄洲媽祖聖容者絡繹於途。大甲鎮瀾宮更在月前舉辦三獻禮。豐原慈濟宮不讓鎮瀾宮專美於前，兩個月前，該宮委員會亦計畫到湄洲祖廟迎回媽祖金身，其與鎮瀾宮一樣擁有媽祖金身，並商得該宮福州籍顧問鄭錦銓同意，藉返鄉探親之便，赴湄洲祖廟迎回媽祖金身一尊、清道光年間篆刻「湄洲祖廟天上聖母護國庇民靈寶符笈」玉璽一方及古香爐一座【7】。

　　當鎮瀾宮湄洲行引發新聞熱潮，其他宮廟陸續跟進，從上述的報紙報導指出鎮瀾宮因為迎回湄洲媽祖之後，吸引各地信徒前往朝拜，而豐原慈濟宮不讓鎮瀾宮專美於前，藉返鄉探親之便，赴湄洲祖廟迎回媽祖金身一尊、清道光年間篆刻「湄洲祖廟天上聖母護國庇民靈寶符笈」玉璽一方及古香爐一座。不止是豐原慈濟宮而已，在這一年內根據報紙報導就有桃園慈護宮【8】、松山奉天宮【9】、梧棲朝元宮、新港奉天宮【10】、新竹長和宮【11】、蘇澳鎮南天宮【12】、三重市聖佑宮【13】、台南

【7】《民生報》，1988-01-14。

【8】《民生報》，1988-03-26。

【9】《民生報》，1988-05-01。

【10】《民生報》，1988-05-07。

【11】《民生報》，1988-06-05。

【12】《聯合報》，1989-05-05。

【13】《聯合報》，1989-05-08。

市土城聖母廟【14】、蘇澳鎮進安宮【15】、日南慈德宮【16】等十餘座廟宇赴湄洲進香，而報紙報導中也多會提到鎮瀾宮前往湄洲進香所引起的效應，吸引這些廟宇跟進前往湄洲進香，當時並有台灣的報紙轉載大陸官方說法，說明大甲媽祖進香之後半年，已經有六十多間台灣的媽祖廟組團前往進香，而且廟宇與私人分靈湄洲媽祖也將近千尊【17】。而這樣返回湄洲祖廟進香，並重新分靈的現象，很快傳播影響其他神明的寺廟。

> 繼湄洲媽祖後…靈隱寺濟公 也渡海而來大甲聖賢宮人士前往杭州西湖靈隱寺進香，並於昨日迎回濟公一尊。繼前往大陸湄洲迎取媽祖金身的宗教熱之後，大甲聖賢宮在四月八日啟程，前往浙江杭州西湖靈隱寺進香，並迎回一尊濟公，以及一杯聖土和香爐【18】。

> 紫雲巖趕搭進香列車，往大陸迎請觀音神像，順道赴湄洲替清水朝天宮請回媽祖像【19】。

> 據觀音廟管理委員會主任委員周詒文表示，該廟進香團是第一個到大陸南海普陀山進香的團體，因此頗獲普陀山普濟寺重視。進香團原希望自普濟寺迎請一尊二尺二

【14】《聯合報》，1989-05-12。

【15】《聯合報》，1989-05-28。

【16】《聯合報》，1988-06-12。

【17】《聯合報》，1988-08-03。

【18】《民生報》，1988-04-19。

【19】《聯合報》，1988-06-03。

寸黑檀木雕的觀音佛像，但普濟寺的妙善方丈特別割愛，將年歷史的珍貴觀音佛像贈給進香團【20】。

　　從上述報導就可以看出，對中國的進香熱潮，已經從媽祖擴散到其他的神明，尤其是從清水紫雲巖的報導，可以發現該廟特別表示其是戰後第一個到普陀山進香的團體，顯示鎮瀾宮「第一」公開到大陸進香的效應，也讓台灣其他廟宇，積極到中國爭取「第一」，而除了上述報紙所記載的廟宇之外，國姓壽聖宮到浙江杭州靈隱寺和湖北均縣武當山，割香分靈迎回濟公活佛和真武帝君金身各一尊；台中縣清水鎮紫雲岩觀音廟，到淅江普陀山普濟寺迎回兩座觀音佛像；阿里山壽鎮宮、南投松柏嶺壽天宮，也從武當山玄天上帝發祥地祖廟迎回聖駕【21】。另外台南學甲慈濟宮、台中元保宮、以及台北、高雄、基隆、屏東等以保生大地為主神的宮廟，也紛紛到白礁慈濟宮、青礁慈濟東宮進香【22】。

　　雖然鎮瀾宮到湄洲進香後，剛好開放探親，所以後續各神明到中國大陸的進香熱潮，雖不能說都受鎮瀾宮的影響，但無法否認鎮瀾宮帶頭的「示範作用」，尤其是影響台灣媽祖廟到湄洲進香。而鎮瀾宮湄洲進香後也引起大家對於湄洲媽祖的相關熱潮，除上述進香的熱潮之外，下面的報導也指出相關媽祖「產品」熱門起來。

【20】《聯合報》，1988-06-20。

【21】《民生報》，1988-10-25。

【22】《聯合報》，1989-02-04。

信徒熱 商人更熱！媽祖成道千年 紀念品紛紛上市，社會各界為紀念媽祖成道一千年，近年來出現各種不同的紀念方式，生意人也攀住這個「偉大的日子」，設計各種不同的產品供信眾典藏紀念。 目前已知的各種「紀念」方式，包括北港朝天宮已著手編印一本「媽祖成道一千年環島遶境紀念專集」…最讓人眼睛一亮的，是有人鑄造媽祖紀念金幣，每套數千元，…由於媽祖的威名顯赫，信仰的人多，加上電視台也製作媽祖傳奇的節目，部份跑單幫的人專門至福建訂製富有湄洲色彩的「軟身媽祖」，以水貨的方式進口台灣，供應各地有意供奉媽祖的信眾，擺一尊湄洲來的媽祖[23]。

　台灣的這一股湄洲熱潮，不單由鎮瀾宮造成，不過鎮瀾宮首次公開到湄洲的影響與效應，的確是不容忽視，尤其在後續的幾年內，台灣多間媽祖廟跟隨大甲鎮瀾宮的進香團體[24]或是透過大甲鎮瀾宮的安排，到中國湄洲祖廟進香，以及鎮瀾宮對湄洲媽祖廟捐獻大筆金錢，也讓台灣各媽祖廟競相對中國重要媽祖廟進行大量捐獻[25]。鎮瀾宮帶領台灣的湄洲媽祖熱，當然也取得對海峽兩岸媽祖宗教文化交流的重要影響權，大陸重要媽祖廟來台，也都會透過鎮瀾宮的安排，來台進行各地媽祖廟的參訪，不然也一定到鎮瀾宮拜訪，大陸媽祖廟需要

---

[23]《民生報》，1988-05-13。

[24] 如吳厝朝興宮、新港奉天宮在1988年與鎮瀾宮一同前往進香。

[25] 詳見本節第三部分與第二節的討論。

捐贈或是支援時，也會找鎮瀾宮協助，這些號召力，讓鎮瀾宮成為兩岸媽祖交流重要的廟宇之一。

二、2000年湄洲行與影響

　　在民國76年（1987）鎮瀾宮首次戰後湄洲進香後，後續每年都會向湄洲祖廟進香或參訪，但規模都不定，有時只有董事會成員前往，有時又會帶領分香子廟等成員前往。而在民國89年（2000）的湄洲進香，是在首次湄洲進香之後，又引起海峽兩岸高度注意的進香活動，除了因為爭取兩岸直航，在台灣造成極大的議題，而真正成行後，又因為規模龐大，且對世界各地的華人電視轉播【26】，引起中國地區媽祖廟的高度注意。

（一）舉辦原因

　　此次距離民國76年的湄洲進香已經滿十二年，鎮瀾宮希望對於湄洲進香的活動有所「突破」，而且適逢西元2000年全世界各地到處有慶賀千禧年的活動，所以鎮瀾宮希望突破以往湄洲進香的方式，以輪船直航小三通的方式，前往港里天后祖祠與湄洲祖廟謁祖進香，並且能夠自湄洲祖廟「刈火」回鎮瀾宮，回程時在湄洲、港里、莆田市、泉州市四地踩街駐駕做文化交流，並將這一次的進香活動定名為「千禧祈福　世紀盛典」【27】。因此在民國88年（1999）年末，鎮瀾宮即開始透

【26】透過台灣、中國的衛星電視台進行各項電視轉播。

【27】黃敦厚、〈大甲鎮瀾宮往湄洲媽祖祖廟進香的影響〉，發表於2005中國湄洲媽祖學術研討會。

過各方面的人士努力爭取宗教直航，並引發台灣各界的相關討論，但是台灣政府因相關因素而未成行，所以採用搭飛機中轉香港或澳門到達廈門，再搭車到莆田，再從莆田搭船到湄洲，而此進香將台灣進香的全體隊伍都帶到湄洲去，包含只有在北港進香時期才有的香擔組，成員大約兩千多人。

（二）進香行程

　　2000年七月十五日（農曆六月十四日），舉行媽祖登轎儀式【28】，及「祈安典禮」，七月十六日（農曆六月十五日）子時起駕，所有人員以步行的方式出大甲城，至頂店里鐵砧山下登車，車隊出發前往中正機場，清晨六點卅分於中正機場第二航空站搭設臨時行宮，由當時總統府秘書長游錫堃主祭送駕。隨後所有人員分批登機經香港或澳門，往廈門機場集結。下午一時二十分全體集合於廈門機場前往莆田市區，下午五時許，大甲媽祖的進香車隊進入莆田市，並與莆田文峰宮的迎駕隊伍在莆田市區採街，下午八時大甲媽祖駐駕莆田文峰宮。七月十七日（農曆六月十六日）早晨七時起駕，前往港里天后祖祠，中午在此用餐，下午前湄洲媽祖廟駐駕，隔天七月十八日（農曆六月十七日）早上舉行「謁祖進香祈福三獻禮大典」，晚上十點鐘各舉行祈福典禮。七月十九日（農曆六月十八日）凌晨五時，舉行「刈火」的香火儀式，隨後出發離開湄洲，傍晚駐駕莆田文峰宮。七月二十日（農曆六月十九日）早晨七

【28】本次共有開基湄洲媽、千年祭湄洲媽、正爐媽、副爐媽、三媽。

時，離開莆田文峰宮，前往泉洲天后宮，途中轉往楓亭的台商林見成所開設的建成藝品公司，接受當地信眾的參拜，隨後到達泉洲市區踩街遊行，中午入泉州天后宮駐駕。七月二十一日（農曆六月二十日）凌晨五時，大甲媽祖進香團起駕往廈門機場，湄洲、莆田、港里各廟的陣頭和台商的陣頭群聚於機場歡送，下午兩點五十五分飛抵桃園中正機場，在第二航站媽祖登轎，經西濱公路，前往苗栗縣的苑裡慈和宮駐駕。七月二十二日（農曆六月二十一日）早晨七時，大甲媽祖離開慈和宮，進入苑裡市區遶境，並舉行各香的獻香典禮，完畢沿著苑裡山腳的路線回駕，中午在日南慈德宮休息，下午進行大甲市區遶境，晚上九點二十分進入鎮瀾宮安座，完成了兩千年的湄州謁祖進香【29】。

（三）進香影響

　　鎮瀾宮對大陸湄洲的進香，讓鎮瀾宮成為大陸與台灣媽祖宗教交流的重要窗口，也讓大甲媽祖得以向中國以及其他海外地區的華人傳播，本次進香引起重視是因為鎮瀾宮進香龐大的隊伍前往中國進香，而當地的媽祖廟又動員大量的人力前來接駕，而當地附近的台商如正新輪胎、深圳市的德利、立偉手袋廠、名慶織帶、三創投資、嘉毅淨水、宏記塑膠、鴻華模具、富民投資、荃隆電子、新雅電子、富笙拉鍊、大西洋建

【29】黃敦厚、〈大甲鎮瀾宮往湄洲媽祖廟進香的影響〉，發表於2005中國湄洲媽祖學術研討會。並參閱董振雄著的《心靈原鄉大甲媽湄洲行》。

設公司【30】等也組隊前來歡迎大甲媽祖，並且透過媒體實況轉播，台灣方面由TVBS、三立、中天、中視、民視、東森等電視台現場直播回台灣，大陸方面由中央第四台（cctv4），福州、莆田、廈門電視台現場直播全中國並向世界轉播。

　　大甲媽祖進香團隊伍龐大，又有當地台商出動來迎駕，而且部分台商在大陸也是知名的大企業，讓進香當地的各廟宇與區域，留下相當深刻的印象，而尤其在中國內部透過電視的轉播，更讓中國各地與華人世界的媽祖廟對大甲鎮瀾宮在海峽兩岸的「實力」留下深刻的印象，而這場進香也讓大甲鎮瀾宮成為海峽兩岸媽祖宗教文化交流的主要管道，尤其在鎮瀾宮主導成立「台灣媽祖聯誼會」後，大陸主要媽祖廟，如媽祖廟湄洲祖廟、賢良港天后祖祠、莆田文峰宮、泉洲天后宮、天津天后宮【31】等，舉辦各項活動、募捐相關經費或是來台各項參訪，幾乎都是透過鎮瀾宮與台灣媽祖聯誼會的安排，而透過電視這樣的傳播，大陸各地媽祖廟都積極與鎮瀾宮聯絡，如上海、無錫、松江、青島、洛陽等媽祖廟都積極邀請鎮瀾宮前往參訪，這次進香讓鎮瀾宮對於大陸地區的影響力，更加擴大。

　　而這次鎮瀾宮的湄洲進香，也讓鎮瀾宮的影響力進入澳門，澳門中華媽祖基金會於2001年分靈大甲媽祖前往澳門路

【30】黃敦厚、〈大甲鎮瀾宮往湄洲媽祖祖廟進香的影響〉，發表於2005中國湄洲媽祖學術研討會。

【31】筆者採訪各廟主要負責人，表示各項活動都是透過鎮瀾宮與台灣媽祖聯誼會安排，並表示幾乎都是透過董振雄先生的安排。詳細採訪人員請詳見附錄受訪人員一覽表。

環疊天后宮，也開啟大甲鎮瀾宮「逆向」【32】分靈回中國的開始，隨後又有泉洲天后宮、天津天后宮、上海松江天后宮等本來已經有媽祖的廟宇，「邀請」鎮瀾宮分靈大甲媽祖至各廟，當然也引起台灣重要的媽祖廟，爭相被「分靈」回大陸的現象【33】。而鎮瀾宮的進香模式，引起台灣各宮廟的模仿，積極前往中國的各種祖廟進香，做為實力展現與宣傳。

三、北港朝天宮與大甲鎮瀾宮的新戰場

從「分靈說」與朝天宮交惡，並中斷進香之後，鎮瀾宮積極建立自己的勢力，而朝天宮也透過各種方式與鎮瀾宮互別苗頭，而當在台灣各媽祖廟開始前往大陸進香之後，鎮瀾宮與朝天宮競爭彼此勢力的戰場，也從台灣擴展到中國大陸，展開數度的交手。

北港朝天宮與大甲鎮瀾宮的第一次交手，是在大甲鎮瀾宮前往湄洲進香後，在開放大陸探親前，朝天宮積極透過在福建經商的董事與湄洲祖廟積極接觸，並於隔年十月與湄洲祖廟締結「至親廟」【34】，北港朝天宮並阻止湄洲祖廟與其他廟宇締結「至親廟」，企圖成為在台灣的唯一「至親廟」，但是鎮瀾宮與其他廟宇也透過其他管道對湄洲祖廟施壓，開放讓台灣

【32】因為以前媽祖都是台灣向大陸分靈，而鎮瀾宮開始逆向被中國分靈。

【33】此部分請見下一節的討論。

【34】《聯合報》，1988-10-18。

其他廟宇締結「至親廟」【35】，而後鎮瀾宮與北港朝天宮透過各項捐贈與邀訪，在湄洲祖廟進行各項角力，後來也將這種競爭擴大到大陸福建沿海的賢良港天后祖祠、泉洲天后宮等廟。

而第二次的大交手，是在2000年鎮瀾宮計畫宗教直航：湄洲進香，在與台灣中央政府爭執不休之際，北港朝天宮宣布其也要利用客輪前往湄洲進香，並且要彎靠第三地，讓中央政府以此例子，有理由拒絕鎮瀾宮直航的申請，而後續鎮瀾宮公布前往大陸進香日期，北港朝天宮也公布其要前往湄洲進香的日子為鎮瀾宮前一天，與鎮瀾宮較勁的意味十足，尤其北港朝天宮並未進行相關的籌備程序，而後也未成行，與鎮瀾宮比較及讓宗教直航破局的意圖明顯，當時鎮瀾宮與朝天宮企圖修好的情況，也因為此事再度降為冰點。而後續鎮瀾宮因為大甲媽祖分靈到澳門，也分靈其他中國的媽祖廟，而北港朝天宮也後續分靈媽祖前往中國各地的媽祖廟，遂將角力的部分，擴展到分靈回中國的媽祖廟部分，兩方都企圖利用自己能夠「逆向」分香回中國，來證明自己媽祖靈力的旺盛，也讓各地媽祖廟本來是「邀請」分靈，到兩間媽祖廟「主動」被分靈，尤其是對於同一間媽祖廟的「分靈」，把「逆向」分靈媽祖成為新的角力賽。

對於鎮瀾宮將角力賽的戰場延伸到中國的媽祖廟，其實中國各媽祖廟幾乎都不敢得罪兩位「金主」，雖然某些廟宇有

【35】訪問董鎮雄先生與湄洲祖廟某位工作人員（受訪人要求保密身份背景）。

些立場的偏向，但仍保持中立，像天津【36】同時「分靈」兩地媽祖，與兩地保持良好的關係。而中共官方更是刻意與兩間媽祖廟保持「等距」的關係，像在2004年成立「中華媽祖文化交流協會」時，安排鎮瀾宮與朝天宮同時擔任副會長，根據受訪者指出【37】，這樣的安排是為顧及在台灣媽祖廟兩大勢力的平衡。而兩間媽祖廟在中國的角力，其實這些媽祖廟都是受益者，而且為顧及勢力平衡，目前幾乎都不可能選邊站，所以這樣的角力，還會繼續持續。

圖 6-1 鎮瀾宮主導台灣媽祖聯誼會集體到湄洲進香

【36】天津天后宮，在大陸其實是一座以「博物館」型態經營的媽祖廟，對於這兩間媽祖廟的所「分靈」的媽祖，他都只能稱做宗教文化交流的紀念神像，所以在台灣說「分靈」，其實都是兩廟的說詞，訪問天津天后宮博物館館長蔡長奎於湄洲。

【37】湄洲祖廟某位工作人員（受訪人要求保密身份背景）。

第二節　兩岸宗教交流下的中國媽祖廟

　　鎮瀾宮戰後開始到湄洲島開始進香，引起台灣對大陸的進香潮，經過二十年，在兩岸宗教文化交流扮演什麼樣的角色，本節以鎮瀾宮為中心，討論兩岸媽祖宗教文化交流後，在中國所產生的現象與影響。

一、龐大的捐助與新建設

　　自從民國76年（1987）大甲鎮瀾宮自湄洲進香回來之後，台灣各地的許多的宮、觀、壇、廟紛紛前來大甲鎮瀾宮進香，同時了解前往湄洲進香的路況與進香經驗，由於台灣戒嚴令的解除與開放大陸探親，因此組團前往湄洲進香的團體大量增加，並開始捐建各項經費，尤其是在建築的捐建上，因為在建築的捐建上，都會將捐贈單位與個人的名字刻在建築的一處上，讓參拜的人可以看見捐贈的人是誰，所以當台灣的各公廟要前往捐贈金錢時，都會指定捐贈各項建築物。

　　湄洲祖廟的各建築群，在文革時期，遭受破壞，自1966年開始，各殿宇陸陸續續被破壞與拆毀，媽祖神像被信仰虔誠的百姓偷偷藏匿他處，只留下了殘破的聖父母祠（佑德祠）與中軍殿，湄洲祖廟的媽祖寢殿則完全被毀。文革結束之後，媽祖寢殿自1978年開始復建【38】，但由於文革後，民力尚未復甦，到了1987年的媽祖千年祭時，寢殿除了大體結構建築趕工

【38】周金琰、林玉美，〈湄洲媽祖廟〉，《世界媽祖廟大全》，頁24，2003。

完成，可供舉辦祭典之外，尚有多處細部，需要加強裝飾，當時的祖廟與台灣的大型媽祖廟相較，祖廟實在不夠壯觀，況且其他殿宇的原有規模，尚待從舊址上一一重建恢復，台灣的媽祖信徒，看到祖廟百廢待舉的狀況，無不慨然捐輸，希望重新將祖廟建設起來，因此大甲鎮瀾宮捐建儀門、新港奉天宮捐建梳妝樓、鹿港天后宮（舊祖宮）捐建朝天閣、北港朝天宮捐石雕像等，其他台灣信徒個人捐建之裝置，隨處可見【39】。

　　另外在1998年湄洲祖廟開始增建南軸線，由戲台、廣場、牌坊、宮門、弘仁普濟天妃宮、順濟殿、敕封天后宮、靈慈殿等龐大的建築群所組成。台灣各地的媽祖廟大量的捐款，鎮瀾宮也捐建大額的建築款項，除了湄洲祖廟之外，賢良港的天后祖祠，同樣得到台灣信眾的捐輸，包括同濟亭、受符井、山門、鐘鼓樓以及媽祖故居的重建，都是由台灣地區的廟宇捐助興建，尤其是大甲鎮瀾宮的協調與帶領，更是對賢良港天后祖祠有重要的影響。除了這些廟宇之外，莆田文峰宮、泉洲天后宮、天津天后宮等廟宇，鎮瀾宮也都有發動相關廟宇前來捐贈。

　　台灣媽祖廟的捐款，成為中國幾間重要媽祖廟早期發展的主要資金來源，尤其是鎮瀾宮在台的發動，鎮瀾宮透過其在台的寺廟網絡，尤其在台灣媽祖聯誼會成立後，大陸各媽祖廟，如果有「需要」，會請鎮瀾宮發動各會員來捐助，像泉洲天后宮的後殿、賢良港天后祖祠的牌樓與媽祖故居等，都是透

【39】黃敦厚、〈大甲鎮瀾宮往湄洲媽祖祖廟進香的影響〉，發表於2005中國湄洲媽祖學術研討會。

過鎮瀾宮發動台灣各宮廟才興建完成。雖然湄洲祖廟在台灣的交誼網絡較廣，不像部分媽祖廟都要透過鎮瀾宮來發動捐款，但前後任的湄洲祖廟董事長，都表示鎮瀾宮對於該廟目前的發展貢獻甚多，前任董事長林文豪表示，鎮瀾宮是第一個公開來進香，後續也帶領台灣的其他媽祖廟前來進香，讓當時開始重建的湄洲祖廟，可以迅速的完成【40】。現任董事長林金榜也指出在鎮瀾宮在新建南軸線的建築群，鎮瀾宮捐助許多款項，動員許多台灣宮廟前來捐輸，而2000年鎮瀾宮的湄洲祭典，透過電視的轉播，吸引中國內地許多信眾前來朝拜。

圖 6-2　由台灣各媽祖廟廟捐建的湄洲媽祖廟南軸線的新建築群

【40】林文豪，前湄洲祖廟董事長、前中共莆田市政協主席，2004/11/29訪問於湄洲。

而前一節提到中國各媽祖廟透過分靈與鎮瀾宮建立關係，也依此動員大量台灣信徒參與各項活動，如近期台灣媽祖聯誼會聯合進香、天下媽祖回娘家等活動。2009年天津市政府宣布將花費兩百億興建媽祖文化園區，由香港力高集團決定和台商投資天津媽祖文化園區，並蓋一座鎮瀾宮在天津的媽祖行宮，供奉大甲鎮瀾宮媽祖，並延請鄭銘坤擔任首席顧問，借重鎮瀾宮董監事會的經驗，行銷與管理文化園區【41】，這是鎮瀾宮對於中國媽祖文化影響的例證。

　　走訪賢良港天后祖祠、莆田文峰宮、泉洲天后宮、及訪問天津天后宮、洛陽天后宮的管理人員【42】，也都說明鎮瀾宮對於該廟發展的助益，尤其是在台關係的建立，筆者也發現這些媽祖廟，也會將鎮瀾宮捐獻的匾額或來訪的照片放置在明顯的地方，說明與鎮瀾宮的互動。這樣的互動，是值得觀察的現象，鎮瀾宮透過捐款，在中國的媽祖廟建立自己的脈絡，擴大影響力，而受贈的媽祖廟，除了得到實質的捐贈之外，更透過鎮瀾宮建立在台人脈，獲取更多「台胞」的進香以及捐輸，而鎮瀾宮的捐助以及來訪的相關資料，也正好成為對台與對大陸內部的宣傳，因為鎮瀾宮在海峽兩岸的高知名度，具有宣傳作用。

【41】 參見鎮瀾宮新聞稿以及相關新聞報導。

【42】 以上寺廟訪問皆在2004/11/25-12/5間在中國福建採訪，訪問對象請見附錄。

二、大陸內地媽祖信仰的振復與觀光化

鎮瀾宮對於中國媽祖廟的影響，以湄洲祖廟與賢良港天后祖祠最多，鎮瀾宮進香帶動台灣的湄洲熱潮，讓湄洲祖廟「獲益」良多，而賢良港天后祖祠，則是讓台灣的媽祖廟，大量「知道」該媽廟的存在，以及該地是媽祖出生地的說法【43】，除帶動這兩間媽祖廟的發展，附近幾間媽祖廟，也都吸引台灣信徒順道前往進香，但是影響所及都還是在中國福建沿海一帶，鎮瀾宮真正影響中國較內陸媽祖廟的發展，是在2000年鎮瀾宮的大規模謁祖進香，該次進香規模盛大，而且透過媒體轉播，對中國內部媽祖廟的復振有極大的影響力，黃敦厚的研究認為該次鎮瀾宮的湄洲進香有下列的影響【44】：

1. 大陸媽祖廟與活動的恢復
2. 擴大兩岸媽祖廟的交流

圖 6-3　每年邀請台灣各地媽祖廟參與的
天津媽祖文化節（天津皇會）

【43】 在之前台灣對於賢良港的相關訊息相當陌生。

【44】 黃敦厚、〈大甲鎮瀾宮往湄洲媽祖祖廟進香的影響〉，發表於2005中國湄洲媽祖學術研討會。

擴大兩岸媽祖廟的交流，在上述的說明中，可以得到部分驗證，而大陸媽祖廟與活動的恢復，該研究並沒有明確指出，但是採訪中國數間媽祖廟，可以補充說明該次大甲鎮瀾宮的進香，對於大陸內部媽祖廟與儀式活動恢復的影響【45】。

　　泉洲天后宮在2000年鎮瀾宮大陸湄洲進香之前，是屬於博物館的經營方式，進入泉洲天后宮需要收取門票，雖在正殿可以燒香祭拜，但是民眾出入不便，當地的居民中也將其當作博物館，很少會當作廟宇從事祭拜行為。而在鎮瀾宮湄洲進香時，在此停駕一晚，鎮瀾宮董事建議其經營方式不好，不如開放讓信徒自由參拜，而泉洲天后宮也在後來改為自由進出的寺廟型態，其香油錢的收入也比以前博物館時期的門票收入為高【46】。另外一間同為博物館型態的是天津的天后宮，在2000年前，是一座「完全博物館」，各神殿只能用來參觀，不能祭拜，在看見電視轉播鎮瀾宮在大陸的祭典之後，就思考「經營」方式，目前將正殿部分位置開放供祭拜之用，雖然還是以博物館型態經營，但是已經成立天津天后宮管理委員會，希望作轉型，並積極地舉辦各項民俗活動與舉辦旅遊節活動【47】。

　　另外的影響則是讓中國官方對於媽祖廟儀式舉辦以及相關開發的限制上減少，甚至變成鼓勵與參與。如賢良港天后祖祠的相關興建計畫，以及莆田文峰宮被迫要搬遷的計畫，根據

【45】 2004.2006筆者走訪莆田、泉州、天津、山東等地十餘間媽祖廟，2009走訪澳門地區媽祖廟。

【46】 訪問泉洲天后宮副董事長何振良。

【47】 訪問天津天后宮博物館館長蔡長奎（兼管理委員會主任）。

當地受訪的對台工作人員表示，因為鎮瀾宮對這些廟宇都有相當的「情感」，所以希望能夠促進海峽兩岸的宗教交流，所以特別「注意」與協助廟宇的相關申請，讓興建計畫通過或是取消拆遷計畫。

　　另一個重要現象，是促進湄洲島的觀光發展，因為中國內部對於宗教事務仍有管制，湄洲祖廟的知名度，在中國內部大致上還是限於福建區域，前往朝拜都多以海外華人與福建居民居多，但是根據負責湄洲祖廟觀光業務的林金贊先生【48】指出，的確因為鎮瀾宮2000年的相關新聞效應，讓湄洲島有「全國」的知名度，來島參拜與觀光的人數大增，所以特別開闢南軸線作為因應。而受到鎮瀾宮帶領出來媽祖觀光熱，另一個例子則是洛陽天后宮，這是一個完全新建的媽祖廟，由中國私人企業捐建，也是透過鎮瀾宮董監事的幫忙，進行相關的規劃設計，當作該企業在洛陽發展觀光事業的一部份【49】。2009年天津市政府欲興建媽祖文化園區，也力邀鎮瀾宮分靈媽祖建立行宮，並協助行銷與管理。

　　鎮瀾宮長期對中國的進香與宗教交流，，除讓其在海峽兩岸擁有極高的影響力，其在台灣的相關經驗，也讓大陸廟宇在積極發展寺廟經濟時，成為重要的學習模仿對象。

【48】訪問湄洲祖廟董事兼海神旅行社董事長林金贊先生。

【49】訪問麗晶門商貿有限公司董事長（洛陽天后宮董事長）。

三、大甲媽祖儀式的「出口」

　　在2000年湄洲進香之後，中國各媽祖廟紛紛邀請鎮瀾宮前往參與其進香活動，並將龐大的進香隊伍帶到中國進行文化交流，而有部分媽祖廟也「邀請」鎮瀾宮分靈媽祖前往，形成大甲媽祖將儀式出口到「中國」的現象，其中最重要的是澳門的媽祖文化村內的天后宮，幾乎將大甲的整套儀式都學習回去，並分靈一尊大甲媽祖，與湄洲媽祖同為該廟的主神。

　　澳門媽祖的分靈，是因為澳門中華媽祖基金會決定籌建路環疊石塘山「澳門媽祖文化村」，村內並興建一座天后宮，並擬於2001年九九重陽媽祖飛昇成道1013年，舉辦「澳門媽祖文化旅遊節」活動，澳門中華媽祖基金會董事局顏延齡主席，有意在文化村中，切入媽祖進香儀仗行列性質的觀光活動，也為文化村內的澳門路環疊石塘山天后宮增添內容，主動派員到台海兩岸訪查。由於大甲鎮瀾宮辦理進香活動的經驗和內容豐富，加上湄洲祖廟的推薦，顏延齡先生在觀察後，對大甲媽祖進香鑾駕的行頭頗為欣賞，並且對「2000年大甲媽祖往福建港里天后祖祠暨湄洲祖廟謁祖進香」時，在湄洲祖廟太子殿前廣場上所舉行的謁祖進香三獻禮大典儀式相當的喜歡，因而主動尋求大甲鎮瀾宮董監事的幫忙，希望獲得一套大甲媽祖基本鑾駕，學得大甲鎮瀾宮辦理活動的經驗，也因此導致鎮瀾宮分靈媽祖回到大陸的原鄉【50】。2001年的澳門媽祖文化旅遊節鎮瀾

【50】訪問澳門澳門媽祖文化村天后宮管理副主任梁文星小姐。並參閱黃敦厚、〈大甲鎮瀾宮往湄洲媽祖祖廟進香的影響〉，發表於2005中國湄洲媽祖學術研討會。

宮除派出進香的基本陣頭，並且將台灣媽祖聯誼會的友宮董監
事也帶往祝賀，參加活動。而後澳門天后宮的相關人員，每年
大甲媽祖進香期間，都會派員前來參與進香學習相關儀式，並
且也積極與沿途宮廟建立關係，並且在2004年回台謁祖進香，
讓大甲媽祖的儀式出口到澳門。

　　自澳門的儀式學習與分靈之後，鎮瀾宮的交往不限於湄
洲祖廟、賢良港天后祖祠、莆田文峰宮、泉州天后宮等福建沿
海的媽祖廟，諸如上海、無錫、松江、青島、洛陽等許多的媽
祖廟，鎮瀾宮的董監事均前往拜訪，進行交流，2004年九月

二十一日大甲鎮瀾宮媽祖在天
津天后宮的邀請下，經由松江
天妃宮，再前往天津天后宮會
香，參加天津皇會的遊境，也
帶著大甲宮媽祖的全副鑾駕與
五團神偶團前往參加【51】。並
且分靈媽祖到該廟宇，另外也
分靈到中國其他媽祖廟去，透
過分靈與參與中國的各項民俗
活動，讓大甲媽祖的影響力與
相關儀式，跨越海峽，進到中
國去。

圖 6-4 天津天后宮所分靈的大甲媽祖

【51】黃敦厚、〈大甲鎮瀾宮往湄洲媽祖祖廟進香的影響〉，發表於2005中國湄
　　洲媽祖學術研討會。

四、海峽兩岸的「和平女神」？

　　媽祖在台灣擁有眾多的信仰人口，並有眾多香火鼎盛的廟宇，且在眾多的歷史因素交雜之下，媽祖在台灣人心中有重要的地位。中國在亟欲兩岸統一的情況下，賦予媽祖「和平女神」的象徵，期待透過這位協助施琅「統一」台灣的神明，透過宗教交流的方式，來作為促進統一的象徵。筆者在中國參訪時，許多官方系統的廟宇與管理者與對台辦，都在強調媽祖為海峽兩岸的女神，可以作為促進統一的橋樑。而鎮瀾宮的在台灣的龐大影響力，當然也被視為重要的關鍵，鎮瀾宮到訪中國時，都受到官方的高規格接待，而鎮瀾宮也時常在兩岸關係中，被當成拉扯的宣傳對象，例如在2000年湄洲進香時，「宗教直航」，在台灣引起熱烈的討論，在中國也引起廣大的注意。

　　…臺灣的媽祖信徒人數非常多。每年前往媽祖故鄉福建湄洲島的進香朝拜的臺胞都在10萬人左右。自 1990年以來，湄洲島共接待前來朝拜媽祖的臺胞超過90萬人次。湄洲祖廟的朝拜活動已成為聯結海峽兩岸信眾的感情紐帶。…媽祖信眾在島內人多勢眾，歷來都是各陣營爭取的重點。年初，競選臺灣地區新領導人的候選人先後都到台中縣大甲鎮瀾宮（媽祖廟）朝拜，極力拉攏信眾，並承諾上臺後以專案處理「宗教直航」。民進黨候選人更是先後兩次到鎮瀾宮親口許願，當選後一定會支持「宗教直航」。…正當民間籌備活動如火如荼之際，臺灣當局的態度卻來了個急轉彎。6月6日，呂秀蓮在記者招待會上公開反對「宗教直航」，強調「臺灣

安全應該高於一切」，並指責信眾在借「神的旨意」壓迫政府。接著，蔡英文也改口聲稱，目前沒有「宗教直航」的時間表，絕對無法在7月16日之前同意信眾「宗教直航」到大陸進香。同時，臺灣當局新領導人及「行政院長」唐飛也就「小三通」、「媽祖直航」問題交換意見，確定暫不實施。對此，臺灣的媽祖信眾非常失望。…臺灣政界人士認為，臺灣新當局根本沒有推動「三通」的誠意，當選前的「積極評估」，只是為了製造假相。這種欺騙言論也使民眾產生了高度的期待。「三通」議題正成為臺灣民眾的強力議題，現在要想繼續欺騙民眾已經沒那麼容易了【52】。

　　比對海峽兩岸的報導，都可以發現宗教直航都成為兩地政府的政策話題，大甲媽祖也成為被拉扯的對象，兩岸都透過這個議題，來為自己的立場作有力的解釋，中國官方將此事視為民眾對三通有高度的期待，不答應宗教直航是欺騙民眾，以及「妨礙兩岸和平發展【53】」，而到當鎮瀾宮到達湄洲之後，也成「突破台灣當局的重重阻礙」、「兩岸民俗文化一脈相連」、「期待兩岸早日通航」的宣傳象徵【54】，鎮瀾宮或許只是想透過宗教直航來提高其在台與中國的影響力，卻意外成為兩岸互動關係的宣傳重點。

【52】《中國解放軍日報》，2000年06月23日。

【53】《中國新聞社》，2000年06月15日。

【54】周文輝、劉永玉，〈神同源、人同根－台灣大甲鎮瀾宮謁祖進香側記〉，《台聲雜誌》，2000年9月號（中國台辦官方發行之雜誌）。

在2004年11月初，中國官方與其他媽祖廟在湄洲主導成立「中華媽祖文化交流協會」，亞洲地區的各媽祖廟前來參加，但是主要的對象都是台灣的各媽祖廟，從下列官方的賀詞，可以看見中共官方對於該會的期待。

　　媽祖文化是中華優秀傳統文化的重要組成部分，是團結海內外中華兒女、促進海峽兩岸交流與合作的橋樑與紐帶。長期以來，海內外媽祖文化機構和人員在弘揚媽祖文化、傳承中華美德、聯繫世界華僑華人、促進兩岸交流交往等方面，做出了重要的貢獻。中華媽祖媽祖文化交流協會…在弘揚傳統文化、擴大世界影響、團結中華兒女、促進海峽兩岸交流方面，取得新的更大成績【55】。

　　這個協會才剛成立，還不知道能夠在海峽兩岸的媽祖文化交流上扮演什麼樣的角色，但是該會六個副會長中，安排北港朝天宮與大甲鎮瀾宮為副會長【56】，籌備該會成立的工作人員表示，其實是為了勢力的平衡，因為朝天宮在台擁有眾多分香子廟，也是進香中心，而鎮瀾宮擁有眾多的信徒，而且有很大的影響力。從大陸官方這樣的安排，可以知道大陸官方相當注重鎮瀾宮的在台的影響力，所以安排鎮瀾宮與北港朝天宮在這裡「平起平坐」。

　　而在兩岸宗教交流上，鎮瀾宮扮演重要的角色，除常帶

【55】中國政協主席賈慶林在中華媽祖文化基金會成立大會上，所發出的〈賀信〉賀詞，2004/10/29。

【56】另外四個副長會，除湄洲董事長較不具官方色彩此外，其他三人都有濃厚的官方色彩。

團訪問中國大陸，受中國中央官員的接見，也在其他事件上，表達相關訊息，當然與其管理者的政治立場有關，例如以及宗教直航、2009達賴喇嘛來台事件等【57】，2009中國海協會陳雲林來台「江陳會」，特別到鎮瀾宮拜訪上香，並在致詞時表達鎮瀾宮開啟兩岸宗教交流與促進兩岸交流的重要性。以上案例顯示鎮瀾宮積極在海峽兩岸穿梭，企圖建立影響力，而其在台龐大的信眾與知名度，讓大陸官方對其影響力不敢小看，也讓鎮瀾宮成為兩岸政治舞台的一部份。

圖 6-5　中華媽祖文化交流協會成立

【57】當時鎮瀾宮表示反對達賴來台，並提早舉辦法會，被外界解讀成台灣宗教界害怕有礙兩岸交流，而被積極動員發生。新聞詳見NOWnews、中時電子報、自由時報、中央日報2009/8/28-8/29有一連串的報導。

第三節　媒體與鎮瀾宮的發展

　　鎮瀾宮的迅速發展與龐大影響力，除信仰靈驗與經營行銷之外，媒體也是重要關鍵因素，因為鎮瀾宮的各項儀式與活動，透過媒體報導，讓社會大眾普遍知道，而不是限於地區性的活動，更透過全國性媒體報導，跨越區域，累積高度的知名度，吸引民眾前來參與，而鎮瀾宮也透過龐大媒體資源的運用，作為其行銷廟宇與建立影響力的主要手段。

一、鎮瀾宮對媒體的運用與合作

　　鎮瀾宮現在擁有全台，甚至兩岸的影響力，與媒體的報導有很大的關係，因為這些報導，大甲媽祖的「實力」才得以被看見，得以發揮。而鎮瀾宮積極與媒體建立關係與合作，大約在民國70年以後，而在此之前，鎮瀾宮在媒體上的出現，大致上還是在報紙的地方版上出現，而目前最早出現在其他媒體上的紀錄，是在民國45年（1955），由台灣南洋影業公司投資，香港必達公司拍攝，北港朝天宮參與支援的電影《聖母媽祖傳》中，曾拍攝大甲媽祖到北港朝天宮的盛大場面【58】，但是該電影還是以北港朝天宮為宣傳主題。

　　引起台灣媒體注意大甲媽祖進香，應與民國62年（1973）英文版的漢聲雜誌 <u>ECHO</u> 專題報導大甲媽祖有關，

【58】黃仁、王唯，《台灣電影百年史話》，中華影評人協會出版，2004，頁152。書上所載時間為1965，實際上應為1955。

圖 6-7 《ECHO》1974年四月號封面
　　　資料來源：張慶宗先生提供

圖 6-6 《ECHO》1973年三月號封面
　　　資料來源：張慶宗先生提供

這也是目前所知最早有關大甲媽祖平面媒體的專題報導。在報導之後，引起作家黃春明的注意，將其拍攝成「大甲媽祖回娘家」紀錄片【59】，該片在民國63年（1974）由私人企業國聯公司出資製作，本片由作家黃春明製作與導演，是電視節目「芬

【59】網站：台灣電影資料庫，http://cinema.nccu.edu.tw/cinemaV2/
recordOralList_show.htm?RMOPID=25，下載日期：2005/3/27。

芳寶島」中的第一集，在民國64年6月29日在中視首播【60】，也是目前所知報導大甲媽祖最早的電視專題節目。

上述的相關報導，都是由媒體主動前來採訪報導，鎮瀾宮只提供相關的協助，當時廟方還不會主動經營媒體關係。因為 ECHO 雜誌的連續兩期專訪，以及黃春明的「大甲媽祖回娘家」紀錄片的播出，鎮瀾宮漸漸感受到媒體報導所帶來的效應，在民國70年之後，鎮瀾宮就開始與電子媒體合作製作相關的節目播出，也開啟鎮瀾宮與媒體合作之路。

鎮瀾宮與媒體的合作，是在年輕一代的董監事進入之後，開始運用企業經營的理念在廟務管理上，積極運用媒體來行銷，最先成功的案例，是湄洲進香時，透過媒體曝光時間的巧妙安排，讓鎮瀾宮的董監事可以安然到達湄洲，而也先在台灣引爆熱烈的討論，讓董監事迎回湄洲媽祖到台灣時，已經是新聞正當熱潮，當時為鎮瀾宮創造極高的新聞價值，讓鎮瀾宮更加重視媒體的運用。

（一）平面媒體

鎮瀾宮與媒體的合作分成兩個部分，一個是與平面媒體的合作，在當時電子媒體不發達的年代，成為鎮瀾宮主要的媒體合作對象，像民國77年（1988）鎮瀾宮舉行祈安清醮，與中國時報與聯合報合作，進行建醮活動一系列的報導，與聯合報

【60】國聯工業公司為台灣知名日用品企業，白蘭洗衣粉即為其產品，當時為公司進行形象行銷，企畫製作一系列本土文化節目〈芬芳寶島〉，於1970年代於中視手播，後來又在華視重播。

的合作，除專題報導之外，也與聯合副刊合作進行「聯副文學出外景」活動，邀請瘂弦、尼洛等作家前來參訪，並且在報上發表一系列的文章【61】，但是隨著電子媒體的發達，鎮瀾宮合作的重心也轉移到電子媒體上，但是部分報紙，如民生報、經濟日報等報紙還是會製作進香專輯，自行募集大甲地區的糕餅業或相關產業進行廣告贊助，而台中縣文化局開始舉辦大甲媽祖文化節之後，平面媒體整合的工作，幾乎都由縣政府這邊進行，不過宣傳重點已經變成是縣府所舉辦的文化節相關活動，經費也是透過縣府募集廠商作廣告贊助，而至於宣傳與合作的媒體，也延伸到相關的英文媒體如TAIPEI TIMES等報紙之上。

（二）無線電視媒體合作

　　後續台灣電子媒體開始發達，其影響力開始超越平面媒體時，鎮瀾宮主要的合作對象，也轉移到電子媒體。而鎮瀾宮與電子媒體的合作歷史，也與台灣電子媒體發展息息相關，隨著電子媒體主要的發展趨勢，從三台獨佔到有線電視系統的產生，到各類衛星電視台（有線電視頻道）的蓬勃發展，鎮瀾宮也會改變其合作的對象，從表6-1鎮瀾宮與媒體合作（1983-2000）一覽表，呈現合作媒體的轉變，在民國70年代時，鎮瀾宮與媒體的合作，由鎮瀾宮購買節目時段，並由該台外製單位進行拍攝與製作，這樣的合作模式到民國80年（1991）開始

【61】大甲鎮瀾宮，《財團法人大甲鎮瀾宮戊辰年慶成祈安清醮專輯》，頁283-300，並參閱當時聯合報的相關報導。

有一些改變，根據資深媒體人張方賓的回憶，鎮瀾宮開始改變單一合作模式應該是在該年，鎮瀾宮與台視新聞的氣象時間合作，在鎮瀾宮現場播報氣象，以及與早安您好合作相關新聞議題【62】，開啟鎮瀾宮與新聞媒體合作的模式。隔年81年鎮瀾宮與台視合作進行實況轉播，當時由11:35分轉播起，由新聞主播眭皓平與連續劇「媽祖過台灣」的演員侯麗芳、梅長芬（分別裝扮成劇中造型一同主持），開啟大甲鎮瀾宮進香活動的直播歷史，因當時效果良好，所以往後每年都與電視台合作，進行起駕儀式的電視轉播。

　　當時也受限於政府對於媒體的管制，所以只能作起駕的轉播，並購買時段作特別節目播出進香實況。隨著當時地方有線電視系統的發展（民眾稱為「第四台【63】」），鎮瀾宮也開始透過地方有線電視系統，購買時段播放大甲媽祖進香的過程，而隨著衛星電視台的成立，尤其是各家衛星電視台紛紛成立新聞頻道（新聞台），鎮瀾宮主要合作的對象，也轉移到這些擁有大量報導時間，而且可進行現場直播的有線電視媒體。

（三）有線電視媒體合作

　　民國86年（1997）開始與有線電視新聞台合作，進行全

【62】訪問張方賓，2004/12/22，現任三立電視中部新聞中心主任，歷經自由時報記者、台視記者、TVBS記者、三立電視台等媒體職務，長期採訪鎮瀾宮相關新聞。

【63】當時有線電視系統的頻道與節目，除了三台之外，都是自製的頻道，播放各種已經錄製好的影片，當時並未有衛星電視。

程的實況轉播，當時TVBS開始主打「本土」的電視台形象，而且其他有線電視台，也開始紛紛成立新聞台，TVBS面臨較大的壓力，所以思考與其他新聞台不一樣的賣點，所以現場直播大甲媽祖進香的活動，就成為該台收視率競爭的「武器」，既符合該台的形象，又可以衝高收視率，，所以才選擇這樣的一個話題作為切入的點，也因如此鎮瀾宮在該次的轉播，並未付出任何的「代價」【64】。而該次的轉播也為鎮瀾宮全程現場直播的開始，當年TVBS因為轉播大甲鎮瀾宮的相關新聞，創下極高的收視率，而鎮瀾宮此次現場轉播也獲得很高的迴響。所以隔年民國87年（1998），就捨棄與三台合作直播的模式【65】，因為三台轉播的時間少，效果有限，而且「代價」昂貴，所以就繼續與TVBS合作，而這次便與TVBS開始進行「業務合作」。民國88年其他有線電視台也積極與鎮瀾宮接觸，希望展開合作，所以該年就有TVBS、東森、民視等新聞台與鎮瀾宮進行合作，開始進行全程的電視轉播，形成目前每年大甲媽祖進香只要打開電視，就會出現各家電視台進行實況轉播的場面。

（四）媒體合作模式

　　與不同的媒體合作，鎮瀾宮有不同的「合作」模式，最初以節目呈現的部分，由鎮瀾宮與各香出資買下時段，進行專題節目的播出，而後來與三台進行現場直播的部分，除由鎮瀾

【64】訪問張方賓，2004/12/22。

【65】前一年仍與中視合作轉播起駕儀式與祝壽大典。

宮與各香出資買下時段，進行直播之外，因為成本較高，所以也要幫忙募集相關廠商的廣告，來平衡電視台的製作費用，而在與有線電視新聞台合作之後，就採取與該電視台進行「業務合作」的模式，由該電視台的業務部門來與鎮瀾宮談「業務合作」，鎮瀾宮支付一定的「轉播工作費用」與支援工作人員的吃住，業務部則保證「一定」轉播的時段，以及相關專題新聞報導的則數，以及製作專輯報導的宣傳廣告等。鎮瀾宮也會召開行前協調會，分配轉播位置、畫面分工與相關注意事項，便利新聞採訪與轉播，透過互蒙其利的方式進行「業務合作」。

因為大甲媽祖擁有廣大的信徒，所以轉播會有高收視率，另外鎮瀾宮也會「輔導」進行其他相關的業務合作，媒體會與其他大甲在地的糕餅業，如先麥、裕珍馨等合作，或是與贊助鎮瀾宮活動的企業團體，如中華汽車、福特汽車等合作，因為這些業務合作讓新聞媒體收入豐厚，也因為收視率與真實利益上的考量，讓這些媒體積極的參與大甲媽祖進香的轉播工作。

鎮瀾宮的執事人員，相當熟悉媒體的作業程序以及生態，深知與媒體的合作之道。長期在鎮瀾宮負責媒體公關業務的董振雄先生，就詳述每年在進香前召開媒體說明協調會，會中從轉播車位置的安排、拉線、轉播位置等瑣碎的事物，到今年應該作什麼樣的主題與轉播的重點皆會安排，並且了解每家媒體都想要有獨家新聞的特性，會給予每家媒體不同的獨家新聞消息，及在進香期間安排各家媒體到不同的廟宇作現場直播等，這些安排一方面讓媒體都可以有獨家，一方面讓觀眾感覺

到大甲媽祖進香的豐富性，不會都是一成不變【66】，而從上述各種瑣碎事物的安排，到採訪實質內容的引導，都透露鎮瀾宮細緻的運用媒體思維，也讓鎮瀾宮透過這些細緻的安排創造出鎮瀾宮的「媒體神話」【67】。

在2000年鎮瀾宮也成功運用媒體開拓其在中國，甚至是東南亞華人地的影響力，在該次媒體的轉播，台灣方面由TVBS、三立、中天、中視、民視、東森等電視台現場直播回台灣，大陸方面由中央電視台第四套（CCTV4）、福州、莆田、廈門、東南等電視台現場直播，中國福建各地方電視的轉播，讓鎮瀾宮的影響力，也展現在該地區，而中央電視台第四套（CCTV4）的播出，是向全中國，並對世界華人轉播，讓鎮瀾宮的影響力，跨過海峽。

【66】多次採訪董振雄先生。

【67】筆者採訪幾位資深的媒體工作者，這樣形容鎮瀾宮，很表示鎮瀾宮媒體合作的經驗，大概全台廟宇無人能比。

表6-1 鎮瀾宮與媒體合作（1983-2000）一覽表

時間	節目名稱	播出電視台
1983/5/14	聖母之旅－大甲媽祖回娘家	中華電視公司
1985/1/2	歡鑼喜鼓（甲子年媽祖遶境）	台灣電視公司
1985/5/15	大甲媽祖北港行	中華電視公司
1988/12/26	民俗藝術的薪傳－大甲鎮瀾宮之夜（日本富士電視台合作）	中華電視公司
1989/02/20	繼往開來──元宵特別節目	台灣電視公司
1990		
1991/4/16	大甲媽祖遶境全程報導	台灣電視公司
1992/4/6	大甲媽祖繞民俗活動（現場直播）	台灣電視公司
1993	大甲媽祖繞民俗活動（現場直播）	台灣電視公司
1994	大甲媽祖出巡（現場轉播）特別節目（一小時4/24播出）	中國電視公司
1995	實況播出（有線電視）	有線電視系統
	新聞採訪（CNN）	美國有線電視網CNN
1997	中視實況轉播、Tvbs	
1998	Tvbs	Tvbs
1999	Tvbs、三立、東森	
2000	Tvbs、三立、東森、中天、民視	
	大陸祖廟進香（兩岸三地媒體動員轉播）	全程重點直撥

備　註	資料來源
下午一時	民生報1983/05/14
下午五時到六時	聯合報1984/12/31
（華視新聞雜誌）	民生報1985/5/15
下午下午三時（一小時）祈安清醮晚會與活動介紹	民生報1988/12/26
由車軒、張琪主持，節目內容有猜燈謎、歌舞表演、大甲風光特產介紹等	民生報1989-02-20/
早上6:30早安您好	民生報1991/4/16
晚上11:35轉播兩小時。主持人：眭皓平、侯麗芳、梅長芬（連續劇媽祖過台灣演員）報載首次現場直播	民生報1991/4/5
綜藝節目天天開心主持群主持	董振雄先生口述
23:30玖順機構支付費用，轉播起駕儀式與祝壽大典	85進香手冊 聯合報1994/4/11 中央日報1994/4/24
大視傳播、豪記影視全程錄製	民生報1985/4/7
新聞採訪	民生報1985/4/7
	董振雄先生口述
	張芳賓先生口述
全程重點直撥	田野調查
全程重點直撥	田野調查
突破直撥台灣限制、中國第一次直撥宗教活動	

資料說明：空白為目前未找到相關資料之年度，各項資料來源請見表內說明。

　　　　2000年後媒體合作數量過多，本表先不整理列入。

二、進香的「虛擬實境」與「置入性行銷」

　　媒體報導成為鎮瀾宮最佳的行銷管道，進香活動扮演重要的角色，進香是大甲媽祖信仰傳播的重要管道，透過龐大信徒的虔誠表現，與不斷被傳播的靈驗經驗，大甲媽祖的信仰得以被傳播，主要有下列幾種作用：

（一）跨越社區界線

　　媒體最重要的特性即是將訊息傳播給多數的人，讓訊息不侷限於某個地區。而媒體的大量報導，則是讓相關的訊息跨越大甲以及遶境區域，讓多數的知道相關的訊息，甚至成為「參與」大甲媽祖進香的管道，因為媒體的報導，讓進香活動成為一個「虛擬實境」。因為媒體大量的報導，每天進行多段的新聞現場連線報導，重要儀式更是全程轉播，雖然觀眾沒有親自參與大甲媽祖的進香活動，但是卻在電視上呈現一個虛擬的進香儀式現場，而這些「虛擬」的現場，也讓觀眾可以「看見」，龐大信徒的虔誠表現與靈驗經驗，透過這樣的方式，讓更多人「看見」大甲媽祖的靈驗，讓更多人相信這樣的宗教經驗，進而參與這樣的活動。

（二）虛擬實境：現場感的建構

　　透過報導轉播進香的虛擬實境，讓信徒不用親臨現場，也可以感受到大甲媽祖的靈驗，有信仰的人可以更加深其信仰，因為並不是每個人都可以全程參與，大甲與沿途的信徒大部分無法全程參與，但是透過這樣的報導，可以瞭解每天的情

況，也可以吸收他人的進香體驗與靈驗故事，延伸成為自己的靈驗經驗，讓信徒形成一個「完整」的進香經驗，也讓其更堅信其信仰，強化其參與的動力【68】。

（三）宣傳：虔誠與神蹟

　　鎮瀾宮與新聞媒體的「業務合作」關係，讓媒體在業務範圍內報導，必須符合鎮瀾宮的「要求」，雖然還是會出現負面新聞，如打架事件等，只是在業務費範圍內的專題報導，鎮瀾宮雖然不會指定詳細內容，但專題報導集中在鎮瀾宮的歷史、陣頭介紹、信徒靈驗經驗等，因為報導是「新聞」，觀眾會相信其真實性，雖然可能只是信徒靈驗經驗的一則報導，但是信徒會從其中去接受這樣的訊息，慢慢形成自己對於大甲媽祖的靈驗經驗，雖然他沒有實際信仰的經驗，但是新聞對於大甲媽祖靈驗經驗的報導，以及龐大的信徒場面，都會加深其「虛擬」的宗教經驗，透過這樣「虛擬」的宗教經驗，當他需要信仰協助時，這樣「虛擬」的宗教經驗，就會轉變成真實的參與。

　　例如2005年TVBS、中視、公共電視等媒體製作大甲媽進香的報導或紀錄片，透過與地方文史工作者合作，報導媽祖靈驗事蹟或是進香感人故事，透過媒體的強力放送，在隔年參與進香活動時，就採訪到多位因這些報導，前來參加進香活動的信徒，這些宗教經驗透過畫面，在有意或無意的設計之下，成

【68】筆者曾經訪問過許多信徒，媒體傳播的靈驗經驗，也常常成為其述說的一部份，並強調其真實性與媽祖的靈驗。

為大甲媽祖最佳的「傳教」素材。

（四）展示：讓更多人看見

透過媒體的「虛擬實境」，除了讓信徒感受到，非信徒的人也「看到」大甲媽祖的影響力，所以政治人物來參與儀式，企圖換取信徒的支持；中國政府看到，希望大甲媽祖成為兩岸華人「團結」的象徵，而透過媒體的「虛擬實境」，鎮瀾宮的管理者，也被想像成這些信徒的領導者，被想像成擁有左右信徒的力量，讓各方勢力，不敢小看管理者的影響力。

當然媒體所報導的一切，並不能夠取代信徒親自參與所獲得的宗教體驗，但是卻可以成為信徒強化的動力，已經參與的，相信其參與的價值，還未參與的，強化了其參與的動力，而透過媒體無地理空間，甚至無時間的限制，都讓媽祖進香的靈驗經驗，跨越這些空間與時間的限制，得以傳播。而楊美惠在其研究中【69】，就指出鎮瀾宮透過電視的轉播，形成儀式的虛擬空間，跨越了地理限制，讓許多人都得以透過這樣的方式，瞭解到鎮瀾宮的儀式，甚至讓影響力從地方延伸到國際上。

三、媒體大量報導後的現象

鎮瀾宮的各項活動，都會吸引媒體的大篇幅報導，尤其

【69】 楊美惠著、陳美華譯，〈跨越台灣海峽的女神媽祖：國界、進香和衛星電視〉，《媽祖信仰的發展與變遷： 媽祖信仰與現代社會國際研討會論文集》，頁205-229。

是對進香活動的報導，各家電子新聞媒體，出動數十位工作人員、SNG車、OB車等，在新聞台大篇幅進行報導以及現場直播，而這樣每年報導的媽祖熱潮，也引起媒體大甲媽祖熱潮後的一些新現象。

（一）鎮瀾宮的新資源

　　鎮瀾宮執事人員熟悉媒體的作業程序及生態，且媒體與鎮瀾宮有「業務配合」的關係，媒體也成為鎮瀾宮的一項資源，例如進香時會安排各家電子媒體輪流到各廟進行轉播，除固定停駕的地點之外，輪流在遶境所經的各廟宇進行現場實況轉播，所以在大甲媽祖的遶境期間，台灣各大電視台的SNG車跟隨大甲媽祖，穿梭在中部地區的鄉間田野之間，也形成一個新的遶境現象。

　　而這樣的「轉播」，可以增加該廟的知名度，這些轉播也是維繫各廟關係與吸引新廟宇的加入的重要因素，因為鎮瀾宮經過的廟宇大半都是鄉間小廟，無力辦理大型活動，更無法與全國性的媒體合作，而鎮瀾宮卻將全國性的媒體資源帶來，或許暫時的轉播，對於鄉間小廟的宣傳效益有限，但是卻讓這些廟宇的管理者感受到大甲媽祖的媒體魅力，訪問幾間媽祖遶境所經過的廟宇，都說明因為大甲媽祖的到來，才會有媒體前來採訪與現場直播【70】，除了小廟之外，停駕的大廟更是感受到轉播所帶來的「知名度」，以及聚集的大量信徒，增加信徒

【70】虎尾墾地福德祠的主委就說明，如果沒有大甲媽祖遶境，他們這輩子都沒見過什麼叫sng車，而這樣的小廟哪會有人來採訪。

對該廟的「認識」，往後也會來該廟參拜【71】。當然這樣高曝光率，也成為政治人物爭取亮相的舞台，樂於接受鎮瀾宮的各項安排，也讓鎮瀾宮與政治人物有更多的交集。

（二）媒體報導後的信仰現象

媒體大量的報導，也影響進香中信徒對於媽祖祈願，或祈求各項象徵物原本的方式，大甲媽祖的多項象徵物，如壓轎金、爐丹等，本來是信徒有需要時才求取的宗教象徵物，來求取大甲媽祖的保佑，但是其媒體報導信徒的靈驗經驗之後，變成民眾的一種「流行」，其實他們並不清楚這樣物品的「功用」，只是透過媒體的報導，產生一窩蜂的現象，而這樣的效應也產生到其他儀式上。以「倰轎腳」為例，原本是有需求的人，例如身體不好或運途不順的人，向媽祖請求，希望透過「倰轎腳」，來得到媽祖的保佑，但是透過媒體報導之後，卻形成一種熱潮現象，不管有沒有所求，都趕流行去「倰轎腳」。

而許多的宗教體驗，必須經過多數人的靈驗經驗才會形成一種神聖的象徵，但是透過媒體的報導，這種需要長期累積而形成的宗教經驗，卻被「快速」化，以報馬仔紅絲線為例，原本單純綁物品的紅絲線，因為個人的宗教體驗，在媒體的報導之下，形成集體認同的象徵，而原本只是祈福或得到庇祐的神聖象徵物，但是在媒體後來的推波助瀾之下，就成了「姻緣

【71】西螺福興宮、新港奉天宮的董監事接受筆者採訪時，都有這樣的說法。

線」【72】，從單純的個人的宗教體驗，快速形成信仰的集體行為與認同。

　　而媒體這樣大幅的報導，原本個人需求的一些祈願，在信仰上需要透過祈願與還願等的方式來達成的宗教經驗，而需要長期被經驗與體驗的信仰行為，卻被媒體的報導，過度「簡化」，形成「速食」的流行，形成一種表象化的儀式行為。

　　也因為媒體的大量報導，以及縣政府長期舉辦研討會，讓大甲媽祖在學術界變成「顯學」，短短五年內有三十餘本碩士論文，以及數十篇文章的出現，其中不乏佳作，但是來了許多趕集式的學者，並未深入研究，甚至抄襲，只為求取在媒體曝光。另外也有越來越多的商業機構前來，搭大甲媽祖的順風車，進行各項產品的行銷，這也都是在媒體大量報導後現象。

（三）現場直播效應

　　一年一度的台中縣大甲鎮瀾宮天上聖母南下嘉義新港遶境進香活動，十三日凌晨起駕，中視現場轉播，…起駕時刻，大甲媽祖神轎卻被困在廟內超過一個小時，亦是空前之舉，有關人員分析，起駕時刻大塞車與電視轉播有絕對的關係，過去亦曾發生。…頭香、貳香、參香及贊香所屬的眾多陣頭卻面對中視的轉播鏡頭「秀」個不停，結果造成上百的陣頭在廟埕及順天路上嚴重塞車，起駕後一個小時，神轎還在廟內動彈不得…為了配合中

【72】洪瑩發，〈食物與儀式：大甲媽祖進香中的飲食文化〉，《2005大甲媽祖國際學術研討會會議論文》，頁2-3-6。

視轉播的時間，大甲媽祖神轎離開廟埕後即加快腳步，過去商店或陣頭刻意利用鞭炮阻擋神轎再膜拜的情形，則被工作人員阻止，結果神轎果然匆匆忙忙的於凌晨二時趕到水尾橋附近，廟務人員才因而鬆了一口氣【73】。

電視台現場直播所產生的效應，從該則新聞，顯示幾項影響，第一是因為電視轉播，各陣頭與團體都想表演久一點，造成時間的拉長，第二是信徒透電視對於媽祖動態報導或預告，到達媽祖遶境的現場，因為媒體的現場直播，聚集大量的信徒與看熱鬧的民眾。而另外鎮瀾宮為配合媒體轉播的作業，也改變自己部分的儀式規劃，像報導中所指出的，每年起駕為配合媒體的轉播，都會加快腳步，好讓大甲媽祖在電視台深夜收播前，能夠到達大甲街外，讓媒體完成轉播的工作，而鎮瀾宮也為媒體進行儀式的精緻化，以利媒體轉播的效果【74】。

（四）其他寺廟的仿效

鎮瀾宮的媒體熱潮現象，其他寺廟也開始仿效，學習鎮瀾宮的媒體合作與現場直播，希望也能創造媒體熱潮，而受訪的媒體人【75】也表示，他們都以鎮瀾宮的業務合作模式，向其他廟宇要求合作，而其他廟宇看到鎮瀾宮這樣龐大媒體效果，也都樂於合作，而與鎮瀾宮關係良好的廟宇，則是直接來拜訪

【73】《中國時報》，1997-04-14。

【74】詳見第三章的討論。

【75】訪問張方實、李雅萍等人。

鎮瀾宮，要求協助媒體運作，如近期舉辦大型活動的西螺福興宮、鹿耳門天后宮等，曾向鎮瀾宮請教媒體合作的部分，尤其西螺福興宮初期由鎮瀾宮協助規劃完成【76】。

另一個是其他廟學習鎮瀾宮的儀式，希望達成同樣的效果，尤其鎮瀾宮的「步行效應」，戰後因交通的發達，其他廟宇改用車輛進香之後，鎮瀾宮與白沙屯拱天宮這兩間廟宇，遂成為長途徒步進香的代表，尤其鎮瀾宮的步行進香，透過媒體的高度傳播，徒步所展現的信徒虔誠、社會注意，都成為其他廟宇近年恢復徒步的重要參考，像高雄朝后宮、高雄山上天后宮等廟宇都紛紛恢復徒步進香，以高雄朝后宮為例子說明。

> 高雄愛河畔的朝后宮，去年信徒首次徒步到北港朝天宮進香，今年擴大舉辦，號召千餘名信徒參與。朝后宮副主任委員蔡培彰說，目前國內只有朝后宮、大甲鎮瀾宮和白沙屯拱天宮三間廟宇徒步回北港朝天宮進香。其中高雄朝后宮信徒採取古禮，行經路線是早年北港朝天宮回大陸湄洲的古香路，引起全國信徒和文史工作者重視【77】。

該則報導中廟方就強調自己是台灣「唯三」的步行廟宇，也強調相關步行的效果，而鎮瀾宮與白沙屯拱天宮所產生的「步行效應」，是值得長期觀察的。而另外鎮瀾宮的儀式也被當作學習的對象，雖然鎮瀾宮的部分儀式並非原創，而是學

【76】訪問董振雄先生、西螺福興宮董事長等人。

【77】《聯合報》，2004-04-29。

自他廟，但是透過媒體的傳播，卻形成被學習的主要對象，如穿著、團隊編制等，都成為他廟模仿的對象，例如鎮瀾宮的子廟鎮清宮就全部仿效，桃園龍德宮更是每年派員學習觀察。

四、鎮瀾宮報導的媒體觀點

鎮瀾宮成功運用媒體進行廟務的行銷，試圖從媒體工作人員的訪談，來瞭解鎮瀾宮與媒體之間的現象。

（一）鎮瀾宮為何成為台灣媒體的「寵兒」？

訪問過多名的媒體人，詢問鎮瀾宮為何會成為媒體的寵兒，大致都說明因為鎮瀾宮善於議題的操作與行銷，從以前的首次湄洲進香、建醮活動、宗教直航、2000年湄洲進香、金媽祖等，透過不斷的行銷與曝光建構長期的新聞能見度，三立的中部新聞中心主任張方賓就認為鎮瀾宮透過媒體的行銷與包裝，讓許多人想瞭解台灣的媽祖，就會先想到大甲鎮瀾宮。而他也指出鎮瀾宮進香，為什麼會成為媒體新聞熱的一部份，會比其他一樣與媒體進行業務合作的廟宇，新聞性還大，當然跟進香活動的規模龐大，及所影響的區域廣泛有關[78]，筆者也認為因為鎮瀾宮遶境區域跨越四個縣市，行經約百萬人口的鄉鎮，進香規模上萬人，比起其他區域性的活動，當然容易受到媒體注意，另外明星政治人物的前來，當然也成為炒作的話題，故鎮瀾宮對於媒體作業的熟悉與相關的安排，的確也讓鎮瀾宮受到媒體較高的青睞。

---

[78] 訪問張方賓，2004/12/22。

而另外一點是因為近幾年鎮瀾宮管理者的「新聞性」，董事長從地方民代到中央民代，而且涉及相關的司法案件，以及在地方的影響力與「實力」，都讓董事長本身具有高度的傳奇性（爭議性），尤其又管理影響力龐大的寺廟，所以，因為鎮瀾宮的高知名度與董事長的高爭議性，在兩者的交錯影響下，形成了高度的新聞價值，鎮瀾宮與董事長確實都容易得到媒體的相關報導。因為多數媒體從業者在這部分議題上不願具名，所以整理其意見為下列幾點：

　　1.鎮瀾宮信徒眾多，影響力不容忽視。

　　2.進香活動規模龐大，影響效應大。

　　3.管理成員具有新聞價值，創造新聞話題。

　　4.新聞競爭，多數人都報導或是有收視率，不得不報導。

　　5.業務合作，長期合作關係，必須進行報導。

（二）媒體的「利」與「弊」

　　當然媒體的報導，為大甲媽祖信仰與鎮瀾宮的管理者帶來眾多的好處，但是也因為媒體的報導，帶來許多負面的現象。新聞媒體的大量報導，造成曝光過度，不但新聞媒體有些疲乏，觀眾更缺乏新鮮感，也產生下面所討論的大甲媽祖新聞退燒的現象。而報導引進廠商的支持，也被信徒認為過渡商業化與觀光化，讓不少信徒產生反感，也讓信徒與文化體驗人士，追求新的信仰對象，例如常被拿來對比的白沙屯媽祖，產生大甲觀光化，白沙屯純樸的印象。

　　而新聞也吸引五光十色的人前來參與，甚至爭取曝光，媒體在沒有新的新聞的情況下，放大報導進香團中人少數的行

為，或是強烈報導某些訊息，例如彰化迎媽祖，被說成搶轎，而部分角頭也為在電視前展示實力，而讓情形越演越烈，讓負面新聞，透過媒體不斷被放大，產生對大甲媽祖進香不良的觀感，而媒體的訊息過濾與壟斷，也讓信徒與社會大眾不易接觸到真實的情況，所有的認知，都是新聞媒體所產生的刻板印象。

（三）大甲媽祖新聞熱潮退燒

　　2006年以後大甲媽祖的新聞性不像以前那樣的強烈，媒體認為主要的原因，是因為遶境新聞，幾乎每年都是一樣的東西，沒有新的變化，尤其在某位董事退出後，鎮瀾宮的執事並不太懂「找新聞」，當新聞性一消失，媒體開始失去興趣，所以報導自然降低，雖然仍有業務的合作，但是也只有基礎的報導，沒有像以前那樣的大量報導，另外之前也剛好遇到有線新聞台成立的高峰期，因為互相競爭的效應，所以自然曝光度高，現在隨著媒體的生態變化，也開始失去新聞性。而其他廟宇也開始仿效，更稀釋新聞價值，而專題性的報導，也讓白沙屯媽祖等更新的議題吸引，造成連鎖效應。

　　而媒體競爭越來越加激烈，固定議題與活動的大甲媽祖進香，雖然仍保有一定的收視率，但必須面對同時期的各種新聞的競爭，因為講求新聞賣點的要求下，鎮瀾宮的新聞當然不會像以前擁有高度的新聞報導能見度，而能夠被強力報導的新聞，也往往朝負面新聞集中，造成鎮瀾宮媒體退燒【79】。

【79】雖然在許多重大議題上，鎮瀾宮仍然會被訪問與報導，但與寺廟與信仰的
　　　正面建構，不一定具有良好的作用。

第四節　大甲媽祖與商業及觀光活動

　　媽祖與商業活動的關係很早就產生了，以日據時期為例，媽祖遶境的藝閣，就是作為廣告宣傳之用【80】，如北港媽祖的進香人潮，吸引商家對進香客進行打折促銷，或是借北港媽祖的名義來進行商品的促銷【81】。當然大甲媽祖也是很早與商業活動發生關係，例如在遶境中，各商家出動宣傳車輛與大甲媽祖一同遶境，宣傳商品或商店，大甲媽祖信仰的蓬勃發展與隨著商業行銷的發達，大甲媽祖與商業活動的關係也越來越密切，也越來越多元。

　　但是受限於資料的關係，筆者只談近幾年大甲媽祖與商業活動的關係，而且大甲媽祖與商業發生較大的關連，也是在近十年有較密切的互動，在此部分我們談大甲媽祖，如何來作為商業活動的象徵，甚至是成為「商品」的一部份。

一、 進香的龐大消費

　　大甲媽祖最龐大的商機，是在進香時所產生的，除觀光與文化產業所產生的產值之外，大甲媽祖進香，數萬人的進香團，以及數百萬人次的信徒與觀光客其儀式與食衣住行的消費，就是一個龐大的商機，這些消費分成幾個部分。

【80】王見川，〈日據時期的彰化南瑤宮與臺南大天后宮--兼談藝閣廣告化問題〉，《臺灣宗教學會通訊》，5期，頁82-97。
【81】王見川，《台灣媽祖廟的閱覽》，頁46-47。

（一）儀式性

　　進香中宗教儀式所需的相關物品，包含進香隊伍所需的各項器具（繡旗、儀杖等）、平安符、進香旗、手冊等，另外更需要大量的香、金紙、鞭炮等儀式用品，另外祭品與相關器具都有龐大的需求。

（二）交通與住宿

　　交通包含信徒跟隨進香的各種車輛，包含定作（陣頭車）、雇用、維修、油量，以及利用大眾運輸系統的相關消費，部分信徒會訂旅館住宿，讓沿途旅館都是爆滿的情況，打地鋪民眾的睡袋、睡墊也有大量的需求。

（三）服裝與設備

　　各團隊的各種服裝、帽子、背包等，每年約有五千個工作人員，每個團隊都有數套服裝，每年皆有數萬套的服裝與設備的需求。

（四）飲　食

　　沿途各團隊自備與沿途信徒提供，提供百萬人次的三餐與飲食，更是一項驚人的支出。

（五）觀光與紀念品

　　近期還有觀光客進入之後採買各項特產，以及以媽祖形象發展出來的各式紀念品，也是推行觀光化後，所產生的龐大商機。

　　所以大甲媽祖進香不單只是一項宗教活動，更是一項重

要的經濟活動，帶來龐大的消費，也提供相關產業的支撐，甚至發展出特別的產品與相關產業，而進香相關消費，所產生的產業可以參見相關論文【82】。

二、大甲媽祖與「商業活動」

本部分將大甲媽祖出現在不同行業，或商品上應用與合作的情形，以筆者目前收集到的相關資料，作一基礎上的分類與說明。

（一）銀行產業

目前收集到有兩類個案，一個是由台中商業銀行與台中縣政府和鎮瀾宮合作，推出「媽祖平安卡」，只要持卡到特約商店消費可享受折扣優惠，銀行業者也會提撥刷卡金額的千分之三點五之添香油錢奉獻給鎮瀾宮，並將信用卡安排「過火」儀式，希望「媽祖平安卡」持卡人都能平安，持卡人的名冊也將置於鎮瀾宮內，祈求媽祖庇祐卡友年年富貴保平安，持卡人全年刷卡金額累積每滿十萬元，翌年該銀行將主動為卡人在鎮瀾宮內安置光明燈或太歲燈等【83】。

另一個案例是華南銀行為其產品「轉運color晶片現金卡」，舉辦「天天抽金牌！『媽祖』保佑你」的活動，只要辦

【82】近期有數篇論文產生，其中以黃俊嘉的〈文化慶典之文化涵構與商品鏈互動關係研究—以大甲媽祖遶境進香活動為例〉（朝陽科技大學/建築及都市設計研究所碩士論文）觀察與論述較為全面，值得參考。

【83】《中國時報》，2004-04-08。

理該公司的現金卡，就送大甲媽祖的金牌一面。

（二）汽車廠商

　　通常透過贊助進香活動達到廣告宣傳，或是以大甲媽祖的香火袋、金牌作為致贈購車顧客保平安之用，像福特汽車就在2003.2004年贊助近十四台車輛的使用、帽子兩千頂，及三十萬元捐款做為起駕宴舞台的搭建費用，並贈送賞車的消費者大甲媽祖的紀念帽、T恤及大甲鎮瀾宮香火袋【84】。而NISSAN汽車則是2001年配合大甲媽祖遶境活動，只要NISSAN Cabstar勁勇3.5噸商用車購車顧客，就能擁有「2001年鎮瀾宮保平安金牌」【85】，另外2005年該公司也改裝數輛三噸半勁勇貨卡車，以功德車為名在媽祖遶境其間一路隨行，提供免費的洗衣、烘衣與蚊子電影院休憩娛樂服務【86】。另外2005年寶騰蓮花汽車與鎮瀾宮合作辦理「健康步行」抽獎活動。

（三）手機廠商與行動電話電信業者

　　手機廠商與行動電話業者，大概是近年最熱衷以大甲媽祖最為行銷方式的產業，手機廠商都推出大甲媽祖的手機，國內手機業者英華業，就與鎮瀾宮合作，推出大甲媽祖紀念機

【84】郭宜瑄，〈宗教是門好生意媽祖出巡財神報到〉，《新新聞》，895期，頁82-84。

【85】《經濟日報》，2001-04-20。

【86】《民生報》，2005-04-09。

（OKWAPS762），以香檳金的外型及印有「平安」兩字的外飾版表現濃厚的宗教氣味，電池背面還有媽祖神像雷射雕刻，該款媽祖紀念手機搭配內建的四十和絃鈴聲，收錄鎮瀾宮主題曲、南無觀世音菩薩及三寶歌等宗教鈴聲，同時將媽祖保平安開機動畫、外螢幕動畫及大甲鎮瀾宮系列桌布內建於手機裡，並在該公司網站上配合推出網路祈福下載活動。網友可在網路上求靈籤，籤詩內容完全與大甲鎮瀾宮相同，就如同在大甲鎮瀾宮求籤一般，求籤結果將伴隨搭配的媽祖桌布一同出現。並推出專屬的媽祖配件，包含幸運香包手機吊飾、中國結吊繩及平安手機福袋，還附有大甲鎮瀾宮靈符的平安符等【87】。

　　而行動電話業者，在大甲媽祖遶境期間，全員到齊，提供關於大甲媽祖的各項產品與服務，例如東信電訊推出誦經來電等候鈴、媽祖電子平安符、動畫工廠DIY媽祖等。大甲鎮瀾宮也與中華電信emome合作推出下載媽祖聖歌，配合推出「天上聖母神像IC電話卡」等【88】，其他電信公司每年也都提供相關促銷活動與相關的服務，例如鈴聲、圖像等下載的服務，來吸引信徒的注意與購買。

（四）糕餅與飲食

　　糕餅或飲食產業的運用，大致還是集中在於大甲地區的飲食產業，以在大甲出名的「裕珍馨大甲奶油酥餅」，每年到

【87】《民生報》，2004-04-07。

【88】郭宜瑄，〈宗教是門好生意媽祖出巡財神報到〉，《新新聞》，895期，頁82-84。

了三、四月份，特別把最受歡迎的奶油酥餅外盒印上媽祖出巡地圖，而平常的餅盒上也都印製大甲鎮瀾宮的外貌圖畫，並且配合大甲媽祖進香，舉辦各項文化活動。當然其他的餅店也都跟進裕珍馨將封面印上大甲鎮瀾宮的外貌，而小林煎餅，除了將大甲媽祖進香的圖像印於產品外包裝之上，也將其煎餅上烙印大甲媽祖進香的相關圖像。而大甲鎮瀾宮附近甚至就有一家以「大甲媽」為名的餅店，以及一家也以「大甲媽」為名的小吃店。近期不少廠商與鎮瀾宮合作推出平安米與平安油等相關產品。

（五）產品與服務行銷

　　另外一種是提供其產品或服務，來作為促銷的手段，最常見的是飲料公司提供相關飲料的飲用，來作為產品的促銷，尤其以提神飲料與酒類產品的促銷為主，不過當然也有些提供飲料，該產品與該公司並無直接關係，而是作「形象行銷」，塑造整體的公司形象[89]。而某家藥品公司也提供其酸痛貼布給信徒，另外統一速達（黑貓宅急便），也在進香中提供「免費」的換洗衣物宅配服務，以及將信徒相關物品寄回大甲的服務[90]。

（六）觀光與旅遊

　　在觀光與旅遊上的應用，應該以台中縣政府利用大甲媽

【89】筆者調查到中華電信、東信電信、台灣大哥大、泛亞電信、宅急便、裕隆汽車、中華汽車、中天新聞等團體。

【90】《民生報》，2005-04-09。

祖進香，舉辦媽祖文化節為最主要的觀光化應用，以大甲媽祖
進香為中心舉辦各項活動，促銷整體台中縣的觀光發展，而
2005年台中縣政府更將參與進香活動「旅遊商品化」，以參與
大甲媽祖進香，來「僂轎腳」作為主要的宣傳。當然大甲地區
目前也積極整合相關資源，以參拜大甲鎮瀾宮為賣點之一，發
展周遭的觀光套裝行程。

（七）大甲媽祖的相關商品

　　大甲媽祖的相關產品則是大多由鎮瀾宮推出，每年都會
推出Ｔ恤、外套、帽子、紀念金牌等產品，每年也與郵局推出
媽祖紀念郵票，近期還將香火袋等精緻化，推出「寶瓶祈福御
守袋」和「功名利祿御守袋」等隨身攜帶的護身符。而隨著鎮
瀾宮將地下室開發為金媽祖的展示館，在地下室也設立紀念品
的販賣部，更將「商品線」多元化，除了金媽祖的各項仿製神
像、照片，也將鎮瀾宮或大甲媽祖的相關圖像印置在印章、名
片盒、相框等上面，且在2005年也與電影公司合作拍攝動畫電
影「媽祖的故事」，並將媽祖與千里眼、順風耳卡通化，推出
衣服、公仔（塑膠玩偶）等產品。後續相關的廠商也合作開發
香水、手錶、mp3、包包等相關周邊產品。

圖 6-8 「媽祖的故事」公仔（塑膠玩偶）產品

圖 6-9　高粱酒產品

圖 6-10　相關紀念品

圖 6-11　信用卡

圖 6-12　手機

圖 6-13　相關紀念品

二、作為商業符碼的大甲媽祖

大甲媽祖在商業上的應用，一種是作為「產品代言神」，一個是將大甲媽祖作為一個商業符碼上應用在商品上，另一種是則是將大甲媽祖的象徵商品化，透過這些方式，來達到其商業促銷的目的。

（一）「產品代言神」

廠商運用名人來作為代言，是在商業行銷與廣告上常見的手法，其主要的目的為二，一個是名人的知名度，或讓商品有更高的被注意度，另一個是希望將民眾對於名人的支持，轉化為對於產品的支持，如果將這樣的方式來看廠商運用大甲媽祖的相關符號來做為廣告宣傳之用，媽祖不就成為一個「產品代言神」，當然大甲媽祖不可能真的出來為產品代言，但是透過大甲媽祖相關符號的運用，讓民眾注意該產品，尤其是引起信徒的注意，而廠商也企圖將其宗教認同轉化為商品的認同。

而除此之外，大甲媽祖因為擁有高度的靈驗能力，透過與媽祖相關的符號，與其相連，產生對產品的認同，以台中商業銀行推出的「媽祖平安卡」為例，其以大甲媽祖為宣傳重點，以「媽祖」為名字的一部份，希望能夠吸引信徒對於該產品的認同，另一部份「平安」，則是與大甲媽祖的形象與保佑作為連結，另外刷卡金額固定捐出一定百分比給鎮瀾宮，這也都強化對「媽祖」與該信用卡的連結。

（二）產品的媽祖符號與「商品化」

傳統大甲媽祖靈力的象徵，必須透過香火袋、符令等主要的方式來達成，但是台灣民間信仰的儀式具有高度的自由性，信徒對於靈力的象徵，某物只要透過儀式，就一樣具有媽祖的靈力。就符號學（semiotics）來看，媽祖的靈力或保佑是一種符號（sign），而物品等各種象徵是意符（signifier）【91】，而相關的儀式過程，可將其視為編碼（encoded）的過程。

圖 6-14　媽祖靈力從符號到意符示意圖

透過符號學（semiotics）來理解媽祖靈力被賦予到物質上的這個過程，信徒可以透過這樣的方式，創造媽祖靈力的象徵，當然廠商也可以透過這樣的方式來創造屬於媽祖的靈力的象徵，刻有媽祖神像的手機，有過媽祖的香煙，同樣也可擁有媽祖靈力，而商業機構透過不斷的商業宣傳，更會加深信徒的印象，相信這樣也是可以擁有媽祖靈力的保佑。

【91】 符號的物質形式，指的是代表符號的實際物質。

圖 6-15　與體委會共同舉辦慢跑

圖 6-16　經濟部紡拓會的走秀

　　擁有大甲媽祖的相關商品，因為「我」信仰，所以「我」擁有一定的認同，布希亞就認為購買者，透過展示自己所買的物品，創造並保持一種認同【92】，同樣的信徒透過購買大甲媽祖的相關物品，使用或穿著，帶代表一種展示與認同，

【92】 Robert Bocock著，張君玫、黃鵬仁譯，《消費》，巨流出版社，1996，頁105。

認同我是屬於這個信仰族群的一份子。

（三）政府的行銷運用

　　除鎮瀾宮與信徒會使用媽祖形象之外，政府會運用大甲媽祖的形象來做為自己政策或活動的行銷，運用最多當然是媽祖文化節與台中縣的觀光宣傳，中央政府拍攝宣傳台灣民俗的節目時，大甲媽祖也是一個重要的拍攝對象。

　　另外經濟部與紡拓會為拓展台灣紡織與運動用品產業的推廣，於2007、2008兩年與大甲鎮瀾宮舉辦相關的推展活動，並請來名模走秀【93】，吸引媒體的報導；而體委會也將相關慢跑與自行車等運動推廣活動與大甲鎮瀾宮合作，推廣全民運動的相關政策。

三、大甲媽祖對於大甲區域觀光與商業的影響

　　大甲媽祖除了在宗教信仰，對於大甲地區居民發揮心靈慰藉的作用，隨著大量的香客進入大甲，更讓大甲媽祖為大甲地區發展觀光產業，發揮相當的助益，讓大甲媽祖除了在宗教之外，也能在商業活動上發揮另外的影響力。

（一）大甲媽祖觀光文化節

　　大甲媽祖在商業發揮其影響力，最重要在於人潮的吸

【93】 這也引起部分人士批評媽祖商業化，只是大家都只注意到浮面的報導，沒有注意到鎮瀾宮與經濟部藉此推銷台灣設計的商品的用心。

引，每年大甲媽祖進香期間會帶來大量的信徒與觀光客，尤其
大甲媽祖進香被台中縣政府當作觀光文化節的活動來舉辦時，
吸引大量的觀光前來，而這樣當然也會帶來大量的觀光效益。
根據台中縣政府委託台中縣稅捐稽徵處進行媽祖文化節的商機
評估，以2003年在媽祖國際觀光節活動的三、四月期間，台中
縣整體商家營業稅額就較前後月份成長了35.7％，其中清水與
大甲的成長比也分別達38.18％及24.6％【94】。

　　上述的統計資料，雖然不乏縣政府高度評估自己文化節
效益，作為自己政績的嫌疑，但是卻難以否認，舉辦觀光文化
節所帶來的效益，而大甲媽祖進香作為觀光文化節的主題，成
為發展觀光活動的資源，讓大甲媽祖除了宗教影響之外，也擴
展到觀光的領域【95】。

（二）鎮瀾宮週遭產業的變化與深度觀光的嘗試

　　除在進香期間所帶來的人潮之外，隨著大甲媽祖信仰的
拓展，非進香期間時候來大甲鎮瀾宮進香的香客，也越來越
多，亦對大鎮瀾宮地區的商業帶來影響。隨著鎮瀾宮的發展，
大甲市區發展出以鎮瀾宮為中心的觀光產業街道，在鎮瀾宮前
面的順天路與後面鎮瀾街，形成以販售大甲地方特產，如大甲
奶油酥餅與芋頭酥等的商店街道，而且越來越多商家的設立，

【94】台中縣文化局，《2004台中縣大甲媽祖國際觀光文化節成果專輯》，頁
　　　33-34。
【95】近十年每年都會有期刊與碩士論文分析觀光節的效益，但其方式與目的不
　　　同，無法作歷時性的比較，需詳細資訊者，可參見這些報告。

也開始出現以服務觀光客為主要對象的飲食店，以訴求大甲特
產為主要的販售商品。而觀光產業的商家分佈，有越來越多，
以及向外延伸發展的趨勢。

　　大甲地區也開始試圖發展深度觀光，相關的套裝行程，
大甲媽祖也成為他們的賣點。一個是對大甲媽祖的信徒，進行
觀光套裝行程的推展，讓前來進香的信徒，可以除了宗教活動
之外，也可以進行相關觀光休閒活動；另外一個則是藉著大甲
媽祖的高知名度，來促銷這樣的套裝行程，在行程中安排大甲
鎮瀾宮的參拜行程，借此吸引觀光客參與【96】。

小結：現代需求下的宗教文化

　　1970年代台灣文化界興起重視台灣本土文化的風潮，而
不是只有國民黨政府統治台灣時，所強調的中華文化而已，這
時候許多媒體與文化界開始注意台灣的民俗，台灣許多傳統民
俗都受到注目，大甲媽祖進香也在這時受到注意，1987年台灣
開始民主化，解除政治與媒體上的各種管制，台灣在政治、文
化、經濟、媒體上有著劇烈的變化，大甲媽祖信仰也受到台灣
社會影響而改變，而這樣的改變也反應台灣對於宗教信仰的
集體需求與思維的轉變【97】。這樣劇烈的轉變，隨著兩岸的交
往，也影響兩岸的媽祖信仰。

【96】訪問大甲觀光產業促進協會理事郭敬學。

【97】當然這樣的轉變鎮瀾宮不是唯一的，進香深受社會脈動所影響，但鎮瀾宮
　　所受的影響，卻是最顯著的例子，甚至成為學習或是批評的對象。

第七章　結　論：
信仰與社會的交錯

　　民間廟宇在地方上扮演多重的角色，是地區的信仰中心，也可以是經濟或政治中心，具備多種功能。其隨著不同時代的需求，透過不同的方式來滿足這些需求。本文透過大甲媽祖的例子，說明戰後時期，廟宇與地方社會的，以及與文化、媒體、商業等網絡交互影響，以及在現代社會中所扮演的多元角色。

一、從地方躍起：戰後大甲媽祖信仰發展的因素

　　戰後大甲媽祖除了在台灣快速發展，引起社會各界的注意，其影響力也開始向外延伸，本研究認為有幾個重要的因素，讓大甲媽祖在戰後迅速發展。

（一）進香儀式的推展

　　進香是戰後大甲媽祖信仰擴展的重要方式，進香讓大甲媽祖得以展示神威，將信仰跨越大甲社區，向外進行傳播，並且吸引大量信徒與資源，透過進香規模的拓展，讓大甲媽祖信仰傳播出去，並擁有大量的信徒。

（二）信徒組織的成長

　　信徒有組織的參與進香，可以有穩定基礎的信徒，可以結構化的進行信仰行為，如進香、捐獻等。而這些信徒多數具有靈驗經驗，透過其靈驗經驗的敘述，吸引其他的民眾前來參與，成為大甲媽祖信仰擴展的「傳教士」；越來越龐大的「信徒組織」，就像制度宗教的教團組織，成為大甲媽祖信仰傳教組織。

（三）媒體行銷的運用

　　在現代社會，媒體具有高度的影響力與傳播力，透過媒體，資訊被快速與容易的流通，大甲媽祖信仰的擴展，與大甲鎮瀾宮運用媒體行銷，也有高度的關係。媒體對於進香儀式的報導，讓一般民眾對於進香活動相當熟悉，讓大甲媽祖知名度大增，而報導中呈現信徒的虔誠情況，或是報導信徒的神蹟故事，也讓一般無法到現場的民眾，「看到」大甲媽祖的「靈驗」，而強化對媽祖的信仰，同時吸引非信徒前來參與進香，或是讓民眾到鎮瀾宮參拜，進而擁有自己的靈驗經驗。現代媒體的傳播，讓必須實際參與或是限於社區網絡內的宗教體驗，透過報導，輕易且快速的傳播。

（四）管理成員的經營

　　大甲媽祖在戰後的傳播，除宗教的靈驗之外，另一個重要的原因，是因為鎮瀾宮管理階層的經營，鎮瀾宮因為在建廟歷史與古蹟上，無法與台灣其他較早建立的寺廟比較，所以其管理成員，除運用原本傳統廟宇的經營模式，更是符合時代脈動，引進現代企業管理與行銷的概念，透過多元的行銷網絡，與不斷操作相關議題、精緻化各項儀式等行銷手法推出各項議題。從早期的學習，到後期的帶領風潮，成功地將鎮瀾宮的知名度與影響力推向一個高峰。也將鎮瀾宮從地方性廟宇推展到全台，甚至是國際的舞台之上，透過這些行銷手法與積極的經營，讓大甲媽祖成為戰後台灣媽祖的新代表之一。

二、儀式與信仰：鎮瀾宮與進香活動的「同步發展」

　　進香活動帶動大甲媽祖信仰的發展，當然也帶動大甲媽祖符號主要的掌控者鎮瀾宮的發展。進香的活動發展，同時帶動大甲媽祖信仰網絡的拓展，也讓這個符號，最主要的掌控者影響力增大，我們以下圖來說明進香活動與相關網絡發展的情形。

（一）進香是大甲媽祖信仰主要傳播方式與重要載體

　　台灣的民間信仰沒有固定的信條與教意，也沒有固定的傳教組織，民間信仰的傳播幾乎都必須透過信仰儀式活動，大甲媽祖就是透過其進香活動來作為其主要的信仰傳播方式。透過儀式建構大甲媽祖信仰，也成為「大甲媽祖」這個符碼的重

要載體，而進香活動對於大甲媽祖信仰有幾項重要的功能：第一是信仰上的體現與實踐，第二是透過儀式建構信仰的內涵與地位，第三是透過活動進行資源整合，結合人群與展現力量，第四是透過這些活動傳播信仰【1】。

　　進香活動讓靈驗經驗，不限制在大甲這個社區之內，得以傳播。進香也是展現大甲媽祖「形象」建構的重要場域，從北港進香到遶境進香，大甲媽祖從接引香火、需要補充靈力的地方女神，轉變成可以輸出靈力，保佑所經區域的保護女神，重新開啟以大甲為中心的宗教紀元。

（二）進香讓鎮瀾宮得以整合信徒與資源

　　大甲媽祖進香成為其信徒活動的主要場域，所有的信徒組織都因要參與進香，而開始組成，並逐漸組織化及成長，透過組織聚集資源，成為拓展大甲媽祖信仰的重要推力。信徒組織與進香活動的成長同步，信徒組織的壯大帶動進香的成長，提供進香活動龐大的人力資源，以及吸引更多信徒前來參與；而進香活動的擴大，也帶來大量的信徒與資源，讓信徒組織成長。

　　而這些信徒組織的組成與發展，又與大甲媽祖信仰的推展與鎮瀾宮勢力的拓展有很大的關係，透過這些組織得以支撐大甲媽祖信仰的活動與傳播，而鎮瀾宮也倚靠信徒組織，成立「台灣媽祖聯誼會」，企圖透過成立跨公廟的組織，進一步擴大自己的勢力。

【1】詳請第三章的小結。

（三）進香是鎮瀾宮重要的資源網絡

進香活動的發展與擴大，其相關網絡發展也隨之增大，首先鎮瀾宮管理成員的變化，從地方仕紳轉變成商人為主的地方政治人物，再轉變到中央級的政治人物，第二個是信徒組織從非固定到固定，從大甲地區漸漸對外拓展，而形成全台，甚至跨越台海的影響力。政治人物的參與以及與政治的互動，也從地方政治擴展到中央政治，甚至成為兩岸的政治角力場之一，而媒體的報導，也從地方媒體的報導到全台，甚至引起國際媒體的注意，而與商業的互動，也是從地方到全台的影響，這些都是進香活動的發展，所帶來整體網絡的擴大，而這個網絡的核心－鎮瀾宮，也隨之影響力大增。

（四）進香與鎮瀾宮成為地方勢力的重要網絡

廟宇是地方仕紳的重要資源網路，統治者企圖透過廟宇控制地方社會，地方仕紳企圖控制廟宇來維持地方安寧以及本身的利益，透過鎮瀾宮廟務參與成員的轉變，以及與地方政治的糾纏，也代表地方社會「仕紳」的改變，從地方家族、大商家等經濟或文化的掌控者，轉變成實際在政治上掌控的人。

戰後鎮瀾宮管理成員，發現進香活動的利益龐大，便介入進香活動的經營，因為透過進香活動，可以拓展廟方勢力，也可以掌握龐大的資源與人脈，所以鎮瀾宮的管理者透過進香活動作為擴張勢力的重心，也是使自己掌握權力的重心。而鎮瀾宮參與廟務的人員，從地方仕紳轉變成商人與地方政治人物，後來又轉成為單一政治集團的主導模式，鎮瀾宮隨著不同的參與人員，其主要的目的也不一，但是財團法人化後，地方

政治人物積極介入，企圖掌控鎮瀾宮龐大的資源，並透過這些資源轉化成自己的政治資本，讓鎮瀾宮成為地方政治勢力網絡的一環。

三、現代民間信仰的現象：以鎮瀾宮為例的思考

　　戰後大甲媽祖與社會的互動，是近代台灣民間信仰研究的重要案例，但鎮瀾宮的眾多研究中，都可證實宗教與社會複雜的互動，鎮瀾宮擁有龐大的信徒與資源，為全台注目的寺廟。而從鎮瀾宮的例子可以初步得出戰後台灣民間信仰與政治的互動趨勢。

（一）節慶化與活動化

　　1970年代台灣文化界興起重視台灣本土文化的風潮，而不是只有國民黨政府統治台灣時，所強調的中華文化而已，這時候許多媒體與文化界開始注意台灣的民俗，台灣許多傳統民俗都受到注目，而文建會成立，所舉辦的地方文藝季將地方節慶與民俗轉變成文化活動。而將民間信仰活動節慶化與活動化，主要有兩個主導不同的思考。

　　第一個是儀式主導者，如廟方或是神明會等主辦單位，將民間信仰節慶化或活動化，例如「某某季」、「某某文化活動」、「某某文化節」等，早期則是避免政府將儀式活動視為迷信，而加以干預，所以早期東港迎王、西港刈香都以慶祝國慶或是總統華誕民俗活動為名舉辦，鎮瀾宮的進香看板上，也曾書寫著弘揚中華文化等標題。現代則是因為冠上這些名義即

可以申請政府的相關補助，所以常見寺廟儀式冠上某某文化，但卻只作布條，一切不變的現象。

現代寺廟也將傳統儀式節慶化，或甚至創造節慶或文化活動，現代社會，除信仰靈驗之外，活動行銷也變成重要的一環，活動吸引更多信徒參與，當然也可以從中獲取利益。而寺廟彼此的競爭，也讓儀式活動化的情況越來越多。

另一個重要因素是政府的舉辦。如大甲媽祖進香，各級政府將其節慶化與觀光活動化，配合舉辦各項活動，吸引觀光客。民間信仰從「迷信」到「民俗活動」到「文化資產」，隨著不同的時代，從「禁止」到「輔導」，到現在的「節慶化」，政府對於民間信仰的態度有很大的轉變。這些改變，除代表對本土文化的重視之外，也因為選票與政績考量，現成的宗教節慶，容易轉變成文化活動，達到政府的相關目的，除配合傳統節慶舉辦外，更可以「創造」，例如台北與彰化的媽祖文化節，透過與宗教信仰的結合，成為政績與資源整合。

（二）文化創意與商業行銷

大甲媽祖在商業上的應用，一種是作為「產品代言神」，一個是將大甲媽祖作為一個商業符碼應用在商品，將大甲媽祖的象徵商品化，透過這些方式，來達到其商業促銷的目的，透過所買的物品，希望獲得保佑，或是創造並保持認同。在台灣民間信仰上這樣的案例越來越多，也形成一種趨勢，甚至形成一種新的文化創意產業，每一間寺廟都會有專屬的商品，甚至是「商品專櫃」。

（三）政治與地方勢力

　　寺廟是權力展示以及運作的中心，但隨著台灣經濟的發展，以及對於本土文化的重視，寺廟擁有龐大的資源，這些資源有物質、人脈、儀式、媒體等幾種，物質是每年寺廟的香油收入，對外的補助與舉辦活動，人脈是指各種信徒組織，儀式是指各項慶典活動，媒體是指新聞報導。讓寺廟管理者擁有各種實際的資源，所以四項都有豐富資源的廟宇，常常是地方勢力競逐的場域。

　　寺廟為爭取地方支持的重要場域，參與儀式就是一個重要的過程，以前台灣政治人物鮮少參與宗教儀式活動，現在參加宗教儀式是政治人物重要的行程安排。而政治人物為什麼來參與儀式活動，重要的是「被看見」，儀式因為群眾的聚集、媒體的報導，都可以被看見，一種是「與你同在」的認同建立，成為常見的現象。

（四）媒體與網路的影響

　　大甲鎮瀾宮運用媒體成功的例子，成為各廟仿效的對象，讓台灣各廟重視媒體的運用。而媒體報導形成熱潮，讓更多人參與各式信仰活動，而其他本土節目的專題報導，更讓民間文化覺得被看見，獲得重視，進而建立自己的自信心。這樣的熱潮也蔓延網路上，隨著網路的發達，與攝影設備的低價化，讓民間信仰在網路上也是熱門的話題，形成獨特網路文化。

　　媒體與網路的發展，讓民間信仰的知識與資訊，得以快速流通，但媒體與網路的報導，有時過度「簡化」信仰意涵，

形成「速食」的流行，形成一種表象化的儀式行為，甚至充滿「偽知識」，都是媒體與網路的影響。

（五）本土文化的象徵

　　台灣長期處於被外來文化殖民的情況，一直積極尋找作為自己文化的象徵，各種民俗活動也成為一種認同象徵，尤其近代以身體勞動（步行、工作等）貼近文化，一種身體實踐風潮在台灣興起，受媒體矚目的大甲媽祖進香、白沙屯媽祖進香成為一種新台灣的文化象徵之一。在此風潮之下，不管是政府的各項文宣、學生的課本，民間信仰都成為重要的「台灣」文化之一，尤其近十年興起體驗本土文化的風潮，吸引參與體驗各式民俗活動。

參考資料

一、專書

Robert Bocock、張君玫、黃鵬仁譯《消費》，巨流出版社，1996。

大甲鎮瀾宮管理委員會編印《大甲鎮瀾宮志》，大甲鎮瀾宮管理委員會編印1974。

大甲媽祖教師研習團編《民俗與文化：台中縣大甲媽祖文化節專刊》，淡南民俗文化研究會，2005。

大安鄉公所《大安鄉志》，大安鄉公所，1989。

王見川、李世偉合著《台灣媽祖廟閱覽》，博揚文化，2000。
《臺灣的民間宗教與信仰》，博揚文化，2000。

王嵩山《扮仙與作戲》，稻鄉出版社，1997。
《集體知識.信仰與工藝》，稻鄉出版社，1999。

中華媽祖文化交流協會《中華媽祖文化》，中華媽祖文化交流協會，未著出版日期。

林美容《媽祖信仰與漢人社會》，中國哈爾濱：黑龍江人民出版社，2003。
《媽祖信仰與臺灣社會》，台北：博揚文化，2006

林美容主編《信仰、儀式與社會》，中研院民族所發行，2002。

林美容、張珣、蔡相煇編《媽祖信仰的發展與變遷：媽祖信仰與現代社會國際研討會論文集》，財團法人北港朝天宮，2003。

林德政主修《新港奉天宮志》，財團法人新港奉天宮，1993。

李露露《媽祖神韵：從民女到海神》，北京學苑出版社，2003。

台中縣立文化中心《大甲媽祖進香》，台中縣立文化中心，1988初版、1992再版。

台中縣文化局《大甲媽祖遶境進香》，台中縣文化局，2001。
《文化傳承－大甲媽祖遶境進香》，台中縣文化局，2002。
《2004台中縣大甲媽祖文化節成果專輯》，台中縣文化局，2004。
《2004大甲媽祖國際學術研討會會議資料冊》，台中縣文化局，2004。
《2005大甲媽祖國際學術研討會會議資料冊》，台中縣文化局，2005。

何鳳嬌編《台灣省警務檔案彙編民俗宗教篇》，國史館，1996。

卓克華《從寺廟發現歷史：台灣寺廟文獻之解讀與意涵》，揚智文化，2003。

黃美英《千年媽祖——湄洲到台灣》，人間出版社，1988。
《台灣媽祖的香火與儀式》，自立晚報社發行，1994年。

黃仁、王唯《台灣電影百年史話》，中華影評人協會出版，2004。

黃應貴主編《人觀、意義與社會》，中研院民族所發行，1993。
《空間、力與社會》，中研院民族所發行，1995。
《時間、歷史與記憶》，中研院民族所發行，1999。

黃應貴、陳文德主編《「社群」研究的省思》，中研院民族所，2002。

黃敦厚、洪瑩發《臺灣瘋媽祖-大甲媽祖遶境進香》，博陽文化出版，2009。

陳麟書等主編《宗教學原理》，中國北京：宗教文化出版社，2004。

張珣《文化媽祖－台灣媽祖信仰研究論文集》，中央研究院民族學研究所，2003。
《媽祖‧信仰的追尋》，台北：博揚文化，2008。

張珣、江燦騰主編《當代臺灣本土宗教研究導論》，南天出版社，2001。
《臺灣本土宗教研究的新視野和新思維》，南天出版社，2003。

張珣、黃敦厚、洪瑩發《大甲媽祖進香的儀式與祭典》，大甲鎮公所出版，2007。

張慶宗等著《鎮瀾宮之旅：戲看鎮瀾宮的建築裝飾藝術》，中縣鄉土自然學會出版，1999。
《發現道卡斯：大甲村莊史一》，台中縣大甲鎮公所，2004。
《探訪大安：尋訪大安人文生態之美》，台中縣大安鄉公所，2002。

張勝彥等人編著《外埔鄉志》，台中縣外埔鄉公所，2002。
《台中縣志》，〈選舉志〉、〈政制志〉，臺中縣政府，1989。

蔡相煇編《大甲媽祖停止往北港進香史料彙編》，笨港媽祖文教基金會，1993。

財團法人大甲鎮瀾宮《財團法人大甲鎮瀾宮戊辰年慶成祈安清醮專輯》，財團法人大甲鎮瀾宮，1989，董振雄策劃，多人合著。

財團法人北港朝天宮、台灣省文獻會《媽祖信仰國際學術論文集》，財團法人北港朝天宮，1997。

財團法人南投縣文化基金會編印《埔里開發的故事——平埔現況調查報導》，財團法人南投縣文化基金會編印，1999。

郭應哲《一個被遺忘的武術原鄉：大甲：2001年台中縣大甲媽祖文化節成果專輯》，臺中縣立港區藝術中心，2002年。

趙世瑜《狂歡與日常──明清以來的廟會與民間社會》，中國北京三聯書店，2002。

董振雄《心靈原鄉：大甲媽進香行》，台中縣立文化中心發行，2003年3月出版。
《心靈原鄉：大甲媽新港行》，台中縣立文化中心發行，2003年3月出版。
《心靈原鄉：大甲媽湄洲行》，台中縣立文化中心發行，2003年3月出版。

澳門中華媽祖基金會《媽祖文化研究－第一屆媽祖文化研究獎得獎作品集》，澳門中華媽祖基金會，2005。

鄭麗航、蔣維錟主編《媽祖研究資料目錄索引》，中國福州海風出版社，2004。

二、學位論文

王貞云《公共廟宇組織變遷之研究－天壇、鹿耳門天后宮的個案分析》，暨南國際大學社會政策與社會工作學系碩士論文。

林政璋《台灣與福建湄洲媽祖進香交流研究》，淡江大學大陸研究所碩士論文。

汪玉頻《民俗節慶活動運用整合行銷傳播之研究：以大甲媽祖文化節為例》，世新大學傳播研究所碩士論文。

洪晟晏《從宗教法規分析台灣宗教與民間信仰－以媽祖信仰之檢討為例》，國立臺灣大學國家發展研究所碩士論文。

姚文琦《台灣媽祖信仰的進香態度及其變遷-從信眾的觀點進行觀察》,世新大學社會發展研究所碩士論文。

黃美英《權力與情感的交融:媽祖香火儀式的分析》,清華大學社會人類學研究所碩士論文。

黃敦厚《台灣媽祖文化語彙全紀錄》,國立中興大學中國文學系碩士在職專班碩士論文。

趙淑芬《大甲媽祖進香儀式中刺繡文物研究》,國立臺北藝術大傳統藝術研究所碩士論文。

許谷鳴《神性、溝通、與詮釋--媽祖信仰叢結的社會交往》,南華大學亞洲太平洋研究所碩士論文。

游蕙芬《社會的延續、情感交融與認同—白沙屯媽祖進香儀式象徵意義體系之分析》,國立清華大學社會人類學研究所碩士論文。

蔡金蓉《「跨部落」的祭祀活動及其人群結合:以雲林縣「國姓公過股」為例》,國立清華大學社會人類學研究所碩士論文。

曾月吟《日據時期朝天宮與北港地區之發展》,國立中正大學歷史研究所碩士論文。

何鴻明〈媽祖信仰與地方政治生態互動模式之研究—以大甲鎮瀾宮人事組織與選舉方式為中心考察〉,東海大學政治學系碩士論文。

黃俊嘉〈文化慶典之文化涵構與商品鏈互動關係研究—以大甲媽祖遶境進香活動為例〉,朝陽科技大學建築及都市設計研究所碩士論文。

三、期刊論文、會議論文、單篇文章

Joseph Bosco，韓世芳翻譯〈天后宮之重建與活力：台灣與香港比較研究〉，收錄於林美容、張珣、蔡相煇編，《媽祖信仰的發展與變遷：媽祖信仰與現代社會國際研討會論文集》，雲林：財團法人北港朝天宮，2003。

James Watson〈神的標準化：中國南方沿海地區對崇拜天后的鼓勵〉，《中國大眾宗教》，中國：江蘇人民出版社，2006，頁57-92。

Paul Katz, Religion and the State in Postwar Taiwan." The China Quarterly, 174, pp. 395-412, 2003。

三尾裕子〈從兩岸媽祖廟的交流來談台灣的民族主義〉，收錄於林美容、張珣、蔡相煇編，《媽祖信仰的發展與變遷：媽祖信仰與現代社會國際研討會論文集》，雲林：財團法人北港朝天宮，2003。

王見川〈日據時期的彰化南瑤宮與臺南大天后宮--兼談藝閣廣告化問題〉，《臺灣宗教學會通訊》，5期。

王嵩山〈從進香活動看民間信仰與儀式〉，《民俗曲藝》25期。
〈戲曲與宗教活動－大甲進香之例〉，《民俗曲藝》，25期。

王靜儀〈台中縣地方派系之形成背景與組織架構（1951－1987）〉，《台灣文獻》第五十四卷第三期。

王墨林〈把湄洲媽祖迎回家：大甲鎮瀾宮探訪媽祖的故鄉〉，《人間》，26期。

王永泰〈寧靜海：行腳大甲媽祖遶境進香〉，《張老師月刊》，258期。

王盛烈〈大甲、北港、新港媽祖廟簡介〉，《民俗曲藝》，53期。

李其西〈大甲鎮瀾宮民俗活動--建醮探討〉,《進修[推廣]部學士學位進修班獨立研究專輯》,3期。

林美容〈臺灣媽祖研究相關書目介紹〉,《台灣史料研究》,18期。

林清玄〈大甲媽祖回娘家〉,《時報週刊》,62期。

林彥辰等〈大甲鎮瀾宮的空間學〉,《社會科學中國文化》,2期。

林淑鈴〈重現超凡入聖之境:臺中縣媽祖廟之進香〉,《臺中縣開拓史學術研討會論文集》,臺中縣立文化中心。

林漢泉〈從區域性探討媽祖進香的現代意義:試觀大甲、北港與白沙屯媽祖進香〉,《三臺雜誌》,卷期:12期。

洪瑩發〈從朝聖到觀光與身體實踐:戰後的大甲媽祖進香〉,媽祖國際學術研討會─媽祖、民間信仰與文物,2009.5.23-2009.5.24,臺中縣文化局、逢甲大學歷史與文物管理研究所文主辦。
〈From Religious Pilgriamge to Tourism and Bodily Cultivation:Taiwan Dajia Mazu Pilgrimage〉,國Pilgrimages:historic routes, paths of faith, geographical itineraries研討會(Lourdes, September 17,18 and 19, 2008)。
〈戰後大甲鎮瀾宮的發展--以管理人員為中心的討論〉,《台灣文獻》,第五十八卷第一期,頁93-162,2007/3。
〈大甲媽祖進香神蹟傳說初探〉,《民俗與文化》,第一輯 台中縣大甲媽祖文化節專刊,頁75-86,2005/10。
〈大甲媽祖在地信徒組織的組成與發展〉,《民俗與文化》,第一輯 台中縣大甲媽祖文化節專刊,頁87-107,2005/10(洪瑩發、吳嘉瑜合著本人為第一作者)。
〈大甲媽祖進香之飲食文化初探〉,臺南大學《文化研究所學報》第二期,2005/1,頁275-297。
〈從海神到萬能之神─台灣媽祖信仰的轉變〉,海峽兩岸媽祖文化研討會(山東煙台長島),2006.9.25,山東煙台長島縣政府舉辦。
〈大甲媽祖進香神蹟傳說初探〉,中華媽祖文化學術論壇(中國天津

第三屆媽祖文化旅遊節），2006.9.21，天津市政府主辦。

〈食物與儀式：大甲媽祖進香中的飲食文化〉，2005大甲媽祖國際學術研討會，中縣文化局、靜宜大學舉辦，2005/4/30發表，頁2-3-12到2-3-16。

張珣〈台灣的媽祖信仰─研究回顧〉，《新史學》，6:4。

〈儀式與社會：大甲媽祖祭祀圈之擴大與變遷〉，刊於《信仰、儀式與社會》。

〈進香、刈香與朝聖宗教意函之分析〉，《人類與文化》，22期。

〈大甲鎮鎮瀾宮進香團內部的神明會團體〉，《民俗曲藝》。

〈大甲社區的研究：以媽祖進香活動為例〉。刊於《「社群」研究的省思》，陳文德、黃應貴主編。

〈臺灣民間信仰的組織─以大甲鎮鎮瀾宮進香組織為例〉，《中央研究院臺灣史田野研究通訊》，8期。

〈大甲鎮鎮瀾宮進香團內部的神明會團體〉，《民俗曲藝》，53期。

〈進香、割香與朝聖宗教意涵之分析〉，《人類與文化》，22。

〈台灣不同宗教的信徒與組織之比較研究〉《台大社會學刊》，17。

〈香客的時間經驗與超越：以大甲媽祖進香為例〉，《時間、歷史與記憶》黃應貴編，頁75-126。台北：中央研究院民族學研究所，1999。

〈大甲媽祖進香儀式空間的階層性〉，《空間、力與社會》，黃應貴主編，頁351-390。台北：中央研究院民族學研究所。

〈儀式與社會：大甲媽祖祭祀圈之擴大與變遷〉。刊於《信仰、儀式與社會》，林美容主編。台北：中央研究院民族學研究所。

2002〈大甲鎮瀾宮的進香組織與勢力〉。

《「台灣宗教研究與新趨勢」研討會》，台灣宗教協會主辦。

2000〈台灣民間信仰的組織─以大甲鎮鎮瀾宮進香組織為例〉，《「中國人與中國社會」研討會》，中央研究院民族學研究所與太平洋文化基金會合辦，1988。

〈分香與進香：媽祖信仰與人群的整合〉，《思與言》，33卷4期。

〈媽祖信仰在兩岸宗教交流中表現的特色〉，《兩岸宗教現況與展望》，學生書局出版。

〈進香儀式與臺中縣大甲地區的發展：兼論媽祖信仰與國家的關

係〉，區域再結構與文化再創造：一個跨學科的整合研究研討會會議論文，2005。

張家麟〈政教關係與兩岸宗教交流：以兩岸媽祖廟團體為焦點〉，《新世紀宗教研究》，1卷1期。

張慶宗〈鎮瀾宮：大甲地區五十三庄庄民精神的皈依〉，刊於《大甲風貌》，陳終明等編台中縣：鐵砧山青年社。

張慶宗，陳永騰〈大甲鎮瀾宮的肇建與北港進香〉，《臺灣文獻》，32:4。

楊美惠著、陳美華譯〈跨越台灣海峽的女神媽祖：國界、進香和衛星電視〉，《媽祖信仰的發展與變遷： 媽祖信仰與現代社會國際研討會論文集》。

梅慧玉〈「交陪境」與禮數：以台南市安平區的兩次醮儀為例〉，《台灣與福建社會文化研究論文集（三）》，中央研究院。

陳炎正〈神格分靈之爭，看媽祖進香的演變－－以大甲媽祖進香為例〉，《民俗曲藝》，53期。

陳維新〈信仰、懼怕與權力：以大甲進香為例〉，《民俗曲藝》，53期。
〈進香之界定：由象徵人類學的角度〉，《人類與文化》，25期。

陳繼先〈最後的群眾運動—大甲媽祖〉，《臺灣春秋》，22期。

陳怡真〈替媽祖婆「起新昔」：小鎮大甲逐漸脫離農村舊貌〉，《時報周刊》，136期。

陳金田〈天上聖母遶境〉，《臺灣風物》，33卷1期。

黃丁盛〈民俗臺灣：三月 媽祖（一）：大甲媽祖新港遶境〉，《攝影

天地》，215期。

黃嬿竹〈大甲媽祖進香記〉，《民俗曲藝》25期。

黃美英〈李亦園從宗教學觀點談朝聖進香〉，《民俗曲藝》，25期。
〈媽祖香火與神威的建構〉，《歷史月刊》，63期。
〈八千里路雲和月〉，《民俗曲藝》，2期。
〈大甲媽進香記〉，《民俗曲藝》，25期。
〈我送大甲媽回娘家〉，《綜合月刊》，5期。
〈媽祖香火與神威的建構〉，《歷史月刊》，卷63期。
〈香火與女人：媽祖信仰與儀式的性別意涵〉，《寺廟與民間文化研討會論文集》，漢學研究中心編。

黃敦厚〈大甲媽祖進香源流初探〉，《民俗曲藝》，103期。
〈大甲媽祖對外進香初考〉，收於《大甲媽祖遶境進香》一書，台中縣文化局發行。
〈大甲迎媽祖新史料〈金萬和郊〉帳冊的發現〉，《台灣宗教研究通訊》，第六期。
〈大甲鎮瀾宮往湄洲媽祖祖廟進香的影響〉，發表於2004中國湄洲媽祖學術研討會。

周金琰、林玉美〈湄洲媽祖廟〉，《世界媽祖廟大全》，頁24，2003。

周文輝、劉永玉〈神同源、人同根－台灣大甲鎮瀾宮謁祖進香側記〉，《台聲雜誌》，2000年9月號。

邱家宜〈一道厚厚的黑影籠罩著大甲媽祖婆〉、《新新聞》、第582期。

郭宜瑄〈宗教是門好生意媽祖出巡財神報到〉，《新新聞》，895期。

蔡明憲〈大甲鎮瀾宮廟埕露店滄桑史初探〉，收錄於《發現道卡斯：

大甲村莊史一》，頁135—153，台中：大甲鎮公所。

曾文邦〈大甲媽祖遶境進香〉，《臺灣春秋》，22期。

高琇蘭〈大甲鎮的精神堡壘：鎮瀾宮簡介〉，《臺灣風物》，29:2。

蘇俊郎〈媽祖的腳步：從大甲到北港〉，《綜合月刊》，4期。

臺灣源流編輯部〈「大甲媽」遶境進香〉，《臺灣源流》，2期。

余清安〈鎮瀾宮--大甲人的精神堡壘〉，《道教學探索》，4期。

柯金源〈臺灣的媽祖信仰--談大甲媽祖遶境祈福〉，《漢家雜誌》，50期。

康依倫〈大甲媽祖出巡付錢給TVBS轉播〉，《新新聞》，582期。

廖嘉展〈八十三年度大甲媽祖遶境新港進香活動「垃圾減量資源回收」淨港計劃〉，《老鎮新生：新港的故事》，遠流，頁碼:241-250。〈環保若作好媽祖會呵□〉，《老鎮新生：新港的故事》，遠流出版，頁163-174。

劉還月〈我們有信仰卻不謁祖：大甲媽祖進香的隨想與爭執風波探究〉，《臺灣的歲節祭祀》，頁碼:43-59，自立晚報社。

賴臺生〈大甲媽祖到新港〉，《臺灣月刊》，卷期:125期。

董振雄〈大甲鎮瀾宮戊辰年天上聖母遶境進香記〉，《民俗曲藝》，53期。

四、鎮瀾宮簡介、工作手冊、會議手冊、自行編制之資料

大甲地區機車同業公會91年《會議手冊》，大甲地區機車同業公會，2002。

93年《會議手冊》，大甲地區機車同業公會，2004。

大甲鎮瀾宮神童團名冊《大甲鎮瀾宮神童團名冊》，大甲鎮瀾宮神童團，2003。

李火塗編制《大甲鎮瀾宮天上聖母分靈登記簿》，編者自編，收錄民國75-81年分靈資料。

朱瑞雍《大甲鎮志》人物篇初稿，（稿件審理中，作者先生提供）。

台灣媽祖聯誼會《台灣媽祖聯誼會》，台灣媽祖聯誼會，2001。

財團法人大甲鎮瀾宮《財團法人大甲鎮瀾宮歲次戊辰年慶成祈安清醮參觀手冊》，未注明年代。

《大甲鎮瀾宮》簡介，第五屆董監事時代發行，未注明年代。

《大甲鎮瀾宮》簡介，第六屆董監事時代發行，未注明年代。

《大甲鎮瀾宮》簡介，第七屆董監事時代發行，未注明年代。

《大甲鎮瀾宮簡介》，（民國七十三年版）。

《大甲鎮瀾宮》簡介小冊（民國七十七）。

《財團法人大甲鎮瀾宮第四屆董監事宣誓就職董事長交接典禮紀念特刊》，1990。

《財團法人大甲鎮瀾宮第五屆董監事宣誓就職董事長交接典禮紀念特刊》，1994。

《民國92年往鎮瀾宮進香進香宮廟名冊》，2004、廟方編製之統計資料。歷年大甲媽祖進香工作手冊。

台中天上聖母會《大甲鎮瀾宮上上聖母往新港遶境進香台中天上聖母會活動策劃手冊》，台中天上聖母會，2002。

臺中縣文化局《亞洲媽祖面面觀學術交流座談會會議手冊》，臺中縣文化局，2003。

《媒體人民俗文化營手冊》，臺中縣文化局，2004。
《媽祖文化節教師研習營研習手冊》，臺中縣文化局，2004。
《媒體人民俗文化營手冊》，臺中縣文化局，2005。

郭傳芳《大甲首任鎮長郭金焜先生傳記》，自印，未著年代。

吳志仁《大甲鎮瀾宮沿革》，1956年未著出版者，手寫稿，筆者取得為影印本。

黃敦厚等〈2005大甲媽祖教師研習團行前手冊〉，大甲媽祖教師研習團行前手冊，2005。

基隆聖安宮管理委員會〈謁祖進香團活動策劃資料冊〉，基隆聖安宮管理委員會，2004。

五、報紙資料

《中國時報》，多篇引用，詳見註釋。《民生報》，多篇引用，詳見註釋。
《聯合報》，多篇引用，詳見註釋。《聯合晚報》，多篇引用，詳見註釋。
《民聲日報》，1949/4/5。
《中央日報》，1969/12/29。
《台灣日報》，1988/3/6。
《民眾日報》，1990/2/1，1990/10/1。
《台灣時報》，1980/4/1，1980/4/4，1980/8/23。
《中國解放軍日報》，2000/6/23。
《臺灣日日新報》，大正15年(1926)4月14日第4頁。
《星報》，2005-04-09

六、政府公報、計畫書

立法院《立法院公報》第七十六卷 一0四期
台灣省行政長官公署《台灣省行政長官公署公報》
台灣省政府《台灣省政府公報》四十二年春30期。
《台灣省政府公報》四十八年秋13期。
《台灣省政府公報》四十九年春27期。
《台灣省政府公報》五十二年春17期。
《台灣省政府公報》五十四年秋55期。
《台灣省政府公報》六十八年春11期。
《台灣省政府公報》八十年春6期。

台中縣政府《台灣媽祖文化節－2001年台中縣大甲媽祖文化實施計畫書》

七、網路資料（線上資料庫）

台灣電影資料庫
http://cinema.nccu.edu.tw/cinemaV2/recordOralList_show.htm?RMOPID=25，下載日期：2005/3/27。

中央選舉委員會選舉資料庫網站
http://210.69.23.140/，下載日期2005/4/18。

聯合知識庫
http://udndata.com/library/

中時新聞資料庫
http://www.tol.com.tw/CT_NS/ctsearch.aspx

附表一：受訪者一覽表

廟方相關工作人員（現任、曾任）			
姓名	背　景	受訪時間	備註
董振雄	曾任董監事，參與負責鎮瀾宮管理三十餘年，為影響鎮瀾宮重要人物。	多次訪談	
顏清標	曾任台中縣議長、立法委員、大甲鎮瀾宮董事長	2002.4.13於台中永豐棧飯店	
鄭銘坤	大甲鎮瀾宮副董事長	多次採訪	
葉金鑾	1923年生，曾任大甲鎮民代表、鎮瀾宮管理委員、董事等職務，詳見訪談人員資料表	2004.3.14	
吳藤	曾任執行委員會委員	多次採訪	
周川	曾任鎮瀾宮管理委員	多次採訪	
信徒組織、陣頭等相關人員			
洪定雄	從民國50年參與大轎班工作至今，現參與頭旗的工作	多次訪談	
洪春豐	溪洲大轎班會計	多次訪談	
張澤淮	大甲橫圳人，二十五歲起參與進香工作，參與進香大轎班工作五十年以上，	2003大甲媽祖進香期間多次訪談	
蔡再祺	民國48、49、50年參與繡旗的工作，後來斷斷續續參與進香活動，現在參與三十六執士的工作	多次訪談	

姓名	背　景	受訪時間	備註
陳啟章	頭旗班長	多次訪談	
陳文忠	三十六執士團團長	多次訪談	
林益鈿	太子團長	多次訪談	
洪連煌	機車團93年會長，神童團成員	多次訪談	
陳卿文	炮竹團長	多次訪談	
薛枝增	95年會長、聖鳳宮廟方人員	多次訪談	
霜進春	基隆聖安宮主委	2004.5.9採訪於大甲	
蘇千桃	高雄寶瀾宮創辦人	多次訪談	
王　美	中壢朝明宮創辦人	多次訪談	
卓三夫	台中天上聖母會顧問、朝聖宮興建主任委員	2005/4/17	
研究者、文史工作者			
黃敦厚	大甲國中教師、長期研究大甲地區與大甲媽祖相關文史教師研習團團長	多次採訪	
張慶宗	德化國小教師、長期研究大甲地區與大甲媽祖相關文史	2003.8採訪口述	
雷養德	大甲大甲圖書館館長	多次採訪	

姓名	背　景	受訪時間	備註
媒體記者			
張方賓	自由時報記者、TVBS記者、現任三立中部新聞中心主任	多次採訪 正式採訪時間 2004.12.22	
李雅萍	三立電視、年代電視、現任中視記者	多次採訪 正式採訪時間 2004.12.22	
吳敏菁	中國時報記者	多次採訪	
張文靜	中國中央電視台駐台記者	2004/4/19	
張嬰嬅	現任TVBS主播，參與進香採訪工作七年	2005年進香多次訪談	
政府官員、民意代表			
張壯熙	台中縣副縣長	台中縣副縣長 張壯熙	
洪慶峰	文建會副主委、曾任台中縣教育局、文化局長	多次訪談	
曾振農	前立法委員	2002.4.13於台中永豐棧飯店	
曾蔡美佐	前立法委員、北港朝天宮董事長	2004.6.15 於雲林口湖	
中國地區			
蔡長奎	天津天后宮博物館館長兼管理委員會主任	2004/11/30 訪問於湄洲	
林文豪	前湄洲祖廟董事長、前中共莆田市政協主席，	2004/11/29 訪問於湄洲	

姓名	背　景	受訪時間	備註
何振良	泉洲天后宮副董事長	2004/12/1 訪問於泉洲	
林金贊	湄洲祖廟董事兼 海神旅行社董事長	2004/11/29 訪問於湄洲	
徐董事長	麗晶門商貿有限公司董事長 （洛陽天后宮董事長）	2004/11/2 訪問於湄洲	
其他相關人士			
林伯奇	新港奉公宮文物 義工團義工	多次訪談	
林汝靜	新港奉天宮職員	多次訪談	
梁文星	澳門天后宮管理委員會 副主任	2002/4/12	
廖木定	西螺社口地區民眾，每年辦理一百桌左右的宴席，宴請大甲進香客。	2004.4/17	
黃立華	西螺新天宮主委、 當地里長	2005/4/22	
陳泱佐	彰化市公所寺廟室組長 （負責管理彰化南瑤宮）	2000/4/14	
許先生	彰化和興宮管理委員	20003/4/11	
郭敬學	大甲觀光產業 促進協會理事	多次訪談	

資料說明：

多次訪談為指筆者多次與受訪者訪談，訪問時間請見資料引用之時間，訪談者要求匿名以及中國地區受訪之官員，筆者都不在此表中呈現，以避免受訪者產生困擾。

附錄二：大甲鎮瀾宮戰後管理成員背景資料一覽表（1945-2006）

執行委員會時期

民國三十六年度 執行委員		
職　稱	姓　名	背　景　資　料
管理人	郭金焜	大甲，大甲鎮長（鄉代選舉1.2屆，民選2.3屆，34-48年），擔任大甲鎮瀾宮管理委員與主任委員達三十四年之久，卸任後經營照相材料行。
副管理人	黃炎仲	大安，大安鄉鄉長（鄉代選舉第一屆），縣議員1.6屆，曾任大安鄉農會總幹事。
副管理人	黃來旺	外埔，官派外埔鄉長（任期34/11/27-35/11/15），外埔鐵山黃家
副管理人	張銀溪	后里，后里鄉長（鄉代選舉第一屆）。
常務委員	王　龍	大甲，大甲里里長，帽蓆商
執行委員	林炳焜	大甲，大甲一堡保正、大甲里里長，日治時期擔任過區委員
執行委員	吳振生	大甲，文武路醫生
執行委員	陳後成	大甲，大甲日南米穀商，日治時期：大甲街協議會會員（8）、大甲保正聯合會會長，大甲鎮民代表（1.2屆）、台中縣議員。
執行委員	郭元鐘	大甲，日治：警察、街役場書記、1-8屆文武里長、大甲營盤口郭家（拳頭師父）。
執行委員	黃清吉	大甲，大甲鎮民代表（1.2屆）。

職　稱	姓　名	背　景　資　料
執行委員	李萬春	大甲，大甲鎮民代表（1.2屆），農會理事、義合里。
執行委員	陳生財	大安，南埔人。
執行委員	黃　純	大安，日治時期擔任大安庄協議會會員（2.3.5.6.8屆）。
執行委員	許雲鵬	外埔，外埔鄉民代表（1屆、任期35-37）、外埔許家望族、曾任台中縣參議員。
執行委員	吳　籐	外埔，外埔鄉民代表（1、2、3屆、任期35-42），拳頭師父（外埔義虎團）。
常務監察委員	卓見福	大甲，布商、雜貨商、社尾人在大甲街上開泉錦吳服商行等店。
監察委員	李　城	大安，日治時期大安庄長、土地調查委員、大甲帽蓆同業組合評議員，大安中庄李家。
監察委員	李臻賢	外埔，內水尾人，日治：台中廳農會、外埔庄會記役。
顧　問	杜國香	杜清之子，公學校老師、台灣證券株式會社常務理事、創立大甲日新會、大甲工商會理事長、昭和八年任大甲鎮瀾宮管理人。

民國三十九年度 執行委員		
職　稱	姓　名	背　景　資　料
管理人	郭金焜	大甲，大甲鎮長（鄉代選舉1.2屆，民選2.3屆，34-48年），擔任大甲鎮瀾宮管理委員與主任委員達三十四年之久，卸任後經營照相材料行。
副管理人	黃焜振	大安，東勢尾人、大安鄉長（鄉代選舉第二屆）、農會總幹事，日治時期擔任大安庄協議會會員（8屆）。
副管理人	朱　進	外埔，馬鳴埔人，外埔鄉長（鄉代選舉第第二屆，民選1.2屆任期37/11/10-45/07/01，民選4.5屆49/1/1-57/3/1）。
副管理人	張信義	后里，后里鄉長（民選第一屆）。
常務委員	王　龍	大甲，大甲里里長，帽蓆商。
執行委員	劉雲騰	大甲，民35年任武陵里長、大甲鎮民代表（1.2.3屆，2.3屆主席），台中縣議員（2.3.4.5.6屆）、曾任台中縣農會總幹事。
執行委員	陳後成	大甲，大甲日南米穀商，日治時期：大甲街協議會會員（8）、大甲保正聯合會會長，大甲鎮民代表（1.2屆）、台中縣議員。
執行委員	李萬春	大甲，大甲鎮民代表（1.2屆），農會理事、義合里。
執行委員	林炳焜	大甲，大甲一堡保正、大甲里長，日治時期擔任過區委員
執行委員	王仁壽	大甲，孔門里里長

職　稱	姓　名	背　景　資　料
執行委員	陳金城	大甲，大甲鎮代表（2-8屆、6屆主席）、曾任保正、福德里里長
執行委員	陳生財	大安，南埔人。
執行委員	黃　純	大安，日治時期擔任大安庄協議會會員（2.3.5.6.8屆）。
執行委員	黃來旺	外埔鐵山，官派外埔鄉長（任期34/11/27-35/11/15）
執行委員	許雲鵬	外埔，外埔鄉民代表（1屆、任期35-37）、外埔許家望族、曾任台中縣參議員。
執行委員	吳籐	外外埔，外埔鄉民代表（1、2、3屆、任期35-42），拳頭師父（外埔義虎團）。
常務監察委員	卓見福	大甲，布商、雜貨商、社尾人在大甲街上開泉錦吳服商行等店。
監察委員	李城	大安，日治時期大安庄長、土地調查委員、大甲帽蓆同業組合評議員，大安中庄李家。

民國四十一年度 執行委員		
職　稱	姓　名	背　景　資　料
管理人	郭金焜	大甲，大甲鎮長（鄉代選舉1.2屆，民選2.3屆，34-48年），擔任大甲鎮瀾宮管理委員與主任委員達三十四年之久，卸任後經營照相材料行。
副管理人	朱　進	外埔，馬鳴埔人，外埔鄉長（鄉代選舉第第二屆，民選1.2屆任期37/11/10-45/07/01，民選4.5屆49/1/1-57/3/1）。
副管理人	林定順	大安，大安鄉民代表（2.3.4屆），縣議員（.5.6屆）大安鄉長。
副管理人	張銀湖	后里，后里鄉長（民選2、4屆），后里鄉代（1.2屆）。
常務委員	王龍	大甲，大甲里里長，帽蓆商。
執行委員	劉雲騰	大甲，民35年任武陵里長、大甲鎮民代表（1.2.3屆，2.3屆主席），台中縣議員（2.3.4.5.6屆）、曾任台中縣農會總幹事。
執行委員	郭金柱	大甲，大甲鎮民代表（1屆）江南里頂店。
執行委員	郭元鐘	大甲，日治：警察、街役場書記、1-8屆文武里長、大甲營盤口郭家（拳頭師父）。
執行委員	陳金城	大甲、大甲鎮代（2.3.4.5.6.7.8屆、6屆主席）、地主。
執行委員	李萬春	大甲，大甲鎮民代表（1.2屆），農會理事、義合里。
執行委員	林炳焜	大甲，大甲一堡保正、大甲里長，日治時期擔任過區委員
執行委員	何藍水	外埔，外埔鄉民代表（1、3屆、任期35-37、39-41），外埔何家。

職　稱	姓　名	背　景　資　料
執行委員	劉壽祿	外埔，台中縣議員（3.4.5屆）。
執行委員	黃漢清	大安，日治時期大安庄區委員、土地整理委員。
執行委員	黃　純	大安，日治時期擔任大安庄協議會會員（2.3.5.6.8屆）。
執行委員	陳生財	大安，南埔人。
常務監察委員	卓見福	大甲，布商、雜貨商、社尾人在大甲街上開泉錦吳服商行等店。
監察委員	柯合陣	外埔鄉民代表（2、3、4、5屆、任期37-44）、3、4、5屆擔任代表主席。
顧　　問	郭金童	大甲，曾任里長，大甲鎮民代表（2屆），大甲鎮長（1屆），經營大甲米粉工廠。
顧　　問	陳後成	大甲，大甲日南米穀商，日治時期：大甲街協議會會員（8）、大甲保正聯合會會長，大甲鎮民代表（1.2屆）、台中縣議員。
顧　　問	許雲鵬	外埔，外埔鄉民代表（1屆、任期35-37）、外埔許家望族、曾任台中縣參議員。
顧　　問	黃焜振	大安，東勢尾人、大安鄉長（鄉代選舉第二屆）、農會總幹事，日治時期擔任大安庄協議會會員（8屆）。

民國四十三年度 執行委員		
職　稱	姓　名	背　景　資　料
管理人	郭金焜	大甲，大甲鎮長（鄉代選舉1.2屆，民選2.3屆，34-48年），擔任大甲鎮瀾宮管理委員與主任委員達三十四年之久，卸任後經營照相材料行。
副管理人	林定順	大安，大安鄉民代表（2.3.4屆），縣議員（.5.6屆）大安鄉長。
副管理人	許雲陽	外埔，外埔鄉長（鄉代選舉第1屆，35/11/15-36/2/22，民選第二屆45/7/1-49/1/1）。
副管理人	張我湖	后里，后里鄉長（民選第三屆），后里鄉代（第五屆）。
常務委員	王　龍	大甲，大甲里里長，帽蓆商。
執行委員	陳金城	大甲，大甲鎮代（2.3.4.5.6.7.8屆、6屆主席）、地主。
執行委員	郭元鐘	大甲，日治：警察、街役場書記、1-8屆文武里長、大甲營盤口郭家（拳頭師父）。
執行委員	劉雲騰	大甲，民35年任武陵里長、大甲鎮民代表（1.2.3屆，2.3屆主席），台中縣議員（2.3.4.5.6屆）、曾任台中縣農會總幹事。
執行委員	李萬春	大甲，大甲鎮民代表（1.2屆），農會理事、義合里。
執行委員	盧　日	大甲，醫師，地方望族。
執行委員	李榮仔	大甲，日治：大甲街協議會會員（第8屆），大甲鎮民代表（1.2.3.4.5屆），曾任大甲農會理事長。

職　稱	姓　名	背　景　資　料
執行委員	陳生財	大安，南埔人。
執行委員	黃　純	大安，日治時期擔任大安庄協議會會員（2.3.5.6.8屆）。
執行委員	柯合陣	外埔鄉民代表（2、3、4、5屆、任期37-44）、3、4、5屆擔任代表主席。
執行委員	黃漢清	大安，日治時期大安庄區委員、土地整理委員。
執行委員	劉壽祿	外埔，台中縣議員（3.4.5屆）。
執行委員	李金枝	外埔，外埔鄉民代表（1.7.8屆），曾任外埔水尾村長。
常務監察委員	卓見福	大甲，布商、雜貨商、社尾人在大甲街上開泉錦吳服商行等店。
顧　問	林炳焜	大甲，大甲一堡保正、大甲里長，日治時期擔任過區委員。
顧　問	郭金童	大甲，曾任里長，大甲鎮民代表（2屆），大甲鎮長（1屆），經營大甲米粉工廠。
顧　問	許雲鵬	外埔，外埔鄉民代表（1屆、任期35-37）、外埔許家望族、曾任台中縣參議員。

民國四十五年度 執行委員		
職　稱	姓　名	背　景　資　料
管理人	郭金焜	大甲，大甲鎮長（鄉代選舉1.2屆，民選2.3屆，34-48年），擔任大甲鎮瀾宮管理委員與主任委員達三十四年之久，卸任後經營照相材料行。
副管理人	林定順	大安，大安鄉民代表（2.3.4屆），縣議員（5.6屆）大安鄉長
副管理人	許雲陽	外埔，外埔鄉長（鄉代選舉第1屆，35/11/15-36/2/22，民選第二屆45/7/1-49/1/1）。
副管理人	張我湖	后里，后里鄉長（民選第三屆），后里鄉代（第五屆）。
常務委員	卓見福	大甲，布商、雜貨商、社尾人在大甲街上開泉錦吳服商行等店。
執行委員	王　龍	大甲，大甲里里長，帽蓆商。
執行委員	劉雲騰	大甲，民35年任武陵里長、大甲鎮民代表（1.2.3屆，2.3屆主席），台中縣議員（2.3.4.5.6屆）、曾任台中縣農會總幹事
執行委員	李萬春	大甲，大甲鎮民代表（1.2屆），農會理事、義合里。
執行委員	紀竹山	大甲，大甲鎮民代表（5.6.8.9屆）。
執行委員	李榮仔	大甲，日治：大甲街協議會會員（第8屆），大甲鎮民代表（1.2.3.4.5屆），曾任大甲農會理事長。

職　稱	姓　名	背　景　資　料
執行委員	陳金城	大甲、大甲鎮代（2.3.4.5.6.7.8屆、6屆主席）、地主。
執行委員	陳生財	大安，南埔人。
執行委員	黃　純	大安，日治時期擔任大安庄協議會會員（2.3.5.6.8屆）。
執行委員	柯合陣	外埔鄉民代表（2、3、4、5屆、任期37-44）、3、4、5屆擔任代表主席。
執行委員	黃漢清	大安，日治時期大安庄區委員、土地整理委員。
執行委員	劉壽祿	外埔，台中縣議員（3.4.5屆）。
執行委員	李金枝	外埔，外埔鄉民代表（1.7.8屆），曾任外埔水尾村長。
監察委員	盧　日	大甲，醫師，地方望族。
顧　問	林炳焜	大甲，大甲一堡保正、大甲里長，日治時期擔任過區委員
顧　問	郭金童	大甲，曾任里長，大甲鎮民代表（2屆），大甲鎮長（1屆），經營大甲米粉工廠。
顧　問	許雲鵬	外埔，外埔鄉民代表（1屆、任期35-37）、外埔許家望族、曾任台中縣參議員。
顧　問	郭元鐘	大甲，日治：警察、街役場書記、1-8屆文武里長、大甲營盤口郭家（拳頭師父）。

民國四十七年度 執行委員		
職　稱	姓　名	背　景　資　料
管理人	郭金焜	大甲，大甲鎮長（鄉代選舉1.2屆，民選2.3屆，34-48年），擔任大甲鎮瀾宮管理委員與主任委員達三十四年之久，卸任後經營照相材料行。
副管理人	林定順	大安，大安鄉民代表（2.3.4屆），縣議員（.5.6屆）大安鄉長
副管理人	許雲陽	外埔，外埔鄉長（鄉代選舉第1屆，35/11/15-36/2/22，民選第二屆45/7/1-49/1/1）。
副管理人	張我湖	后里，后里鄉長（民選第三屆），后里鄉代（第五屆）。
常務委員	王仁壽	大甲，大甲鎮代（第4屆），曾任孔門里長（9-11屆），紅派。
執行委員	陳金城	大甲、大甲鎮代（2.3.4.5.6.7.8屆、6屆主席）、地主。
執行委員	王　龍	大甲，大甲里里長，帽蓆商。
執行委員	郭元鐘	大甲，日治：警察、街役場書記、1-8屆文武里長、大甲營盤口郭家（拳頭師父）。
執行委員	黃枝才	大甲，大甲鎮代（5.6.7.8屆、7屆主席），文曲里。
執行委員	周　塗	大甲，曾任保正、龍泉里長。
執行委員	卓見福	大甲，布商、雜貨商、社尾人在大甲街上開泉錦吳服商行等店。
執行委員	曾有福	

職　稱	姓　名	背　景　資　料
執行委員	饒郡福	外埔鄉民代表（5、6、7屆、任期44-53）、6屆擔任代表主席。
執行委員	黃　純	大安，日治時期擔任大安庄協議會會員（2.3.5.6.8屆）。
執行委員	李王土	大甲，東安里。法師、彰化芳苑大甲媽祖分靈廟創辦人。
監察委員	盧　日	大甲，醫師，地方望族。
監察委員	柯合陣	外埔鄉民代表（2、3、4、5屆、任期37-44）、3、4、5屆擔任代表主席。
監察委員	陳生財	大安，南埔

民國四十九年度 執行委員		
職　稱	姓　名	背　景　資　料
管理人	郭金焜	大甲，大甲鎮長（鄉代選舉1.2屆，民選2.3屆，34-48年），擔任大甲鎮瀾宮管理委員與主任委員達三十四年之久，卸任後經營照相材料行。
副管理人	朱　進	外埔馬鳴埔人，外埔鄉長（鄉代選舉第二屆，民選1.2屆任期37/11/10-45/07/01，民選4.5屆49/1/1-57/3/1）
副管理人	張銀湖	后里，后里鄉長（民選2、4屆），后里鄉代（1.2屆）。
副管理人	吳泉水	大安，大安鄉民代表（4.5屆），大甲鎮長（民選4、5屆）。
常務委員	王仁壽	大甲，大甲鎮代（第4屆），曾任孔門里長（9-11屆），紅派。
執行委員	陳金城	大甲，大甲鎮代（2.3.4.5.6.7.8屆、6屆主席）、地主。

職　稱	姓　名	背　景　資　料
執行委員	王　龍	大甲，大甲里里長，帽蓆商
執行委員	郭元鐘	大甲，日治：警察、街役場書記、1-8屆文武里長、大甲營盤口郭家（拳頭師父）。
執行委員	周　塗	大甲，曾任保正、龍泉里長。
執行委員	卓見福	大甲，布商、雜貨商、社尾人在大甲街上開泉錦吳服商行等店。
執行委員	郭炳煌	大安，商人，黑派。
執行委員	柯合陣	外埔，外埔鄉民代表（2、3、4、5屆、任期37-44），3、4、5屆擔任代表主席。
執行委員	曾有福	
執行委員	李王土	大甲，東安里。法師、彰化芳苑大甲媽祖分靈廟創辦人。
執行委員	黃　純	大安，日治時期擔任大安庄協議會會員（2.3.5.6.8屆）。
監察委員	盧　日	大甲，醫師，地方望族。
副監察委員	饒郡福	外埔鄉民代表（5、6、7屆、任期44-53）、6屆擔任代表主席。
副監察委員	吳地城	

民國五十一年度 執行委員		
職　稱	姓　名	背　景　資　料
管理人	郭金焜	大甲，大甲鎮長（鄉代選舉1.2屆，民選2.3屆，34-48年），擔任大甲鎮瀾宮管理委員與主任委員達三十四年之久，卸任後經營照相材料行。
副管理人	朱進	外埔馬鳴埔人，外埔鄉長（鄉代選舉第第二屆，民選1.2屆任期37/11/10-45/07/01，民選4.5屆49/1/1-57/3/1）
副管理人	張銀湖	后里，后里鄉長（民選2、4屆），后里鄉代（1.2屆）。
副管理人	吳泉水	大安，大安鄉民代表（4.5屆），大甲鎮長（民選4、5屆）。
常務委員	王仁壽	大甲，大甲鎮代（第4屆），曾任孔門里長（9-11屆），紅派。
執行委員	王　龍	大甲，大甲里里長，帽蓆商。
執行委員	郭元鐘	大甲，日治：警察、街役場書記、1-8屆文武里長、大甲營盤口郭家（拳頭師父）。
執行委員	周　塗	大甲，曾任保正、龍泉里長。
執行委員	陳金城	大甲、大甲鎮代（2.3.4.5.6.7.8屆、6屆主席）、地主。
執行委員	陳振興	
執行委員	洪朝火	大甲，曾任中山里里長，在廟內主要負責祭典。
執行委員	李金枝	外埔，外埔鄉民代表（1.7.8屆），曾任外埔水尾村長。
執行委員	劉壽祿	外埔，台中縣議員（3.4.5屆）。

職　稱	姓　名	背　景　資　料
執行委員	姚凍釧	外埔，外埔鄉民代表（1屆、任期35-37）。
執行委員	黃　純	大安，日治時期擔任大安庄協議會會員（2.3.5.6.8屆）。
執行委員	李王土	大甲，東安里。法師、彰化芳苑大甲媽祖分靈廟創辦人。
執行委員	吳地城	
監察委員	盧　日	大甲，醫師，地方望族。

民國五十五年度 執行委員		
職　稱	姓　名	背　景　資　料
管理人	郭金焜	大甲，大甲鎮長（鄉代選舉1.2屆，民選2.3屆，34-48年），擔任大甲鎮瀾宮管理委員與主任委員達三十四年之久，卸任後經營照相材料行。
常務委員	王仁壽	大甲，大甲鎮代（第4屆），曾任孔門里長（9-11屆），紅派。
執行委員	陳金城	大甲、大甲鎮代（2.3.4.5.6.7.8屆、6屆主席）、地主。
執行委員	王　龍	大甲，大甲里里長，帽蓆商。
執行委員	郭元鐘	大甲，日治：警察、街役場書記、1-8屆文武里長、大甲營盤口郭家（拳頭師父）。
執行委員	洪朝火	大甲，曾任中山里里長，在廟內主要負責祭典。

職　稱	姓　名	背　景　資　料
執行委員	顏萬金	大甲，商人，台中縣議員（7.8屆）。
執行委員	曾福輝	大甲，黑派、商人。
執行委員	吳泉水	大安，大安鄉民代表（4.5屆），大甲鎮長（民選4、5屆）。
執行委員	李王土	大甲，東安里。法師、彰化芳苑大甲媽祖分靈廟創辦人。
執行委員	吳地城	
執行委員	黃　純	大安，日治時期擔任大安庄協議會會員（2.3.5.6.8屆）。
執行委員	劉壽祿	外埔，台中縣議員（3.4.5屆）。
執行委員	姚凍釧	外埔，外埔鄉民代表（1屆、任期35-37）。
執行委員	鍾容枝	
執行委員	呂清泉	
執行委員	張銀湖	后里，后里鄉長（民選2、4屆），后里鄉代（1.2屆）。
執行委員	周　川	大甲，
監察委員	盧　日	大甲，醫師，地方望族。
顧　問	蔡裕卿	大甲，商人，民國53年擔任大甲鎮瀾宮重修、增建鐘鼓樓主任委員，黑派。
顧　問	卓見福	大甲，布商、雜貨商、社尾人在大甲街上開泉錦吳服商行等店。
顧　問	黃春水	

管理委員會時期

民國五十八年度 第一屆管理委員會委員		
職　稱	姓　名	背　景　資　料
管理人	郭金焜	大甲，大甲鎮長（鄉代選舉1.2屆，民選2.3屆，34-48年），擔任大甲鎮瀾宮管理委員與主任委員達三十四年之久，卸任後經營照相材料行。
常務委員	王仁壽	大甲，大甲鎮代（第4屆），曾任孔門里長（9-11屆），紅派。
執行委員	劉丁文	
執行委員	王　龍	大甲，大甲里里長，帽蓆商
執行委員	陳敏貫	大甲，
執行委員	周　川	大甲，商人。
執行委員	李王土	大甲，東安里。法師、彰化芳苑大甲媽祖分靈廟創辦人。
執行委員	張彩燿	外埔鄉民代表（9、10、11屆、任期57-71），9、10屆任主席。
執行委員	郭清江	大甲
執行委員	李謀信	大甲、鎮民代表、黑派。
執行委員	邱墩琴	
執行委員	陳英桐	后里，后里鄉長（第7屆），紅派。
執行委員	孟曾榮	

職　　稱	姓　名	背　景　資　料
執行委員	吳明全	
執行委員	董　塗	大甲，
執行委員	李萬于	外埔，外埔鄉代表，紅派。
執行委員	盧　日	大甲，醫師，地方望族。
執行委員	吳地城	
常務監察委員	曾福輝	大甲，黑派、商人。
監察委員	饒郡福	外埔鄉民代表（5、6、7屆、任期44-53）、6屆擔任代表主席。
監察委員	林竹根	黑派、大安、農業

※管理委員會根據葉金鑾先生的說法，顏萬金擔任過兩屆主任委員，而曾福輝接任一屆主任委員，後在當年改制為財團法人組織，所以根據葉金鑾先生及相關資料推測管理委員會有四屆，共約十年，但第二屆與第三屆的委員名單，無法取得。

1.第一屆管理委員會，任期應該為58年到61年，主委郭金焜。
2.第二屆管理委員會，任期應該為61年到63年，主委顏萬金。
3.第三屆管理委員會，任期應該為63年到66年，主委顏萬金（郭金焜）。
4.第四屆管理委員會，任期應該為66年到67年，主委曾福輝（改制財團法人）。

民國六十三年度 第三屆管理委員會委員		
職　　稱	姓　名	背　景　資　料
主任委員	顏萬金	大甲，商人，台中縣議員（7.8屆），黑派。
常務委員	王仁壽	大甲，大甲鎮代（第4屆），曾任孔門里長（9-11屆），紅派。
委員（接任主委）	郭金焜	大甲，大甲鎮長（鄉代選舉1.2屆，民選2.3屆，34-48年），擔任大甲鎮瀾宮管理委員與主任委員達三十四年之久，卸任後經營照相材料行、黑派。
委　　員	吳明全	大甲，曾任鎮民代表，紅派。
委　　員	郭清江	大甲，朝陽里長，黑派。
委　　員	王天義	大甲，文武里代表，紅－＞黑派。
委　　員	葉金鑾	大甲，商人（日南三豐輾米廠），大甲鎮民代表（5.9.10屆，主席一屆），紅派。
委　　員	劉江風	大甲、商人（日南輾米廠、利台食品）、西岐里里長，紅派。
委　　員	陳　松	大甲，德化里里長，6-10屆鎮民代表，黑派。
委　　員	陳慶文	大甲，曾任鎮民代表，黑派。
委　　員	李萬于	外埔，外埔鄉代表，紅派。
委　　員	劉壽祿	外埔，台中縣議員（3.4.5屆）。
委　　員	陳振元	外埔，紅派。
委　　員	林　墻	大安，大安鄉民代表（10屆），紅派。

職　稱	姓　名	背　景　資　料
委　員	莊　傳	大安，大安鄉民代表（9.10屆），黑派。
委　員	柯炳煌	大安，商人，黑派。
委　員	陳英桐	后里，后里鄉長（第7屆），紅派。
委員（補）	沈誌賢	大甲，曾任代表、鎮瀾宮交通隊隊長，黑派。
常務監察委員	曾福輝	大甲，商人，黑派。
監察委員	張彩燿	外埔鄉民代表（9、10、11屆、任期57-71），9、10屆任主席，紅派。
監察委員	林竹根	大安，農業，黑派。

※主任委員顏萬金於63年六月過世，由郭金焜接任主委，增補一名委員沈誌賢。

顧問	陳敏貫	顧問	陳村田	顧問	詹益勝	顧問	李銀宗
顧問	劉川	顧問	劉添喜	顧問	劉銓忠	顧問	黃枝才
顧問	林銀河	顧問	王謀聲	顧問	林灶	顧問	黃四方
顧問	李火塗	顧問	沈誌賢	顧問	陳清標	顧問	陳水居
顧問	李謀信	顧問	林傳	顧問	李進益	顧問	陳萬賜
顧問	紀竹山	顧問	劉金柱				

董監事會時期

第一屆 董監事會（1978－1982）		
職　稱	姓　名	背　景　資　料
董 事 長	曾福輝	大甲、商人、一、二屆鎮瀾宮董事長、大甲調解委員會主席、黑派。
常務董事	王仁壽	大甲，曾任孔門里長（9-11屆）大甲鎮代（第4屆）、紅派。
董 事	葉金鑾	大甲，商人（日南三豐輾米廠），大甲鎮民代表（5.9.10屆，主席一屆），紅派。
董 事	劉江風	大甲、商人（日南輾米廠、利台食品）、西岐里里長，紅派。
董 事	曾澄川	大甲、商人（日南功全塑膠）、紅派。
董 事	陳 松	大甲、德化里里長、6-10屆鎮民代表，黑派。
董 事	楊焙元	大甲、商人（南興蠟燭工廠），黑派。
董 事	林銀河	大甲、商人、黑派。
董 事	陳壽宗	外埔、鄉民代表、黑派。
董 事	張彩燿	外埔、外埔鄉民代表（9、10、11屆、任期57-71），9、10屆任主席、紅派。
董 事	李萬于	外埔，外埔鄉代表，紅派。
董 事	陳水居	大安，曾任代表，黑派。

職　　稱	姓　名	背　景　資　料
董　　事	陳文斌	大安，曾任代表，黑派。
董　　事	陳振元	外埔，紅派。
董　　事	林　墻	大安，大安鄉民代表（10屆）。
董　　事	柯炳煌	大安，商人，黑派。
董　　事	黃孔井	后里，后里鄉民代表會主席，紅派。
董　　事	王天義	大甲，文武里代表，紅－＞黑派。
董　　事	沈誌賢	大甲，曾任代表、鎮瀾宮交通隊隊長，黑派。
董　　事	（劉金柱）	大甲，曾任代表、黑派。
董　　事	（蔡裕卿）	大甲，商人，民國53年擔任大甲鎮瀾宮重修、增建鐘鼓樓主任委員，黑派。
常務監事	董振雄	大甲、商人、曾任順天里長、黑派。
監　　事	林竹根	大安、農業、黑派。
監　　事	蘇禮發	外埔、農業、黑派。
監　　事	吳明全	大甲、商人（營造業）、紅派。
監　　事	陳慶文	大甲、代表主席、黑派。
總幹事	黃枝才	（44）4屆鎮代、50-56鎮代主席、67鎮農會理事、鎮瀾宮總幹事

第二屆　董監事會（1982－1986）		
職　　稱	姓　名	背　景　資　料
董 事 長	曾福輝	大甲、商人、一、二屆鎮瀾宮董事長、大甲調解委員會主席、黑派。
常務董事	王仁壽	大甲，曾任孔門里長（9-11屆）大甲鎮代（第4屆）、紅派。
董　　事	李謀信	大甲、鎮民代表、黑派。
董　　事	楊焙元	大甲、商人（南興蠟燭工廠），黑派。
董　　事	林銀河	大甲、商人、黑派。
董　　事	葉金鑾	大甲，商人（日南三豐輾米廠），大甲鎮民代表（5.9.10屆，主席一屆），紅派。
董　　事	曾澄川	大甲、商人（日南功全塑膠、大甲鎮農會理事長）、紅派。
董　　事	劉江風	大甲、商人（日南輾米廠）、西岐里里長，紅派。
董　　事	蘇添貴	外埔、農業、黑派。
董　　事	張彩燿	外埔、外埔鄉民代表（9、10、11屆、任期57-71），9、10屆任主席、紅派。
董　　事	陳壽宗	外埔、鄉民代表、黑派。
董　　事	林正茂	大安、代表主席、黑派。
董　　事	莊　傳	大安、鄉民代表（9.10屆）、紅派。
董　　事	楊德明	大安、鄉公所秘書、黑派。
董　　事	歐桂鋆	后里、后里鄉代表會主席、紅派。

職　稱	姓　名	背　景　資　料
常務監事	董振雄	大甲、商人、曾任順天里長、黑派。
監　事	吳明全	大甲、商人（營造業）、紅派。
監　事	賴存恭	大甲、商人（托兒所）岷山里長、紅派。
監　事	李萬于	外埔，外埔鄉代表，紅派。
監　事	林竹根	大安、農業、黑派。
總幹事	黃枝才	大甲，（44）4屆鎮代、50-56鎮代主席、67鎮農會理事、鎮瀾宮總幹事、黑派。
總幹事	李火塗	大甲、黑派。

第三屆　董監事會（1986－1990）		
職　稱	姓　名	背　景　資　料
董事長	王金爐	大甲、商人（保保塑膠）、黑派。
常務董事	曾澄川	大甲、商人（日南功全塑膠、大甲鎮農會理事長）、紅派。
常務董事	劉江風	大甲、商人（日南輾米廠、利台食品）、西岐里里長，紅派。
常務董事	楊焙元	大甲、商人（南興蠟燭工廠）、黑派。
常務董事	陳世邦	大甲、商人（大丸塑膠）、曾任代表、議員。
董　事	林銀河	大甲、商人（瑩星工業）、黑派。

職　　稱	姓　名	背　景　資　料
董　事	葉金鑾	大甲，商人（日南三豐輾米廠），大甲鎮民代表（5.9.10屆，主席一屆），紅派。
董　事	張彩耀	外埔、外埔鄉民代表（9、10、11屆、任期57-71），9、10屆任主席、紅派。
董　事	楊德明	大安、曾任大安鄉鄉民代表、鄉公所秘書、黑派。
董　事	蘇添貴	外埔、農業、黑派。
董　事	陳壽宗	外埔、鄉民代表、商人、黑派。
董　事	李謀信	大甲、鎮民代表、黑派。
董　事	（劉添喜）	大甲、商人（裕原窯業、現任鎮長劉嘉賓之父）、黑派。
董　事	高石吉	外埔、商人（東益商行）、紅派。
董　事	柯其麟	大安、大安鄉代會主席、黑派。
董　事	紀慶輝	大甲、代書（慶賓土地代書事務所）、紅派。
董　事	張福揚	后里、后里鄉代會主席、黑派。
常務監事	董振雄	大甲、商人、曾任順天里長、黑派。
監　事	（吳明全）	大甲、商人（營造業、大甲鎮農會理事）、紅派。
監　事	（王仁壽）	大甲，曾任孔門里長（9-11屆）大甲鎮代（第4屆）、紅派。
監　事	鄭清田	大甲、農業（日南）、黑派。
監　事	蘇有財	大安、農業、紅派。

職　稱	姓　名	背　景　資　料
監　事	王再恭	外埔、外埔鄉民代表、9、10、11、12，任期57-71、黑派。
顧　問	曾福輝	大甲、商人、一、二屆鎮瀾宮董事長、大甲調解委員會主席、黑派。
總幹事	李火塗	大甲、黑派。

第四屆 董監事會（1990－1994）		
職　稱	姓　名	背　景　資　料
董事長	王金爐	大甲、商人（保保塑膠）、黑派。
常務董事	曾澄川	大甲、商人（日南功全塑膠、大甲鎮農會理事長）、紅派。
常務董事	劉江風	大甲、商人（日南輾米廠、利台食品）、西岐里里長，紅派。
常務董事	楊焙元	大甲、商人（南興蠟燭工廠）、黑派。
常務董事	楊德明	大安、曾任大安鄉鄉民代表、鄉公所秘書、黑派。
董　事	紀金煉	大甲、商人、紅派。
董　事	梁清吉	大甲、商人（藥商）、紅派。
董　事	謝福富	外埔、農、曾任六分村長、紅派。
董　事	黃洲忠	后里、后里鄉民代表會主席、紅派。
董　事	林銀河	大甲、商人（瑩星工業）、黑派。
董　事	董振雄	大甲、商人、曾任順天里長、黑派。

職　稱	姓　名	背　景　資　料
董　事	王再恭	外埔、外埔鄉民代表、9、10、11、12，任期57-71、黑派。
董　事	柯其麟	大安、商人、曾任大安鄉代會主席、黑派。
董　事	陳清泉	大安、商人、農、黑派。
董　事	吳子獅	外埔、農業、曾任調解委員會委員、黑派。
常務監事	陳金成	外埔、農業、陶藝工作、黑派。
監　事	鄭清田	大甲、農業（日南）、黑派。
監　事	紀慶輝	大甲、代書（慶賓土地代書事務所）、紅派。
監　事	黃龍德	大安、農業、黑派。
監　事	洪旭昭	大甲、大甲順天里長、紅派。
顧　問	曾福輝	大甲、商人、一、二屆鎮瀾宮董事長、大甲調解委員會主席、黑派。
總幹事	李火塗	大甲、黑派。

第五屆　董監事會（1994－1999）		
職　稱	姓　名	背　景　資　料
董事長	王金爐	大甲、商人（保保塑膠）、黑派。
常務董事	劉江風	大甲、商人（日南輾米廠、利台食品）、西岐里里長，紅派。

職　稱	姓　名	背　景　資　料
常務董事	董振雄	大甲、商人、曾任順天里長、黑派。
常務董事	林正茂	大安、曾任大安鄉代表主席、黑派。
董　事	李政信	大安、商人、黑派。
董　事	林金甲	大甲、商人、紅派。
董　事	吳文欽	大甲、商人、黑派。
董　事	吳財福	大安、商人、黑派。
董　事	涂永安	大安、大安鄉民代表、紅派。
董　事	梁清吉	大甲、商人（藥商）、紅派。
董　事	王再恭	外埔、外埔鄉民代表、9、10、11、12，任期57-71、黑派。
董　事	郭榮振	大甲、曾任省議員、立委、黑派。
董　事	張伸源	后里、后里鄉代表主席、紅派。
董　事	楊明池	外埔、商人、黑派。
董　事	鄭銘坤	大甲、商人、黑派。
常務監事	鄭清田	大甲、農業（日南）、黑派。
監　事	曾澄川	大甲、商人（日南功全塑膠、大甲鎮農會理事長）、紅派。
監　事	黃光雄	大甲、商人（大榮鐵工廠）、黑派。
監　事	張清煙	外埔、商人、紅派。
監　事	陳春旺	大安、福住村長、黑派。
總幹事	卓金田	大甲、黑派。

第六屆 董監事會（1999－2002）		
職　稱	姓　名	背　景　資　料
董事長	顏清標	沙鹿（大甲）、台中縣議員、議長、立委、黑派。
副董事長	鄭銘坤	大甲、商人、黑派。
常務董事	林正茂	大安、曾任大安鄉代表主席、黑派。
常務董事	董振雄	大甲、商人、曾任順天里長、黑派。
常務董事	梁清吉	大甲、商人（藥商）、紅派。
董　事	李政信	大安、商人、黑派。
董　事	李鴻文	外埔、商人（砂石場）、外埔鄉農會理事長、紅派。
董　事	吳財福	大安、商人、黑派。
董　事	涂永安	大安、大安鄉民代表、紅派。
董　事	陳裕村	大甲、鎮民代表、黑派。
董　事	王再恭	外埔、外埔鄉民代表、9、10、11、12，任期57-71、黑派。
董　事	郭長田	大甲、公所秘書、黑派。
董　事	楊明池	外埔、商人、黑派。
董　事	張伸源	后里、后里鄉代表主席、紅派。
董　事	劉江風	大甲、商人（日南輾米廠、利台食品）、西岐里里長，紅派。

職　稱	姓　名	背　景　資　料
常務監事	黃德治	大甲、曾任國大代表、紅－＞黑派。
監　事	陳春旺	大安、福住村長、黑派。
監　事	陳水田	外埔、黑派。
監　事	梁福昌	大甲、曾任頂店里長、黑派。
監　事	薛來發	大甲、紅派。

第七屆　董監事會（2002-2006）		
職　　稱	姓　名	背　景　資　料
董 事 長	顏清標	沙鹿（大甲）、台中縣議員、議長、立委、黑派。
副董事長	鄭銘坤	大甲、商人、黑派。
常務董事	吳鶴鵬	大安、商人、曾任大安鄉長、代表、黑派。
常務董事	吳財福	大安、商人、黑派。
常務董事	姚應龍	大安、曾任外埔鄉長、台中縣議員、黑派。
董 事	陳勝彬	大甲、大甲鎮民代表、黑派。
董 事	黃德治	大甲、曾任國大代表、紅－＞黑派。
董 事	楊明池	外埔、商人、黑派。
董 事	薛來發	紅派、大甲日南
董 事	李鴻文	外埔、商人（砂石場）、外埔鄉農會理事長、紅派。
董 事	紀阿標	紅派、大甲、（未就職、劉詮忠秘書）
董 事	陳馬量	紅派（近民進黨）、大安、商人
董 事	涂永安	大安、大安鄉民代表、紅派。
董 事	林金甲	大甲、商人（信用車行）、紅派。
董 事	張伡源	后里、后里鄉代表主席、紅派。

職　　稱	姓　名	背　景　資　料
常務監事	陳水田	外埔、黑派。
監　　事	梁福昌	大甲、曾任頂店里長、黑派。
監　　事	黃歷德	大安、商人、農會監事、黑派。
監　　事	陳盛銘	大甲（大安人）、大安鄉代表、紅派。
監　　事	郭智洲	大甲、黑派。
顧　　問	王再恭	外埔、外埔鄉民代表、9、10、11、12，任期57-71、黑派。
顧　　問	李政信	大安、曾任鄉代、黑派。

資料說明：
名冊來源：
1.《大甲鎮瀾宮沿革》（民國四十五年版）
2.《大甲鎮瀾宮志》（民國六十三年版）
3.《大甲鎮瀾宮簡介》（民國七十三年版）
4.《大甲鎮瀾宮》簡介小冊（民國七十七、及其他未著名出版日期五本）
5.《財團法人大甲鎮瀾宮第四屆董監事宣誓就職董事長交接典禮紀念特刊》，民國七十九年。
6.《財團法人大甲鎮瀾宮第五屆董監事宣誓就職董事長交接典禮紀念特刊》，民國八十三年。
身分背景說明：
一、文獻資料
1.《外埔鄉志》
2.《大安鄉志》
3.《大甲鎮志》人物篇初稿，（稿件審理中，作者朱瑞雍先生提供）。
4.《發現道卡斯：大甲村莊史一》
5.《台中縣志》，〈選舉志〉、〈政制志〉
二、口述訪問（依訪問先後順序排名）
1.董振雄（大甲人，曾任大甲鎮瀾宮董監事二十餘年）。
2.黃敦厚（大甲人，大甲國中教師，大甲地區地方文史與大甲媽祖資深研究者）。
3.張慶宗（德化國中教師，大甲地區地方文史與大甲媽祖資深研究者）。
4.葉金鑾（大甲人，曾任大甲鎮瀾宮管理委員會、董監事十餘年，大甲鎮民代表數屆，現年八十一歲）。

附錄三：大甲媽祖進香路線一覽表（民國68年－民國94年）

廟　名	68	69	70	71	72	73	74	75	76	77	78	79
清水下湳里朝興宮	ˇ	ˇ		ˇ	ˇ				ˇ	ˇ		
清水大街路紫雲巖	ˇ	ˇ		ˇ	◎				ˇ	ˇ		
沙鹿四平街玉皇殿	ˇ	ˇ		ˇ	ˇ				ˇ	ˇ		
沙鹿東晉路青山宮												
沙鹿埔子里三鹿里												
大肚沙田路萬興宮	ˇ	ˇ		ˇ	ˇ				ˇ	ˇ	ˇ	ˇ
大肚永和村永和宮	ˇ	ˇ		ˇ	ˇ							
大肚慈惠堂鎮明宮												
彰化市國聖里永安宮									ˇ	ˇ		
彰化市茄苳里茄苳王廟					ˇ				ˇ	ˇ		
茄苳三山國王廟	ˇ	ˇ		ˇ								
彰化市茄苳里福龍宮	ˇ	ˇ							ˇ	ˇ		
彰化市茄苳里	ˇ			ˇ	ˇ				ˇ	ˇ		
彰化市茄南里		ˇ										
茄南里鎮安宮									ˇ	ˇ		
彰化市茄南宮					ˇ							
彰化市下部里永和堂									ˇ	ˇ		
彰化新興湄洲聖母會												
彰化市新興里												
彰化新華里彩鳳庵、北辰宮	ˇ	ˇ		ˇ	ˇ				ˇ	ˇ		

80	81	82	83	84	85	86	87	88	89	90	91	92	93	94	備註
ˇ			ˇ		ˇ			ˇ	ˇ	ˇ	ˇ	ˇ	ˇ	ˇ	
ˇ			ˇ		ˇ			ˇ	ˇ	ˇ	ˇ	ˇ	ˇ	ˇ	
ˇ			ˇ		ˇ			ˇ	ˇ	ˇ	ˇ	ˇ	ˇ	ˇ	
														ˇ	
													ˇ		
ˇ			ˇ		ˇ			ˇ	ˇ	ˇ	ˇ	ˇ	ˇ	ˇ	
ˇ			ˇ		ˇ			ˇ	ˇ	ˇ	ˇ	ˇ	ˇ	ˇ	
								ˇ	ˇ	ˇ	ˇ	ˇ	ˇ	ˇ	
ˇ			ˇ		ˇ			ˇ	ˇ	ˇ	ˇ	ˇ	ˇ	ˇ	
ˇ			ˇ		ˇ			ˇ	ˇ	ˇ	ˇ	ˇ	ˇ	ˇ	
ˇ			ˇ		ˇ			ˇ	ˇ	ˇ	ˇ	ˇ	ˇ	ˇ	
ˇ			ˇ		ˇ			ˇ	ˇ	ˇ	ˇ	ˇ	ˇ	ˇ	
			ˇ		ˇ			ˇ	ˇ	ˇ	ˇ	ˇ			
													ˇ	ˇ	
ˇ			ˇ		ˇ			ˇ	ˇ	ˇ	ˇ	ˇ	ˇ	ˇ	
										ˇ					
											ˇ	ˇ	ˇ	ˇ	
ˇ			ˇ		ˇ			ˇ	ˇ	ˇ	ˇ	ˇ	ˇ	ˇ	

廟　　名	68	69	70	71	72	73	74	75	76	77	78	79		
彰化市慈吉慈惠堂					ˇ				ˇ	ˇ				
彰化自強南路龍鳳宮														
彰化市西勢里聖安宮										ˇ				
彰化市忠權里北極宮														
彰化市永樂街天后宮	◎	◎		◎	◎				◎	◎				
彰化市南瑤路鎮南宮														
彰化市南瑤路南瑤宮	ˇ	ˇ		ˇ	ˇ				ˇ	ˇ				
彰化市雲長路修水岩														
員林平和里福寧宮	◎	◎		◎	◎				◎	◎				
永靖永東村永安宮	◎	◎		◎	◎				◎	◎				
北斗光復里華巖寺	ˇ	ˇ		ˇ	ˇ				ˇ	ˇ				
北斗光復里奠安宮	◎	◎		◎	◎				◎	◎				
溪州舊眉村聖安宮										ˇ				
溪州舊眉組	ˇ	ˇ		ˇ	ˇ					ˇ				
舊眉村	ˇ	ˇ		ˇ	ˇ				ˇ					
溪州東州村	ˇ	ˇ		ˇ	ˇ				ˇ	ˇ				
溪州東州村復興宮					ˇ 尾厝村				ˇ	ˇ 尾厝村				
溪州鄉瓦厝村后天宮	ˇ	ˇ		ˇ	ˇ				ˇ	ˇ				
溪州三圳村三千宮	ˇ	ˇ		ˇ	ˇ				ˇ	ˇ				

80	81	82	83	84	85	86	87	88	89	90	91	92	93	94	備註
ˇ															
			ˇ					ˇ	ˇ	ˇ	ˇ	ˇ	ˇ	ˇ	
ˇ			ˇ	ˇ				ˇ	ˇ	ˇ	ˇ	ˇ	ˇ	ˇ	
								ˇ	ˇ	ˇ	ˇ	ˇ	ˇ	ˇ	
◎			◎		◎			◎	◎						
										ˇ	ˇ	ˇ	ˇ	ˇ	
ˇ			ˇ		ˇ			ˇ	ˇ	ˇ	ˇ	ˇ	ˇ	ˇ	
					ˇ			ˇ	ˇ	ˇ	ˇ	ˇ	ˇ	ˇ	
◎			◎		◎			◎	◎	◎	◎	◎	◎	◎	
◎			◎		◎			◎	◎	◎	◎	◎	◎	◎	
ˇ			ˇ		ˇ			ˇ	ˇ	ˇ	ˇ	ˇ	ˇ	ˇ	
◎			◎		◎			◎	◎	◎	◎	◎	◎	◎	
ˇ			ˇ		ˇ			ˇ	ˇ	ˇ	ˇ	ˇ	ˇ	ˇ	
ˇ			ˇ		ˇ			ˇ	ˇ	ˇ	ˇ	ˇ	ˇ	ˇ	
ˇ			ˇ		ˇ			ˇ	ˇ	ˇ	ˇ	ˇ	ˇ	ˇ	
ˇ			ˇ		ˇ			ˇ	ˇ	ˇ	ˇ	ˇ	ˇ	ˇ	
ˇ			ˇ		ˇ			ˇ	ˇ	ˇ	ˇ	ˇ	ˇ	ˇ	

廟　　名	68	69	70	71	72	73	74	75	76	77	78	79		
西螺鎮市區遶境									ˇ	ˇ 經慈惠分堂				
西螺福興里福興宮	◎	◎		◎	◎				◎	◎				
西螺新豐里、新安里														
西螺吳厝里朝興宮	◎	◎		◎	◎				◎	◎				
二崙湳仔村三和協天宮	◎	◎		◎	◎				◎	◎				
虎尾德興里天后宮														
虎尾墾地里	◎	ˇ								◎				
虎尾墾地里福德宮														
虎尾墾地里擇元堂														
(虎尾)大屯仔	ˇ	ˇ												
土庫順天里順天宮	ˇ	ˇ		ˇ	ˇ				ˇ	ˇ				
徥咜榬鄉復興宮	ˇ	ˇ		ˇ	ˇ				ˇ					
北港新厝里受天堂				ˇ	ˇ				ˇ					
北港舊公園	ˇ	ˇ		ˇ	ˇ				ˇ					
北港朝天宮	ˇ	ˇ		ˇ	ˇ				ˇ					
土庫圓環145甲路往新港										◎				
元長鹿北村福德祠														
元長鹿北村鹿寮村														
元長鹿寮村泰安府														
元長鹿寮村義天宮										ˇ				

	80	81	82	83	84	85	86	87	88	89	90	91	92	93	94	備　註
經慈惠分堂				ˇ		ˇ			ˇ	ˇ	ˇ	ˇ	ˇ	ˇ	ˇ	
	◎			◎		◎			◎	◎	◎	◎	◎	◎	◎	
	◎			◎		◎			◎	◎	◎	◎	◎	◎	◎	
	◎			◎		◎			◎	◎	◎	◎	◎	◎		
	◎			◎		◎			◎	◎	◎	◎				
													ˇ	ˇ	ˇ	
	◎			◎		◎			◎	◎						
											◎	◎				
						ˇ			ˇ	ˇ	ˇ	ˇ				
	ˇ			ˇ		ˇ			ˇ	ˇ	ˇ	ˇ	ˇ	ˇ	ˇ	
	◎			◎		◎			◎	◎	◎	◎	◎	◎	◎	
											ˇ					
	◎			◎		◎			◎	◎		◎	◎	◎	◎	
									ˇ	ˇ	ˇ	ˇ	ˇ	ˇ	ˇ	
	ˇ			ˇ		ˇ			ˇ	ˇ	ˇ	ˇ	ˇ	ˇ	ˇ	

廟　名	68	69	70	71	72	73	74	75	76	77	78	79		
元長瓦磘村安西府														
元長瓦磘村福德宮										ˇ				
元長內寮村										ˇ				
元長內寮村無極聖殿														
崙子村										ˇ				
新港南崙村代天宮										ˇ				
新港古民村永福宮														
新港奉天宮										ˇ				
新港南崙村、北崙村														
元長崙仔村														
元長內寮村														
元長瓦磘村														
元長鹿寮村、鹿北村														
土庫圓環邊										◎				
北港華勝路武德宮									ˇ					
土庫新興里城隍廟	ˇ	ˇ		ˇ	ˇ				ˇ					
土庫	ˇ	ˇ		ˇ	ˇ									
虎尾大安宮	ˇ	ˇ		ˇ	ˇ				ˇ	ˇ				
虎尾東屯、西屯里									ˇ	ˇ				
虎尾東屯里城隍廟														
虎尾北溪里龍安宮									ˇ	ˇ 繞經北溪里				

	80	81	82	83	84	85	86	87	88	89	90	91	92	93	94	備註
									ˇ	ˇ	ˇ	ˇ	ˇ	ˇ	ˇ	
	ˇ			ˇ		ˇ			ˇ	ˇ	ˇ	ˇ	ˇ	ˇ	ˇ	
	◎			◎		◎			◎	◎						
											ˇ	ˇ	ˇ	ˇ	ˇ	
	ˇ			ˇ		ˇ			ˇ	ˇ	ˇ	ˇ	ˇ	ˇ	ˇ	
												ˇ	ˇ	ˇ	ˇ	
	ˇ			ˇ		ˇ			ˇ	ˇ	ˇ	ˇ	ˇ	ˇ	ˇ	
	ˇ			ˇ		ˇ			ˇ	ˇ	ˇ	ˇ	ˇ	ˇ	ˇ	
	ˇ			ˇ		ˇ			ˇ	ˇ	ˇ	ˇ	ˇ	ˇ	ˇ	
	◎			◎		◎			◎	◎	ˇ	ˇ	ˇ	ˇ	ˇ	
	ˇ			ˇ		ˇ			ˇ	ˇ				ˇ		
	◎			◎		◎			◎	◎	ˇ	◎	◎	◎	◎	
	◎			◎		◎			◎	◎	◎	◎	◎	◎	◎	
	ˇ			ˇ		ˇ			ˇ	ˇ	ˇ	ˇ	ˇ	ˇ	ˇ	
	ˇ			ˇ		ˇ			ˇ	ˇ	ˇ	ˇ	ˇ	ˇ	ˇ	
	ˇ			ˇ		ˇ			ˇ	ˇ	ˇ	ˇ	ˇ	ˇ	ˇ	

廟　　名	68	69	70	71	72	73	74	75	76	77	78	79	
虎尾北溪里擇元堂													
虎尾墾地里	◎經由深坑仔			ˇ經由深坑仔	ˇ經由深坑仔				ˇ	◎			
(虎尾)墾地里土地公廟		ˇ經深坑仔											
虎尾墾地里福德宮													
二崙三和村協天宮	◎	◎		◎	◎				◎	◎			
(二崙)湳仔村	ˇ	ˇ			ˇ								
二崙湳仔村東隆宮					ˇ				ˇ	ˇ			
二崙湳仔村玄祿宮													
二崙田尾村賜福宮													
西螺吳厝里朝興宮	◎	◎		◎	◎				◎	◎			
西螺九隆里慈和宮	ˇ	ˇ		ˇ	ˇ				ˇ	ˇ			
西螺九隆里震安宮	ˇ	ˇ		震天宮	震天宮				ˇ	ˇ			
喤鉢子寺	ˇ	ˇ			ˇ				ˇ	ˇ			

80	81	82	83	84	85	86	87	88	89	90	91	92	93	94	備註
												˅	˅	˅	
◎			◎		◎			◎	◎						
										◎	◎	˅	˅	˅	
◎			◎		◎			◎	◎	◎	◎	˅	˅	˅	
˅			˅		˅			˅	˅	˅	˅	˅	˅	˅	
												˅	˅	˅	
								˅	˅	˅	˅	˅	˅	˅	
◎			◎		◎			◎	◎	◎	◎	◎	◎	◎	
˅			˅		˅			˅	˅	˅	˅	˅	˅	˅	
˅			˅		˅			˅	˅	˅	˅	˅	˅	˅	
˅			˅		˅			˅	˅	˅	˅	˅	˅	˅	

廟　　名	68	69	70	71	72	73	74	75	76	77	78	79		
西螺七座魚寮鎮南宮														
西螺頂湳里(媽祖行宮)										ˇ				
西螺福田里福天宮														
西螺新豐里、新安里	ˇ	ˇ		ˇ	ˇ				ˇ	ˇ				
西螺新豐新安里活動中心(新天宮)										ˇ				
西螺福興里福興宮	◎	◎		◎	◎				◎	◎				
溪州水尾村震威宮	ˇ	ˇ		ˇ	ˇ				ˇ	ˇ				
溪洲中洲村武元宮														
溪州永安路育善寺	ˇ	ˇ		ˇ	ˇ				ˇ	ˇ				
北斗大轎組壽安宮	ˇ	ˇ			ˇ				ˇ	ˇ				
埤頭芙朝村金安宮														
埤頭崙腳村新吉宮														
埤頭崙腳村南雲寺														
埤頭合興村合興宮														
北斗光復里奠安宮	◎	◎		◎	◎				◎	◎				
田尾鄉										ˇ	ˇ			
永靖永東村永安宮	◎	◎		◎	◎				◎	◎				
永靖湖璉村輔天宮	ˇ	ˇ		ˇ	ˇ				ˇ	ˇ				
永靖五汴村天聖宮	ˇ			ˇ	ˇ				ˇ	ˇ				

	80	81	82	83	84	85	86	87	88	89	90	91	92	93	94	備註
									ˇ	ˇ	ˇ		ˇ	ˇ	ˇ	
	ˇ			ˇ		ˇ			ˇ	ˇ	ˇ	活動中心	活動中心	活動中心	媽祖行宮	
	ˇ			ˇ		ˇ			ˇ	ˇ	ˇ	ˇ	ˇ	ˇ	ˇ	
	◎			◎		◎			◎	◎	◎	◎	◎	◎	◎	
	ˇ			ˇ		ˇ			ˇ	ˇ	ˇ	ˇ	ˇ	ˇ	ˇ	
	◎			◎		◎			◎	◎	◎	◎	◎	◎	◎	
	ˇ			ˇ		ˇ			ˇ	ˇ	ˇ	ˇ	ˇ	ˇ	ˇ	
															ˇ	
	ˇ			ˇ		ˇ			ˇ	ˇ	ˇ	ˇ	ˇ	ˇ	ˇ	
	ˇ			ˇ		ˇ			ˇ	ˇ	ˇ	ˇ	ˇ	ˇ	ˇ	
											ˇ	ˇ	ˇ	ˇ	ˇ	
														ˇ	ˇ	
														ˇ	ˇ	
						ˇ			ˇ	ˇ	ˇ	ˇ	ˇ	ˇ	ˇ	
	◎			◎		◎			◎	◎	◎	◎	◎	◎	◎	
	ˇ			ˇ		ˇ			ˇ	ˇ	ˇ	ˇ	ˇ	ˇ	ˇ	
	◎			◎		◎			◎	◎	◎	◎	◎	◎	◎	
	ˇ			ˇ		ˇ			ˇ	ˇ	ˇ	ˇ	ˇ	ˇ	ˇ	
	ˇ			ˇ		ˇ			ˇ	ˇ	ˇ	ˇ	ˇ	ˇ	ˇ	

廟　　名	68	69	70	71	72	73	74	75	76	77	78	79	
員林平和里福寧宮	◎	◎		◎	◎				◎	◎			
大村中山路賜福宮													
花壇中庄村福安宮	ˇ	ˇ		ˇ	ˇ				ˇ	ˇ			
花壇橋頭村聖惠宮	ˇ	ˇ		ˇ	ˇ				ˇ	ˇ			
花壇白沙坑文德宮	ˇ	ˇ		ˇ	ˇ				ˇ	ˇ			
彰化市延和里慈恩寺	ˇ	ˇ		ˇ慈雲寺	ˇ慈雲寺				ˇ	ˇ			
彰化市延平里慈元寺		ˇ		ˇ	ˇ				ˇ	ˇ			
彰化市華北里彰山宮	ˇ	ˇ		ˇ	ˇ				ˇ	ˇ			
彰化市永樂街天后宮	◎	◎		◎	◎				◎	◎			
經追分、大肚、龍井	經舊大肚橋				ˇ								
大肚王田村天和宮									ˇ	ˇ			
沙鹿李卿雲工廠	ˇ	ˇ		ˇ									
洪振泉工廠	ˇ												
洪振宗工廠		ˇ											
沙鹿(原天池)門口									ˇ				
沙鹿天池幼稚園前										ˇ			

80	81	82	83	84	85	86	87	88	89	90	91	92	93	94	備註
◎			◎		◎			◎	◎	◎	◎	◎	◎	◎	
														˅	
˅			˅		˅			˅	˅	˅	˅	˅	˅	˅	
˅			˅		˅			˅	˅	˅	˅	˅	˅	˅	
˅			˅		˅			˅	˅	˅	˅	˅	˅	˅	
˅			˅		˅			˅	˅	˅	˅	˅	˅	˅	
˅			˅		˅			˅	˅	˅	˅		˅	˅	
˅			˅		˅			˅	˅	˅	˅	˅	˅	˅	
◎			◎		◎			◎	◎	˅	˅	˅	˅	˅	
˅			˅		˅			˅	˅	˅	˅	˅	˅	˅	
˅															
			˅		˅			˅	˅	˅	˅	˅	˅	˅	

廟　名	68	69	70	71	72	73	74	75	76	77	78	79		
沙鹿福壽企業公司				✓	✓				✓	✓				
清水紫雲巖					◎									
清水西寧路壽天宮														
清水菁埔里慈雲宮														
大甲溪南	✓													
清水鎮　甲南		✓		甲南火車站前	甲南火車站前				✓	✓				
清水甲南湄安宮														
大甲鎮	✓			✓	✓				✓	✓				
經過廟數之統計	37	38		37	43				48	51				
備　註														

資料來源：歷年進香行程表

※93年將員林鎮平和里抄錄為和平里。

※91年、93年元長鹿南村抄錄為鹿寮村。

※71年吳厝朝興宮寫成望興宮，九龍里震安宮寫成震天宮，彰化慈恩寺寫成慈雲寺。

※71年、72年將福壽企業公司記為福壽牌工廠。

	80	81	82	83	84	85	86	87	88	89	90	91	92	93	94	備註
	ˇ			ˇ		ˇ			ˇ	ˇ	ˇ	ˇ				
												ˇ	ˇ	ˇ	ˇ	
														ˇ	ˇ	
	ˇ 甲南台中港火車站			ˇ 菁埔里湄安宮前		ˇ			ˇ	ˇ	ˇ	ˇ	ˇ	ˇ	ˇ	
				ˇ									ˇ	ˇ	ˇ	
	ˇ			ˇ		ˇ			ˇ	ˇ	ˇ	ˇ	ˇ	ˇ	ˇ	
	52			52		52			60	60	66	67	66	75	77	

國家圖書館出版品預行編目資料

解讀大甲媽：戰後大甲媽祖信仰的發展／洪瑩發 初版-
臺北市：蘭臺出版社 2010.4
15*21公分 含參考書目
ISBN：978-986-7626-95-0 (平裝)

272.71　　　　　　　99001424

台灣民間信仰研究第二輯 1

《 解讀大甲媽：戰後大甲媽祖信仰的發展 》

著　　　者：洪瑩發 著

執行主編：張加君

執行美編：康美珠

封面設計：JS

出 版 者：蘭臺出版社

地　　　址：台北市中正區開封街1段20號4樓

電　　　話：(02)2331-1675　傳真：(02)2382-6225

劃撥帳號：18995995

網路書店：http://store.pchome.com.tw/yesbooks/

博客來網路書店、華文網路書店、三民書局

E-mail：books5w@gmail.com 或 lt5w.lu@msa.hinet.net

總 經 銷：成信文化事業有限公司

香港總代理：香港聯合零售有限公司

地　　　址：香港新界大蒲汀麗路36號中華商務印書館大樓

電　　　話：(852)2150-2100　傳真：(852)2356-0735

出版日期：2010年4月初版

定　　　價：新台幣450元

ISBN：978-986-7626-95-0